KB169051

대한민국 리더들이 모르는

온라인
마케팅의
함정

대한민국 리더들이 모르는

온라인
마케팅의
함정

1판 1쇄 펴낸 날 2019년 1월 30일
1판 3쇄 펴낸 날 2020년 4월 25일

지은이 이상규
펴낸이 나성원
펴낸곳 나비의활주로

책임편집 유지은
디자인 design BIGWAVE

주소 서울시 강북구 삼양로 85길, 36
전화 070-7643-7272
팩스 02-6499-0595
전자우편 butterflyrun@naver.com
출판등록 제2010-000138호
ISBN 979-11-88230-61-7 03320

대한민국 리더들이 모르는

온라인 마케팅의 함정

이상규 지음

나비의 활주로

귀사의 온라인 마케팅,
과연 잘 되고 있습니까

마케팅이란 무엇이라고 생각하시나요? 하나의 사업체를 경영하는데 있어서는 다양한 요소들이 필요하지만, 그 많은 것들 가운데 마케팅이야말로 '사업의 꽃'이 아닐까 합니다. 우리 몸에 피가 순환하지 않으면 결국 세포가 괴사하듯이, 하나의 사업체는 매출이라는 현금흐름이 이루어지지 않으면 점점 경영난에 빠져 폐업이라는 결과를 초래하게 됩니다. 누구나 퇴직금만 있으면 차릴 수 있다는 소규모 프랜차이즈 업체라도 말입니다. 창업을 경험해보신 분들은 아시겠지만 사업이 생존하고 발전하기 위해서는 결국 나의 제품이나 서비스를 구매할 고객을 모으는 일이 무엇보다 중요합니다.

아마도 이 책을 펼치셨다면 지금 사업을 하고 계시거나 혹은 직장에 다니고 있지만 '언젠가는 독립해서 내 비즈니스를 하겠다'는 열망을 가슴속에 간직하셨으리라 생각합니다.

지금은 온라인 마케팅 전문가이자 광고대행사 대표로 교육, 컨설팅, 마케팅 대행을 하고 있지만 원래 저 또한 유통과 영업을 했었습니다. 즉 독자분들과 별반 다르지 않게 제가 파는 제품과 서비스를 구매해줄 고객들을 무엇보다 필요로 했었습니다. 그래서 오로지 판매와 성과를 위해 그 누구 못지않게 치열하게 온라인 마케팅을 공부했습니다. 그 과정에서 실패하기도 하고 소위 말하는 '삽질'도 하는 등 온갖 시행착오를 거친 끝에 한 가지씩 노하우를 찾아내며 효과를 보기 시작했고, 그에 관한 비결을 주변 동료, 지인들에게 알려주다 보니 지금 이 자리까지 오게 된 것입니다.

학생이라면 주변에 같은 입장의 학생이 많고, 직장인 주변에는 비슷한 직장인 인맥이 많듯이, 저처럼 영업과 사업을 하는 사람 주변에는 마찬가지로 비즈니스를 하는 이들이 많을 수밖에 없습니다. 다른 누구도 아니고 오래 전부터 친하게 지내왔던 지인들이었기 때문에 더욱 더 어중간한 결과는 제 스스로 납득할 수 없었습니다. 어떻게든 도움을 드려서 지인들이 매출 상승이라는 가장 확실한 결과를 얻을 수 있도록 온 힘을 다했습니다. 그러다 보니 '지성이면 감천'이라고 한 분, 두 분씩 작게는 50% 많게는 300~400%까지 온라인 광고 집행 효과가 나타나기 시작했고, 이러한 성과를 계기로 지금의 회사인 〈리더의 마케팅〉으로 이어지게 되었네요.

어쩌면 여러분은 지금까지 마케팅에 대한 원론이나 포털사이트, SNS 같은 마케팅 채널들에 대해 많은 공부를 하셨을 지도 모르겠습니다. 하지만 예측하건데 교육과 대행을 병행하는 현직 마케팅 대행사 대표가 쓴 책은 그다지 접해보지 못하셨을 거라 생각합니다.

감히 국내 제일 온라인 마케팅 전문가라고 자칭할 생각은 없습니다. 마찬가지로 대한민국에 존재하는 수많은 광고대행사 가운데 최고라고 자만할 생각 또한 없습니다. 이 업계에는 훌륭하고 대단하신 분들이 너무나 많고 일반인들은 잘 모르는 마케팅 기술로 엄청난 수익을 내는 재야의 고수들도 많기 때문입니다. 하지만 비교적 젊은 나이에 창업에 뛰어들어 영업인이자 사장, 마케터로 고군분투하며 저와 고객 분들의 현금 흐름을 몇 배 이상 개선했던 것은 사실입니다. 이렇게 사업을 이끌어온 현직 광고대행사 대표가 직접 이야기하는 '실전, 오로지 매출 상승에 초점을 맞춘 비법'을 읽는다면 독자분들의 사업에 조금이라도 도움이 되지 않을까 합니다.

일반인들은 잘 모르는 광고대행사의 마케팅 노하우, 내 기업의 상품을 시장에 널린 흔한 기성품들과 차별화하는 포지셔닝 전략, 리더라면 필히 알아야 할 경영과 마케팅 직원 세팅 등에 대해 이야기하겠습니다. 더불어 '제가 어떤 과정을 통해서 광고주 분들의 매출을 끌어올리는 마케터가 될 수 있었는지, 어떤 경험을 통해 무엇을 배웠는지'와 같은 이야기도 담겨 있습니다.

또한, 사장님들이 가장 궁금해 하시는 근본적인 문제, 즉 '지금까지 나름대로 열심히 마케팅을 공부하고 실행했는데도 왜 효과가 나지 않는지?' 그에 대한 이유와 리더들이 빠지기 쉬운 마케팅의 함정에 대해서도 이야기 합니다. 더불어 광고대행을 도맡아 매출을 급상승시킨 실전 사례와 그 방법에 대해서도 가감 없이 공개할 것입니다. 부디 완독하신 다음 책장을 덮는 것으로 끝내지 마세요. 본인의 사업에 어떻게 적용하고 응용할 것인지 잘 생각해보시고 반드시 실천하시길 바랍니다.

이상규

PART 5　**사장을 사장답게 일하게 해주는 비결**

PART 6　**월 1억 버는 리더,**
이런 점이 다르다

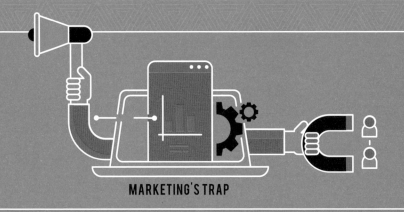

MARKETING'S TRAP

PART 1

대한민국
리더들이 모르는
온라인 마케팅의 함정

많은 리더들이 광고대행사가 파놓은 함정에 빠지는 이유

광고는 머리를 겨냥하지만 지갑을 맞추는 기술이다.
-밴스 패커드

사업을 하는 이들이 가장 고민하는 것은 무엇일까? 고민에는 여러 가지가 있겠지만 모두가 동의하는 하나를 든다면 결국 '어떻게 하면 매출을 올릴 수 있을까?' 하는 문제와 연결된다. 그런데 매출을 일으키기 위해서는 품질 좋은 제품과 서비스를 가지고 있는 것만으로는 부족하다. '고객들의 문제를 해결해줄 수 있는 상품이 바로 여기에 있다'는 것을 반드시 널리 알려야 한다. 그래서 많은 사장들이 홍보, 노출, 마케팅, 영업에 대해 고민하는 것이다.

프롤로그에서 잠깐 언급했듯이 필자는 유통과 영업일을 하면서 사회생활을 시작했고 지금은 광고대행사를 운영하고 있다. 자연스럽게 유통, 영업, 사업을 하는 지인들이 많고 몇 년 째 마케팅 대행과 교육을 하면서 수많은 소상공인들 그리고 사업가 분들을 만날 수 있었다. 그래서 자연스럽게 그들이 무엇을 고민하는지, 마케팅의 어떤 부분을 어려워하는지 나름의 데이터가 축적되었고 그것을 차분히 분석해보니 안타까움을 금할 수 없었다.

마케팅에 대해서 최소 이것들만 알아도 사장님들이 필자를 찾아와 털어놓는 고민과 문제의 대부분이 해결될 텐데, 이를 몰라서 고생하고 시행착오를 겪으며 마케팅을 해도 매출이 극적으로 오르지 않거나 정체되는 것을 많이 경험했기 때문이다. 필자는 이를 '마케팅의 함정'이라고 부른다. 아마도 사장의 위치에 있다면 다들 이런 생각을 한 번 쯤은 하지 않았을까 싶다.

'우리 회사는 마케팅을 하는데 왜 매출이 오르지 않을까?'

'대체 광고를 하는데 광고비만 나가고 왜 고객들은 사지 않는 걸까?'

'블로그에 꾸준히 글도 쓰고 있고 페이스북도 열심히 하고 있는데 왜 성과가 없을까?'

필자 역시 한 때 이에 대해 깊이 고민했고 아무리 생각해도 명쾌한 답이 떠오르지 않아 답답하던 때가 있었다. 몇 년 째 마케팅을 연구하고 결국 광고대행사를 설립하여 다양한 업종의 마케팅을 진행해보면서야 비로소 슬슬 이 사업과 마케팅의 세계에 어떤 함정들이 도사리고 있는지 하나 둘 씩 보이기 시작했다.

나와 같은 시행착오를 덜 겪으려면 가장 먼저 마케팅을 하는데도 불구하고 효과가 없는 근본적인 이유, 즉 마케팅의 함정에 대해 알아야 한다. 여러분에게 알려드리고 싶은 내용이 정말 많지만 굳이 파트1을 리더들이 모르는, 반드시 알아야 하는 마케팅의 함정으로 정한 이유이기도 하다.

앞으로 이 책을 통하여 말씀드릴 내용도 어떻게 해야 마케팅의 함정에 빠지지 않는지, 리더들이 반드시 알아야 하는 마케팅이란 무엇인지에서 크게 벗어나지 않을 것이다. 물론 회사마다 아이템, 자본, 사원 수 등 처한 조건과 상황이 다르기에 어떤 건 해당되고 어떤 건 해당하지 않는 부분도 있을 것이다. 하지만 파트 1만 다 읽으셔도 그동안 광고와 마케팅을 하고 대행을 맡겼는데도 불구하고 어째서 아무런 효과가 없었는지에 대한 실마리가 잡힐 것이다.

많은 사장님들이 사업을 시작한 다음에야 비로소 '어떻게든 알려야겠다'는 생각에 처음에는 전단도 돌리고 블로그에 글도 써보면서 직접 마케팅 활동을 한다. 하지만 별 효과를 보지 못하고 '좀 더 자세히 알고 해야겠구나' 싶어서 마케팅 강의를 듣고 다니신다. 그런데 각 채널마다 나름의 특징과 핵심 타깃층이 다르다보니 강의가 도움이 되는 분도 있고 안 되는 분도 있다. 그래서 한 채널을 잠시 시도하다 별로 성과를 못 내면 주변에서 다른 게 더 좋다는 말에 혹해서 또 다른 채널을 또 조금 시도하다 새로운 채널이 나오면 다른 강의를 듣는 악순환의 함정에 빠지는 수가 있다.

어떤 분들은 아무리 강의를 들어도 잘 모르겠으니 차라리 전문가에게 위임을 하자 싶어서 대행을 맡기는데 이 또한 완벽한 해답은 아니다. 실력과 신용을 두루 갖춘 대행사를 만나면 다행이지만 개중에는 바가지를 씌우는 등 일부 양심 없는 업체가 꼭 있기 때문이다. 이런 마케팅의 함정에서 탈출하기 위해서는 먼저 리더가 사업과 마케팅 전반에 대해 깊이 이해를 해야 한다. 자신이 먼저 내가 가진 상품과 시장과 고객을 분석하여 전략과 기획을 세우고 공략해야 하는 채널을 선정한 다음에 되는 방법으로 접근하고 피드백하여 성과를 개선하여 나만의 '성공 매뉴얼'을 확립한다. 그런 다음에 직원을 채용해서 작업을 위임하거나 양심적인 대행사에게 구체적인 작업내용을 전달하여 필요한 부분만 대행을 맡기는 게 최선이다.

리더가 블로그 글은 어떻게 써야 하며 페이스북은 어떻게 다루는지 구체적인 하나하나까지는 다 모르더라도, 최소 리더라면 반드시 알아야 할 마케팅의 전반적인 개념과 큰 흐름 정도는 숙지해야 한다. 그래야 나중에 마케팅 경력자를 팀장급 직원으로 채용하더라도 그들이 정말 일을 잘하고 있는지 평가할 수 있으며, 아까 잠시 이야기한 일부 양심 없는 광고 대행사의 먹잇감이 되지 않는다.

'광고대행사의 먹잇감'이라는 말은 대체 무슨 뜻일까? 한 가지 예를 들어 들어보겠다. 필자의 수업을 들으신 한 사장님에게 일어났던 실제 이야기다. 한 대행사 직원이 자신을 찾아와서는 연관검색어를 잡아줄 테니 월 대행 비를 내라고 했다고 한다. 구체적인 액수는 언급하지 않겠지만 결코 적은 금액이 아니었기에 망설여졌다고 했다. 그런데 그 대행사 사람은 연관검색어를 잡으면 인지도도 높아지고 검색량이 많은 키워드 옆에 상호명이 노출되니까 매출은 당연히 늘어나며 오히려 이 정도 금액으로 진행하는 건 말이 안 되게 저렴한 것이라고 열심히 설득했다고 한다.

정말 다행스럽게도 이 사장님은 그 자리에서 바로 계약하는 대신에 일단 긍정적으로 검토를 해보겠다며 그 대행사 직원을 돌려보낸 다음, 필자에게 전화를 걸어 이 에피소드에 대해 말씀하셨다. 그래서 주변의 대행사 사장님들에게 똑같은 서비스를 해드리고 받는 금액과 비교해서 터

무니없이 높은 견적을 부른 것이라고 솔직하게 말씀드렸다. 그랬더니 "참, 이런 일도 다 있네!" 하시면서 소탈하게 웃어넘기셨다. 하지만 지금 이 순간에도 어딘가에서는 마케팅을 잘 모르는 사장님들이 그렇게 비싼 가격에 결제를 했을 거라는 생각을 하니 마음이 무거워진다.

이외에도 정말 여러 가지 에피소드가 있다. 광고대행사가 전화를 걸거나 대행사의 영업사원이 찾아와서 프레젠테이션 하는 상품에는 연관검색어 말고도 여러 종류가 있다. 'SNS 계정에 팔로워 5000명을 만들어주겠다'거나 '블로그 일일 방문자를 500~1000명 더 늘려주겠다'거나 '홍보 이메일을 대량으로 발송해준다'는 등의 제안이다. 하지만 필자는 찾아오시는 대표님들에게 이런 걸 해드리진 않는다. 할 수 없어서가 아니라 해봤자 마케팅적으로 별 효과 없다는 사실을 알기 때문이다.

팔로워 5000명을 채우더라도 이름만 있을 뿐 실제적으론 아무런 활동도 안 하는 유령계정으로 채워 넣는 것과, 활발하게 활동하고 공유를 잘 해주는 진성 타깃으로 5000명을 채워 주는 건 전혀 다른 이야기다. 블로그의 일일 방문자가 늘어난다면 많은 사람들이 블로그를 보고 매장에 찾아올 것이라고 생각하기 쉽지만, 프로그램을 돌리면 유령계정으로 일일 방문자를 500명, 1000명 늘리는 건 간단하다. 오히려 갑작스럽고 비정상적인 일일방문자의 증대로 어뷰징(Abusing, 한 개인이 다수의 계정을 이용하는 것) 혐의를 받아 블로그 지수가 하락하는 일이 생길 수도 있다.

안타깝지만 이것이 '2019년 현재, 대한민국 광고대행 업계의 현주소'이며 책을 쓰게 된 계기이기도 하다. 개중에는 온라인 마케팅과 광고대행사 업계의 구조를 잘 모르는 사장님들도 있기에 일부 악덕업체들은 이 지식의 격차를 교묘하게 이용하여 훨씬 저렴한 비용으로 진행할 수 있는 대행을 바가지 씌우거나, 해봤자 실질적인 매출 중대에는 아무런 의미도 없는 대행을 오로지 자신의 수익을 내려는 욕심에 하는 경우가 있다. 그러니 몇몇 사장님들이 온라인 광고대행사와 바이럴 마케팅이라는 단어만 들어도 눈살을 찌푸리는 것도 솔직히 이해가 간다.

문제는 현존 광고대행사의 대다수가 고객의 실질적인 매출 상승을 지원하기 보다는 말 그대로 온라인 마케팅을 '대행'만 해주는 선에서 그친다는 점이다. 재능기부 사이트를 검색하면 지금 이 순간에도 키워드 상위 노출을 걸어준다거나, 페이스북 팔로워를 5000명 모아주겠다거나 스팸 메일을 몇 천 통 뿌려주겠다는 식의 대행사 상품이 상당수 등록되어 있다. 이런 외주시스템이 나쁘다는 이야기는 아니다. 다만 리더 자신이 먼저 자신이 하는 사업에 필요한 마케팅 활동이 무엇인지 정확히 알고 의뢰해야지, 대행사가 하자는 대로 끌려만 다니면 안 된다는 뜻이다.

혹시 독자분들 가운데에도 광고대행사의 전화를 받아본 이가 있을지도 모르겠다. 마케터들 사이에서는 영업용 DB만을 추출하여 영업하는 사람들에게 넘겨주고 돈을 받는 경우도 있다. 개인정보를 돈 받고 파는 셈이다. DB도 수준에 따라 가격이 다르다. 고객 편에서 상담 신청을 받고 싶어서 먼저 자발적으로 등록한 DB는 우량 DB로 비싸게 거래되고, 단순히 여기저기서 추출하고 가져와서는 콜드 콜(Cold Call, 거래 관계가 없는 상대에게 접근하거나 전화를 걸어 상품을 판매하는 방법) 용도로 쓰기 위한 DB로 여러 개를 한꺼번에 저렴하게 판매한다. 제휴마케터들 가운데 이 일을 전문으로 하는 사람도 있는데, 이 업계의 고수는 DB 판매만으로 한 달에 1000만 원 이상을 벌어가는 억대 연봉자도 있다.

현직에서 일하는 필자 입장에서는 많은 대표님들의 오해를 조금이라도 덜어드리고 괜찮은 광고대행사와 일하셨으면 하는 마음이다. 올바른 기준을 세우고 잘만 찾아보면 실력, 마인드, 가격을 겸비한 괜찮은 대행사도 정말 많다. 그렇다면 나에겐 어떤 업체가 필요한 걸까? 이에 대해 답을 내리기 위해서는 마케팅이란 업계 전반에 대해 살펴볼 수 있어야 한다.

마케팅이라는 분야는 하나의 거대한 숲과도 같은데, 바로 조금 전에 언급한 프로그램 개발자를 비롯하여 다양한 플레이어들이 나름의 생태계를 이루고 있다. 영업사원들을 위해 DB만 전문적으로 수집하여 넘기는 제휴마케터도 있으며, 최적화 블로그나 최적화 카페 등만 열심히 구해다가 판매하는 업자들도 있다. 여기에서는 전반적인 큰 구조에 대해서만 간략히 설명하겠다.

광고대행사만 본다면 기획사와 대행사가 있다. 필자를 포함해 이 책에서 자주 말하는 광고대행사들은 대부분 대행사가 많다. 고객이 의뢰를 하면 상위 노출을 잡아주고 체험단을 진행하고 카페를 운영하며 페이스북 광고를 집행하는 등 실질적으로 진행하는 회사다. 그렇다면 기획사는 무엇일까? 실행에 앞서 마케팅에 대한 총괄적인 기획과 전략을 세워주는 곳이라 할 수 있겠다. 가장 유명한 기획사로는 삼성그룹의 마케팅을 책임지는 제일기획이 있다.

대행사가 실질적으로 마케팅을 집행하는 손발 역할을 한다면, 기획사는 어떻게 마케팅을 집행할 것인지 구체적인 계획(Plan)을 세우는 브레인에 해당한다. 본래 정석대로라면 마케팅은 기획사와 실행사 둘 다 이용하는 것이 맞다. 대기업은 신제품이 출시되면 샘플을 기획사에 보내어 전략과 콘셉트를 잡는다. 그러면 본사에서 이번 신제품을 홍보하는 데 예를 들어 1억 원을 쓰라고 예산을 정해준다. 그러면 매체 별로 TV에 얼마, 옥외광고에 얼마, 포털사이트 파워링크에 얼마, 체험단에 얼마, 상위 노출에 얼마, 유튜브에 얼마, 페이스북에 얼마, 인스타그램에 얼마…. 거기다 채널별로 어떻게 콘텐츠를 만들어서 광고를 집행할지까지의 기획을 끝낸다. 그다음에 대행사 3~4곳을 선정해서 제안서를 보낸다. 믿을 만한 실행사가 섭외되면 "여기 기획이 다 나와 있으니 이대로만 실행해주세요." 하고 아웃소싱을 의뢰한다. 그러면 필자가 운영하는 곳과 같은 대행사에서 그대로 각 매체에 광고를 진행하는 것이다.

물론 모든 광고대행사를 여기는 기획사, 여기는 실행사와 같이 딱 잘라서 구분할 순 없다. 기획사이면서 대행사 일도 하는 업체가 있고 대행사면서 기획사 일을 하는 곳도 있다. 그리고 대행사면서 좀 전에 언급한 최적화 블로그 및 마케팅 솔루션 공급을 같이하는 업체도 있는 등 다양한 유형이 있다. 일단 이해를 돕기 위해 기획사와 실행사로 구분해서 말씀드린 것이다.

대부분 소상공인들이 온라인 광고 집행으로 큰 효과를 보지 못하는 원인은 기획 단계에서 실패하거나 광고 집행 단계에서 실수를 해서이다. 간혹 필자를 찾아와서 자신이 직접 나름 열심히 배워서 블로그와 페이스북을 해봤는데 아무런 효과가 없었다는 사장님들이 계시다. 그러면 필자는 어디에 문제가 있었는지 꼼꼼하게 진단해 본다. 월간 검색량이 너무 떨어지는 키워드를 썼거나 타깃팅도 제대로 안 하고 광고비만 쓰는 등 잘 안 되는 데에는 다 원인이 있다. 이것이 집행 단계에서의 실수이다. 이 부분에 대해서는 실력 있는 업체에 대행을 맡기거나 대표가 제대로 배워서 올바른 방법으로 광고한다면 해결할 수 있다.

그런데 문제가 되는 건 기획 단계에서의 실패이다. 규모가 큰 회사라면 예산이 풍족하기 때문에 회사 자체에 전략기획실이 있어서 그 안에 브레인 팀이 사전에 상품에 대한 상세한 콘셉트와 홍보 전략을 기획하고 대행사에 넘기기에 문제가 발생할 확률이 낮다. 하지만 자본금이 충분하지 못한 소상공인들은 사정이 다르다. 그나마 사장님이 경영과 사업에 도가 텄다면 괜찮겠지만 생계형 자영업자라면 전략과 기획에 취약하다. 그래서 나름 여러 마케팅 강의를 들으면서 실행 단계의 오류를 최소화했는데도 생각만큼 매출이 오르지 않는 마케팅의 함정에 빠지는 것이다.

가장 좋은 방법은 대기업처럼 기획사와 대행사의 도움을 양측으로 받는 것이지만 어느 업계나 그렇듯이 실력 있고 믿을만한 업체를 선택하는 것부터 쉽지 않다. 따라서 이를 찾아내기 위해 열심히 발품을 팔아야 할 것이다. 대부분의 기획사는 이론에는 강하지만 현장에서 하나에서 열까지 직접 집행해본 적은 없기에 현장감이 떨어진다. 그런데 대행사는 실무에는 강하지만 기획력이 탁월하진 못하다. 하지만 잘 찾아보면 현장의 감을 잃지 않기 위해 실질 집행까지 직접 하는 기획사도 있고 현장에서 계속 부딪치고 실패해보면서 본능적으로 기획력을 터득한 대행사도 있다. 〈리더의 마케팅〉에서는 기본적으로는 현장을 중시하고 있으나 기획에도 어느 정도 성과를 내었다. 그 구체적인 성공 사례에 대해서는 다시 설명하겠다.

마케팅의 세계에서 성공한 광고는 투입한 자금의 본전 그 이상의 매출을 실현하는 것이다. 초창기에는 내 사업에 어떤 채널이 적합한지, 전단은 어떤 내용으로 작성하여 배포해야 실질적인 효과를 볼 수 있는지 매뉴얼이 없기에 최소의 비용을 써가면서 시행착오를 겪고 피드백하여 성과가 나는 방법을 하나 둘 씩 확립해나가야 한다. 이 작업이 아무것도 되어있지 않은 상태에서 '상위 노출을 해드릴 테니 얼마를 내라거나 연관검색어 작업을 얼마에 해드리겠다'는 내용에 현혹되어 진행하면 운이 좋으면 성공하고 운 나쁘면 실패하는 복불복 상황에 처할 수밖에 없다.

우연히 운이 좋아서 상위 노출이나 연관검색어로 좋은 효과를 볼 수도 있다. 그럼 대부분 '와, 이게 진짜 되는구나! 이걸 더 많이 해야겠구나!' 하고 더 많은 광고비를 지출하게 된다. 그렇게 진행할 수도 있겠지만 너무 시야를 좁혀서도 안 된다. 한 가지 성공 매뉴얼을 만들어냈다면 두 번째, 세 번째 방법을 찾아내서 다각화해야 한다.

세상이 바뀌는 것처럼 온라인 마케팅 역시 예외가 아니다. SNS와 같은 새로운 채널이 출현하기도 하고 로직이 바뀌기도 한다. 한 시대를 풍미했던 야후가 한순간 몰락했듯이, 장차 어떤 일이 벌어질지 정확하게 예측하는 일은 신이 아닌 이상 불가능하다. 다만 우리가 할 수 있는 일은 그때를 대비하여 가능한 여러 대응 방안을 마련해 두는 것이다.

간혹 여러 광고대행사와 진행하다가 마침내 필자를 찾아온 대표님들의 하소연을 들어보면 그것만큼 안타까운 일이 없다. 자신의 사업을 잘 이끌어보겠다는 열정이 충만하신데, 그 노력에 대한 보답을 제대로 받지 못하고 돈만 날린 씁쓸한 경험을 하고 오셔서는 "원래 광고대행이 이렇게 돈만 나가고 효과는 없는 것인가요?"라고 질문하시니 말이다. 이번 장을 읽으시면서 그 의문이 조금이라도 해소가 되었으면 좋겠다. 세상에는 정말 괜찮은 기획사와 대행사도 많다. 물론 어디까지나 내 사업의 주체는 나 자신이기에 이들에게 전적으로 위탁해서는 절대 안 되지만 필요한 순간에 적절하게 활용하면 사업에 큰 도움이 될 수 있다.

하지만 대행사를 현명하게 활용하기 위해서는 리더가 먼저 마케팅의 전반적인 흐름과 상황에 대해 알아야 하고, 광고대행 업계는 어떤 상황에서 어떤 업무를 맡는지 등 기본적인 흐름은 파악하고 있어야 한다. 이것만 제대로 알아도 일단 말도 안 되는 바가지 대행료를 피할 수 있으며, 어떤 건 대행을 맡겨야 하고 어떤 건 대행할 필요가 없는지, 무엇을 어떻게 외주를 주어야 투입한 금액에 대비하여 효과를 볼 수 있는지 알 수 있을 것이다.

많은 리더들이 마케팅의 전부라고 생각하는 유입과 노출의 한계

광고의 50%는 항상 쓰레기로 버려진다.
하지만 사람들은 어떤 절반이 버려지는지 관심조차 없다.
- 헨리 포드

온라인 광고 시장이 점점 커지고 포털사이트와 SNS를 활용하여 소위 말하는 대박을 내는 소상공인들의 성공사례가 생겨나기 시작하면서 온라인 마케팅에 대한 관심도가 높아졌다. 자연스럽게 이런 새로운 수요를 겨냥해 온라인 광고를 대행해주겠다는 '바이럴 마케팅 회사'들이 생겨났다. 안타까운 것은 몇몇 업체로 인해 돈은 돈대로 쓰고 효과는 하나도 보지 못한 좋지 않은 사례가 생겨나기 시작했다는 점이다. 그래서 사장님들 사이에서 바이럴 마케팅 자체에 대한 부정적인 인식이 형성되었다.

지금 〈리더의 마케팅〉과 장기간 거래 중인 업체 가운데에서도 다른 대행사에 의뢰했었는데 투자한 금액에 비해서 별 효과를 보지 못해 업체를 바꾸고 바꾸다가 필자를 찾아와 인연이 시작된 경우도 상당수다. 가끔 그런 사장님들이 이런 질문을 하신다.

"남들은 다 효과를 보는 것 같은데 희한하게 우리 회사는 아무리 온라인 마케팅을 해도 안 되네요. 정말 효과가 있긴 있는 건가요?"

그래서 자세한 사정을 여쭤보면 대부분 대행사의 영업 텔레 마케팅을 계기로 마케팅 대행을 맡긴 경우가 많았다. 여러 대행 상품이 있지만 그중에서도 상위 노출이 가장 큰 비중을 차지했다.

사실 이제는 광고대행사라고 하면 상위 노출이 생각날 정도로 온라인 마케팅과 상위 노출은 떼려야 뗄 수 없는 관계가 되었다. 많은 사장님들과 심지어 광고대행사까지 마케팅 하면 상위 노출을 먼저 떠올리는 현실이다. '마케팅=검색엔진 상위 노출'이라는 공식을 너무 신뢰한 나머지 그 이상의 마케팅에 대해서 많은 부분을 놓치고 있다는 의미이기도 하다. 확실히 상위 노출이 중요한 건 사실이다. 애당초 바이럴 마케팅의 출발점이 블로그 후기에서 시작되었으니 말이다.

스마트폰이 보급된 이래로 사람들은 외식 한 번 할 때도 포털사이트에다가 홍대맛집, 이태원맛집 같은 키워드를 넣고 검색한다. 블로그의 체험담을 한 번 훑어 본 다음에 음식 사진도 예쁘고 맛있다는 집을 선택하기에 그 평판과 후기가 입소문으로 전해진다고 해서 바이럴 마케팅이란 이름이 붙은 것이다. 그리고 훗날 페이스북과 인스타그램처럼 구전력이 강한 SNS가 유행하면서 바이럴 마케팅은 더욱더 트렌드가 되었다.

문제는 상위 노출은 어디에나 예외 없이 통용되는 만병통치약 같은 방법이 아니라는 점이다. 어째서 누구는 상위 노출을 잡으면 매출이 팍팍 늘어나는데 누구는 상위 노출을 잡아도 아무런 효과가 없는 것일까? 심지어 아이템과 업종이 같은데도 불구하고 어떤 업체는 효과가 있고 어떤 업체는 안 하느니만 못한 결과를 초래한다. 그래서일까? 많은 사장님들이 "뭐? 1000명이 블로그를 보는데도 매상이 그대로야? 그렇다면 5000명, 10000명에게 보여줘야겠어!"하고 오로지 노출만이 정답이라고 착각해 트래픽에만 집착하는 마케팅의 함정에 빠진다. 바로 이를 '노출의 함정'이라고 칭하고 있다.

필자 역시 처음에는 블로그 상위 노출로 광고대행사를 시작했다. 요즘 같아서는 상상도 할 수 없는 일이지만, 그때는 로직만 정확히 알면 최적화 블로그를 매달 몇십 개씩 만들어낼 수 있었기에 직접 만들어서 판매도 했었고 몇 개는 우리 회사 것으로 가지고 있으면서 상위 노출 대행을 해드리기도 했다. 그때 맡은 몇몇 업체가 검색 노출 상단에 잡아드렸더니 큰 효과를 보셨기에 '아, 역시 우리나라 국민 80%가 애용하니 상위 노출이 정말 마케팅이 되는구나' 하는 오류에 빠졌었다. 나 역시도 한때는 '마케팅은 노출이다!'라는 생각으로 열심히 고객의 업체를 상위 노출되게 잡아주면서 상위 노출의 함정에 빠져 살았던 시절이 있었다.

하지만 상위 노출 광고 대행을 하면 할수록 미처 포착하지 못했던 진실이 보이기 시작했다. 여러 키워드로 상위 노출을 잡다 보니 점점 데이터가 쌓이면서 어떤 건 확실히 효과가 있는데 어떤 키워드는 상위 노출을 하더라도 아무런 효과가 없었던 것이다.

한 헬스트레이닝 업체에서 지역 헬스트레이닝 업체를 검색하면 매장이 검색엔진 상위에 오르도록 해달라는 의뢰가 들어왔다. 포털사이트 광고 센터를 통해 조회를 해보자 월간 검색량도 나쁘지 않았다. 물론 홍대 맛집 같은 S급 키워드와 비할 바는 아니었지만 몇천 건은 나오니까 이 정도면 1~5등을 잡았을 때 어마어마한 효과까지는 기대할 수 없어도 제법 문의 전화가 들어올 거라고 예상했다. 일단 2달간 실행해 보기로 했다. 경쟁이 그렇게까지 치열하지 않았기에 다행히 바로 1등을 따라잡을 수 있었다. 그런데 사장님이 블로그를 통한 전화문의가 한 달간 1통밖에 들어오지 않았다는 것이 아닌가?

콘텐츠도 나름 정성껏 작성했기에 1등을 잡았는데도 손님이 겨우 한 명이 왔다고 하니 충격이었다. 블로그 상위 노출이면 모든 업종이 다 매출이 오르는 줄 알았는데 그게 아니었다! 대체 왜일까? 여기에는 여러 가지 이유가 있을 수 있다.

첫째, 월간 키워드 검색량 자체가 많지 않아 노출 효과가 적은 것이다. 애초에 사람들이 검색을 잘 안 하는 키워드라면 상위 노출을 하기는 쉽지만 큰 효과를 기대하긴 어렵다. 간혹 이것에 혹하여 나를 찾아오는 사장님도 있기에 대행을 맡기더라도 키워드 선정 방법 정도는 직접 알아두는 편이 좋다.

둘째, 그 아이템이 블로그 상위 노출 하고는 맞지 않아서일 수도 있다. 식당처럼 ○○맛집 하고 검색해서 블로그 글을 읽어보고 손님이 찾아오는 사업도 있지만, 어떤 아이템은 검색하기는 해도 블로그보다는 카페나 파워링크를 타고 구매한다거나 블로그로는 단순히 정보만 알아보고 정작 구매는 최저가 사이트를 통해서 하는 때도 있다. 필자만 해도 대부분의 생필품을 블로그를 통하여 사지는 않는다. 블로그로는 정보를 알아보고 정작 구매는 오픈마켓 최저가 주문을 하니 말이다.

셋째, 지역이라는 변수가 작용할 수도 있다. 한 가지 실제 사례를 소개하겠다. 헬스클럽 광고 대행을 몇 년째 진행하고 있는데 한 분은 청담동에서, 한 분은 평촌 근처에서 하고 있었다. 키워드를 조회하자 둘 다 검색량이 비슷비슷했다. 그런데 희한하게도 청담동 쪽은 상위권에 포스팅을 걸자 효과가 어마어마했는데, 평촌은 안 하는 것보다야 괜찮았지만 청담동 보다는 별 효과가 없는 게 아닌가? 같은 헬스클럽 광고를 하더라도 지역적 경제 수준의 차이에 따라 다른 결과가 나올 수 있다는 결론을 내릴 수 있었다.

청담동의 경우 비교적 경제적으로 안정된 소비층이 많이 거주하여 고객들의 니즈가 '어느 정도 지출을 하더라도 최고의 트레이너에게 교육을 받고 싶다'는 마음이 강하기에 조금 비싸더라도 여기다 싶은 곳은 별 고민 없이 즉각적으로 결제가 일어났다. 하지만 평촌 헬스클럽은 비슷한 검색량으로 사람들이 알아보기는 하지만 고객의 니즈가 저렴하게 구하려는 편이기에 이른바 가성비, 가격경쟁력이 있어야 했다.

나름의 분석과 고찰을 통해 단지 조회 수가 크고 순위에 노출만 된다면 무조건 고객에게 연락이 오는 것은 아니라는 사실이 마케팅하면서 점차 드러나기 시작했다. '블로그 상위 노출만 해서 될 게 아니구나!' 하는 생각이 들었다.

이때부터 고객이 어떤 아이템을 들고 오더라도 매출을 잘 올리기 위한 연구가 시작되었다. 때마침 로직 변화로 열심히 작업한 블로그가 날라 가는 씁쓸한 경험도 해보면서 블로그 상위 노출뿐만 아니라 체험단, 카페, 페이스북, 인스타그램 등 마케팅 상품을 다각화하였다. 또한, 포스팅 하나를 상위 노출에 걸더라도 어떻게 해야 실질적으로 고객DB가 들어오고 매출이 상승하는지 연구를 시작했다. 그 방법에 대해서는 앞으로 자세히 설명하겠다.

필자는 따로 영업사원을 두지 않지만 대부분 광고대행사들은 일감이 들어오면 상위 노출 작업을 할 인력과는 별도로 계약을 따올 영업사원을 모집한다. 그럼 사장은 DB를 구매해서 영업사원들에게 나눠준다. 그 DB에는 ○○지역에서 현재 개업하고 있는 식당들의 상호, 주소, 전화번호 같은 정보가 200~300개가량 적혀 있다. 그러면 영업사원은 스크립트를 곁눈질하면서 열심히 전화를 걸기 시작한다.

"안녕하세요. 사장님? ○○광고대행사입니다. 국내 최저가로 ○○맛집 키워드 상위 노출 1등을 잡아드립니다. 요즘 사람들 다 포털사이트에에 검색하고 맛집 찾아가는 거 아시죠. 사람들이 ○○맛집 검색해서 사장님의 가게가 나온다면 매출이 크게 상승할 겁니다. 한 달 잡는데 단 돈 ○○만 원으로 진행해드리고 있습니다…."

여기서 바가지라도 쓰지 않는다면 실제로 합리적인 금액을 내고 한 달 상위 노출을 잡아서 이득을 본다면 천만다행이다. 문제는 방금 전에도 이야기했듯이 모든 아이템이 블로그 상위 노출로 효과를 보지는 않는다는 점이다. 그러면 광고대행사는 원래 한 달 가지고는 큰 효과가 없다면서 장기적으로 잡아야 바이럴, 브랜딩 효과가 있다며 계약 연장을 권유한다. 그렇게 몇 달 상위 노출을 잡았는데도 효과가 없으면 계약을 끝내버리고 또 다른 업체를 찾아 텔레마케팅하는 것이다.

이건 다름 아닌 여러 대행사를 돌고 돈 끝에 나를 찾아온 한 고객님이 직접 들려주신 사례다. 고객들의 매출 상승을 적극적으로 지원해야 바람직한 광고대행사의 바이럴 마케팅 상품의 결과는 너무 복불복이다. 어떤 고객은 운이 좋아서 아이템, 지역, 키워드가 맞아떨어져 상위 노출로 효과를 보고 어떤 고객은 운이 나빠서 3가지가 삼위일체를 이루지 못한 바람에 상위 노출을 해도 효과가 없기 때문이다. 일단 어떻게든 계약을 따내서 상위 노출을 해본 다음에 적중해서 맞으면 고정 고객이 되는 것이고 빗나가면 헤어지고 또 다른 고정 고객을 찾아 나서는 행태이다.

이것이 바로 리더라면 반드시 알아야 할 '노출의 함정'이다. 진정한 의미에서 마케팅을 하기 위해서는 경영적으로 제품과 서비스의 특징, 타깃으로 하는 고객에 대한 심도 있는 분석, 점포가 자리 잡고 있는 지역에 대한 이해 등, 복합적인 진단을 거쳐서 전략을 수립하고 적합한 채널에 고객들의 반응을 얻을 수 있는 콘텐츠로 광고해야 승산이 있다. 소위 말해 최적화 블로그 하나 있다고 대충 키워드 몇 개 상위 노출을 잡는다고 모든 게 다 해결되는 문제가 아니다.

그런데 '마케팅 홍보, 노출' 공식의 패러다임에서 벗어나지 못하면 오로지 유입과 노출만이 정답이라고 생각해버리게 된다. 온라인상으로는 상위 노출을 걸고 오프라인상으로는 전단을 1000장, 10000장 뿌리는 게 다라고 생각하게 된다. 그러고서 효과를 보지 못하면 '왜 나는 홍보와 노출을 하는데 팔리지 않지?' 하고 의문을 품게 되는 것이다. 그 의문에 대한 답은 아이러니하게도 '홍보와 노출을 했기 때문'이다. 마케팅과 홍보는 전혀 다르다는 사실을 알아야 한다. 홍보는 말 그대로 사업체를 널리 알리는 것이고 마케팅은 그 홍보를 포함하여 상품, 기획, 경영전략, 고객 발굴 및 육성까지 포함하는 상위개념이다.

지하철역에서 내리는데 전단을 받아본 경험이 한 번 쯤은 있을 것이다. 솔직히 말해서 제대로 읽어는 보시는가? 지하철에서 전단 돌리는 것을 지켜본 적이 있는데 어떤 사람은 받지도 않고 지나가고 어떤 사람은 받자마자 구겨서 버리거나 주머니에 넣어뒀다 쓰레기통에 버리는 사람도 있었다. 소수의 사람만이 전단을 한 번 훑어보고 쓰레기통에 버렸다. 어떤 전단은 10000장을 뿌려서 태반이 버려지고, 어떤 전단은 10000장을 나눠주고 1000통의 문의 전화가 들어왔다고 쳤을 때 전자는 노출 홍보를 한 것이고 후자는 마케팅한 것이다. 전자는 기획 없는 실행이고 후자는 전략과 기획이 들어간 실행이다.

온라인 마케팅 역시 마찬가지이다. 노출과 홍보 역시 마케팅의 하위 항목에 속하는 만큼 필요한 일이지만 거기에 기획과 전략이 더해져야 고객이 찾아와 그들의 니즈를 충족시키고 거래하는 마케팅 활동이 된다. 오프라인에다 전단 10000장을 낭비하듯이 조회 수 높은 키워드에 돈 써서 상위 노출을 한다고 온라인 마케팅을 하고 있다고 말할 수는 없다. 어떻게 콘텐츠를 구성하느냐에 따라 어떤 사람은 검색을 해놓고도 일단 제목부터가 마음에 안 들어서 다른 포스팅을 클릭할 수 있고, 어떤 사람은 조금 읽다가 뒤로 가기를 누를 수도 있다. 끝까지 다 읽기는 읽는 사람, 다 읽고 마음에 들어서 친구에게 같이 가자고 링크를 보내거나 상담 전화를 하는 사람이 있을 수 있다. 오프라인 전단과 똑같이 같은 상위 노출을 하더라도 어떤 이는 홍보 노출을 하고 있고 어떤 이는 마케팅을 하는 것이다.

누구나 내 물건을 잘 팔아서 돈을 벌고 싶을 것이고, 그러기 위해서 나름 마케팅 활동을 할 것이다. 결과가 좋지 않아 '나에게 마케팅 역량이 부족한가?' 싶어서 마케팅 대행사를 찾아갔으나 그럼에도 성과가 나지 않는다면 그곳은 마케팅 대행사가 아니라 홍보대행사, 노출대행사일 가능성이 높다. 마케팅을 의뢰하러 갔으나 번지수를 단단히 잘못 찾아간 셈이다.

마지막으로 내 아이템이 상위 노출로 효과가 있는지 없는지 가려낼 수 있는 검증법 하나를 소개하겠다. 그 방법은 잘 만든 '홍보 동영상 하나를 제작한 다음에 상위 노출 포스팅에 삽입을 해두는 것'이다. 포스팅에다가 '좀 더 자세한 내용 알고 싶으시면 동영상을 봐주세요' 등의 문구를 써놓으면 정말 관심이 있어서 처음부터 끝까지 정독하는 사람이라면 동영상도 반드시 본다.

그런데 그냥 상위 노출이 되어있으니까 클릭했다가 바로 나가는 사람들은 동영상을 보지 않는다. 이 방법을 적용해보니 대체로 블로그 상위 노출로 매출이 나는 사업에서는 동영상 조회 수가 높았고 그렇지 않았을 때는 포스팅 조회 수는 100인데 동영상 조회 수는 6~7개가 나오곤 했다. 두 달 동안 상위 노출을 했는데도 동영상 조회 수가 4회인 적도 있었다. 이는 바로 블로그로 구매전환이 일어나지 않고 파워링크 등으로 빠진다는 것을 뜻한다. 반대로 동영상을 넣어놨는데 1주가 지나도 조회 수가 계속 올라간다면 효과가 있을 가능성이 높다.

차별화하지 못하여 선택받지 못해 많은 리더들이 빠지는 함정

존재한다는 것은 근사하다. 그러니 우리는 자신의 삶을 살 용기만 가지면 된다.
-피터 로세거

홍보와 노출에 전략, 기획이 더해져야 마케팅의 결과도 완성도도 높아진다. 전략과 기획에 대해서도 해야 할 말이 많은데 여기서는 가장 중요한 차별화 전략에 관해 설명하겠다. 만약 지금 광고를 해서 내 상품을 보는 사람은 많은데 유입량에 비해 구매전환이 적다면 이미 시장에 널린 많고 많은 경쟁사 상품들과 비교해서 어떤 차별성도 없기 때문에 소비자들의 외면을 받는 건 아닌지 고려해볼 문제다. 이것이 바로 마케팅의 함정 중 하나인 '동일성의 함정'이다. 다른 상품과 거의 비슷하니까 고객들에게 선택받을 명분이 아무것도 없는 상태에서 유입과 노출을 해봤자 잘 팔리지 않은 상황이 된 것이다.

요즘은 아시다시피 모든 시장 영역에 다 경쟁사들이 포진해 있고 수요

보다 공급이 넘쳐나는 시대이다. 고객들은 발달한 인터넷을 통해 온갖 제품을 검색해 후기를 꼼꼼하게 비교 분석한 다음에야 최종적으로 구매를 결정한다. 그런데 내가 파는 것이 남들과 똑같고 아무런 차별점이 없으면 어떨까? 옛날 같았으면 상위 노출 등을 통해 유입량만 늘렸어도 잘 팔렸을지 모르지만 지금은 다르다. 고객들이 좋은 정보 하나를 얻어도 그 자리에서 바로 사기 보다는 비슷한 다른 무언가도 더 알아보고 여러 대안 가운데 하나를 고르기에 차별화 전략 없이는 점점 판매가 힘들어지고 있다. 이는 장사, 사업, 영업, 프리랜서 가릴 것 없이 모든 비즈니스의 핵심이 되므로 '나는 나의 사업 분야에서 어떻게 돋보이게 차별화를 해야 하는지'에 대해 치열하게 고민해야 한다.

마케팅 이론 가운데 포지셔닝(Positioning) 전략이 있다. 자사 제품 혹은 퍼스널 브랜드를 대중에게 어떻게 인식시키는 지에 대한 전략을 말한다. 자동차 브랜드를 생각하면 이해가 빠를 것이다. 고급 스포츠카 하면 페라리나, 람보르기니가 먼저 떠오르지 않는가? 그런데 만약 내가 슈퍼카 브랜드 사장인데 의도와는 달리 고객들이 볼보와 함께 내 브랜드를 연상한다면 포지셔닝에 실패한 것이다. 볼보의 포지셔닝은 고급스럽지 않아도 안정적이고 튼튼하며 실용적인 브랜드니까.

사람의 경우도 마찬가지이다. 각종 분야에 수많은 전문가들이 있지만 외식 컨설턴트 하면 백종원 씨가 먼저 떠오르고, 자기계발 강사 하면 김미경 씨가 먼저 떠오른다. 이들은 자신만의 퍼스널 브랜드를 잘 포지셔닝하여 신뢰와 신용도를 높인 것이다. 만약 자신이 진출하고자 하는 사업 분야에 이미 전통적인 대기업이 시장을 석권하고 있다거나 실력과 명성을 두루 갖춘 전문가가 있다면 어떻게 해야 할까?

기존의 강호들을 압도할만한 실력이 있지 않은 이상 정면 대결은 무리수일 따름이다. 그 대신에 '3가지 차별화 전략'을 통해 남들이 아직 진출하지 않은 시장에 먼저 포지셔닝을 잡는 것이 현명하다고 할 수 있다. 그런데 여기서 한 가지 주의할 점이 있다. 고수들이 아직 손 뻗지 않은 전문 분야로 진입하기 전 먼저 기본적인 실력과 내공을 쌓아야 한다.

드물게 젊은 사회초년생들을 컨설팅할 일이 있는데 이 차별화 전략을 알려주면 지금부터 자신의 커리어와 퍼스널 브랜드를 준비해야겠다고 의욕을 불태운다. 당장 블로그와 페이스북부터 시작하려 하는데 일단 몇 년 정도 내공을 쌓는데 집중하고 그다음에 차별화를 해나가라고 조언한다. 필자 역시 마케팅 전문가로서 광고대행사를 창업하기 이전에 영업, 컨설팅 회사에서 기초를 닦았고 좁은 사무실에서 3~4시간 자면서 마케팅으로 매출을 올릴 수 있는 실질적인 노하우를 연구한 세월이 있었다.

3가지 차별화 요소는 첫째, 제품 둘째, 서비스 셋째, 사람을 들 수 있다. 이 3가지를 전부 차별화하는 것이 가장 좋기는 하나 그럴 상황이 아니라면 순서대로 우선순위를 두는 것이 좋다. 여기서 차별화는 대기업에서 흔히 말하는 이노베이션을 하라는 의미도, 국내 최초라던가 기존의 것들을 아예 싹 바꿔버리자는 의미가 아니다. 다만 조금의 포인트만 바꾸면 된다.

예를 들어 컵을 만들어서 판다고 가정해보자. 같은 컵이라도 디자인을 새롭게 한다거나 조금의 기능성을 추가하면 기존에 없는 제품을 만들 수 있다. 가장 첫 번째로 제품의 차별화를 든 이유가 여기에 있다. 제품의 수준 자체를 차별화하면 그 자체로 독보적이기 때문에 서비스나 사람을 차별화할 필요가 없어진다.

통신사에서 일할 때 처음 LTV가 나오고 3G에서 4G로 넘어갈 때도 그랬다. '속도가 빨라진다'는 기능 하나로 영업이 가능했다는 의미이다. 제품의 차별화 같은 경우 한 번 히트상품을 개발한 데에서 안주하지 않고 지속해서 업데이트를 해나가야 한다. 뭔가가 새롭게 나와 시장의 인기를 얻으면 대기업이 따라 하는 등 경쟁사가 생길 것이다.

만약 당신이 제조사나 식당 등을 운영한다면 자체적인 신제품, 신메뉴 개발을 할 수 있을 것이다. 그런데 그런 것을 할 수 없다면 어떻게 해야 할까? 예를 들어, 유통업에 종사하고 있다면 이미 만들어진 기성품을 사입하여 팔아야 하고 보험설계사나 자동차 딜러처럼 영업한다면 다른 영업사원들과 똑같은 보험 상품 혹은 자동차를 판매해야 한다. 제품 자체로 뭔가 차별화를 하고 싶어도 그럴 수가 없는 형편이다. 이럴 때는 차선책으로 서비스라도 차별화해야 한다.

다이어트 제품을 유통한다고 가정해보자. 이미 오픈마켓에서 똑같은 것을 판매하는 경쟁자가 포진해있기에 수익을 올리기가 쉽지 않을 것이다. 하는 수 없이 1+1 프로모션을 한다거나 자신의 마진을 낮춰가면서 최저가로 판매한다거나 추가적인 사은품을 준다거나 서비스의 차별화를 해보다가 마진경쟁이 붙으면 모두 같이 손해를 보게 된다. 그런데 여기서 가격을 오히려 조금 더 높이고 나에게서 산 고객들에게 정기적으로 체질 분석을 해드리고 살을 빼기 위한 원격 트레이닝 서비스를 제공해드린다고 하면 어떨까? 똑같은 상품을 팔더라도 남들과 차별화되는 서비스를 하는 것으로 오히려 좀 더 고가로 판매할 수 있게 된다.

보험이나 자동차 같은 영업도 마찬가지이다. 나에게서 보험 계약을 한다면 보험 상품을 한 번 팔고 끝이 아니라 계속 새로운 서비스를 해드리고 나만의 고객들에게 정기적인 강의 등을 하면 어떨까? 해당 제품을 구매하는 고객들의 니즈를 잘 분석하여 매력적인 서비스를 포함한다면 고객이 다른 그 누가 아닌 나에게서 구매해야 하는 이유에 대한 확실한 명분이 생긴다. 물론 서비스의 차별화를 하려면 일단 본인이 어느 정도 전문지식이 있어야 한다. 후발 주자가 경쟁우위가 되는 상황을 견제하기 위해서라도 확실한 수준을 꾸준히 제공할 수 있어야 하기 때문이다.

그런데 어떤 경우는 서비스의 차별화조차 힘들 때도 있다. 생산하는 업체에서 총판을 준 사람이나 대리점이나 딜러들이 같은 아이템을 판매하는 상황, 서로 과열 경쟁을 하지 못하도록 별도의 마케팅을 하거나 서비스를 만드는 걸 정책위반으로 막아두는 때가 있다. 제품과 서비스 둘 다 차별화를 할 수 없다면 결국 최후의 수단으로 그 제품을 파는 자신을 차별화해야 한다. 고객 응대에 능숙한 영업사원들이 말하는 "사장님, 제가 이 일만 10~20년을 해왔습니다."라는 단골멘트 역시 사람의 차별화, 즉 퍼스널 브랜딩에 속한다고 할 수 있다.

아시다시피 자본주의 사회에서는 신용과 신뢰가 곧 돈이다. 고객들은 돈을 내서 문제를 해결하고 싶어 하기에 되도록 이미 보증된 전문가를 원한다. 그래서 전문가들은 자격증을 따고 커리어를 쌓으면서 고객 후기를 받고 책을 집필하는 등 끝없이 자신의 능력을 업그레이드하여 퍼스널 브랜딩을 하는 것이다. 그렇게 '이 업계에서는 이 사람이 정말 믿을 만하다'라는 평판이 형성되면 사람들은 제품이 아니라 그 사람을 보고 물건이나 서비스를 구매하게 된다.

예를 들어, 똑같은 미용 서비스를 받는다고 치자. 둘 다 10년 경력인 A와 B가 있는데 A는 딱히 내세운 게 없고 B는 블로그에 들어가면 수많은 자격증과 고객 이용후기가 올라와 있다. 몇 년 째 유튜브도 하고 있고 책도 집필했으며 매주 세미나를 개최해 많은 사람들에게 미용에 관한 팁을 전수해준다. 그렇다면 누가 더 영향력이 있겠는가.

요즘 한참 1인 기업이 늘어나는 이유가 여기에 있다. SNS가 워낙 발달하여 이제 개인도 확실한 콘텐츠만 있다면 프리랜서로 독립하기 좋은 시대다. 제품이나 서비스의 차별화에는 자본금이 많이 필요하지만 퍼스널 브랜딩은 적은 비용으로도 단계별로 해나갈 수 있기에 트렌드가 되어가고 있다. 제품은 모방을 할 수도 있고 서비스는 벤치마킹을 하면 되지만 나라는 사람은 그 누구도 대체할 수 없다. 하지만 역설적으로 그런 대체 불가능한 전문가가 되기 위해서는 남들과는 차별화되는 전문성과 콘텐츠가 필요한 것이다.

혹시 지금 창업을 고려하고 계시는 분이 있다면 특히 청년 사업가라면 전문성을 쌓아 자신을 브랜드화하는데 도전해보기 바란다. 직접 제품을 만드는 것은 자본금이 많이 필요하고 유통이나 영업직처럼 남이 만든 것에 마진을 붙여 파는 것은 언제든지 시작할 수 있는 일이다. 가장 에너지와 창의력이 풍부할 때 자신만의 독창적인 상품을 만드는 일에 도전해보길 바란다.

채널의 특징을 몰라
자기 아이템과 부적합한 것을
공략해 빠지는 함정

당신은 당신이 모험하는 바로 그것이다.
-자비에라 홀랜더

"대표님, 요즘 핫한 채널은 무엇인가요? 블로그는 이미 너무 다들 해서 기회가 없다는데 지금이라도 해야 하나요?"

"에이, 블로그 그거 유행이 지나지 않았나요? 요즘 페이스북과 인스타그램이 대세라는데 블로그에 시간 낭비하지 않게 인스타그램을 가르쳐 주세요."

이는 강의에서 수강생들이 가장 많이 하는 질문이다. 하지만 마케팅에 있어서 절대적으로 좋고 나쁜 채널은 없다. 채널마다 특징이 다 다르기에 자신이 하는 비즈니스에 적합한 것과 알맞지 않은 채널이 있을 뿐이다. 적합한 채널이라면 정공법으로 경쟁하면 되고, 만약 그렇지 않다면 적합한 방식으로 우회하여 마케팅해야 한다. 그런데 의외로 많은 사장님들이 각 채널의 특징과 이용자층과 내 아이템과의 시너지를 고려하지 않고 '요즘 뭐가 유행이더라', '○○ 사장이 뭘 해서 돈을 벌었다더라' 하는 트렌드만을 따라서 자사에 적합한 채널 하나 제대로 육성하지 못하는 '마케팅 채널의 함정'에 빠진다.

포털사이트는 기본적으로 검색엔진이다. 사람들이 어느 정도 구매의사를 갖고 제품에 대한 정보를 검색하거나 블로그 후기 등을 읽고 문의 연락을 주로 한다. 그에 비해 페이스북이나 인스타그램은 기본적으로 소셜 네트워크 서비스다. 친구들 소식을 보다가 갑자기 그 사이에 뉴스피드 광고가 뜨는 방식이다. 전자가 계획성 있는 소비라고 한다면 후자는 충동구매에 가깝다고 비유할 수 있다. SNS에다 홈쇼핑에서 팔 만한 물건을 올리면 그건 팔리겠지만 예를 들어, 나사나 볼트처럼 일반인들은 쓰지 않는 기업에 B2B로 납품하는 원자재는 아무리 거금을 들여 광고를 하더라도 팔리기 힘들 것이다. 차라리 키워드를 잘 선정하여 포털사이트에 올려놓는 편이 쉽게 문의를 유도할 수 있다.

또한, 해당 플랫폼의 사용자 연령도 고려해야 한다. 예를 들어 페이스북의 통계를 보면 많은 연령대가 골고루 사용하지만 역시 20대가 주를 이룬다. 그런데 페이스북에 값비싼 부동산을 홍보하면 반응이 좋을까? 차라리 구매력이 있는 30~40대가 모인 온라인 카페나 밴드 같은 곳이 더 반응이 괜찮을 것이다. 대신에 20대 사회초년생을 위한 재테크 교육 수강생을 모집한다고 하면 사람이 모일 것이다. 실제로 페이스북에서 가장 잘 팔리는 아이템들은 20대를 타깃으로 하는 옷, 화장품, 미용용품 등이라고 한다.

이처럼 자신의 아이템이 B2B, B2C 중 어떤 대상인지도 고려해야 하고 그 제품이 검색으로 팔릴 제품인지, 아니면 충동구매를 유발하여 뉴스피드에 뜨더라도 일반 소비자들에게 광범위하게 어필할 아이템인지를 파악해야 한다. 각각의 마케팅 채널 자체의 특징과 이용자들의 특징까지 꼼꼼히 따지고 분석해야 매출상승 전략을 세울 수 있다. 이처럼 채널의 특징에 대한 개념이 정립되지 않은 상태에서 요즘은 '인스타그램이 좋다더라', '유튜브가 좋다더라' 하는 '카더라 통신'만 믿으면 곤란하다.

이런 경우 '이게 좋다니까 한 번 해볼까?' 하고 조금 해봤다가 효과가 없자 실망하여 금방 접어버리고 또 유행하는 다른 채널을 조금 해보다가 접어버리는 악순환을 반복하게 된다. 물론 소 뒷걸음치다 쥐 잡는 격으로 어쩌다 한 번은 잘 될 수도 있겠지만, 그래서는 어디까지나 '복불복 마케팅'에서 벗어나지 못한다. 지피지기 백전불태(知彼知己百戰不殆)라는 말은 마케팅의 세계에서도 유효하다.

아마도 많은 분들이 도대체 '내 비즈니스는 어떤 마케팅 채널을 공략하는 것이 효율적일까?'에 대해 제일 알고 싶으실 것이다. 정답은 당연히 '다 하는 게 좋다'이다. 하지만 현실적으로 대기업처럼 직원과 예산이 많지 않은 상황에서 모든 것을 다 할 수는 없는 노릇이고 자신이 취급하는 아이템에 가장 적합한 채널을 찾아가는 것이 맞다. 그러려면 당연히 마케팅 채널에 대해 하나하나 알아야 하는데 채널의 특징을 모르면 선정에 혼란을 겪는다. 또한, 채널을 공략해서 효과를 봤다고 해서 거기에만 안주해서도 안 된다. 계란을 한 바구니에 담지 말라! 블로그에다가 자기 사업의 모든 것을 거는 것은 해변에 모래성을 짓는 것과 같다.

홈페이지를 구축한 다음, 다양한 채널을 관리하면서 다각화해야 한 채널에서 성과가 미미하더라도 사업 전체가 흔들리지 않는다. 영업채널 가운데 하나가 무너졌을 뿐이기에 한 편으로 천천히 복구하면서 다른 한 편으로는 새로운 영업채널을 만들어나가면 된다. 어느 정도 조직 내 여력이 된다면 마케터를 채용하여 고객 유입 데이터 분석을 하여 다양한 채널을 세팅할 수 있겠지만 아쉽게도 대부분의 소상공인 분들은 그럴 여유가 안 되는 실정이다.

하지만 괜찮다. 대표는 회사의 리더이지 마케터가 아니다. 마케터라고 하여 반드시 사업을 잘하는 것도 아니다. 다만 마케팅 솔루션을 활용하여 간단한 분석과 채널 컨트롤을 할 수 있다면 비즈니스를 하는데 많은 도움이 되는 건 엄연한 사실이다. 매출이 좋아져서 마케팅만을 전담할 직원을 채용하는 것까지 고려해본다면 더욱 그렇다.

만약 열심히 각 마케팅 채널에 대한 교육도 듣고 배운 내용을 실천하는데도 불구하고 수익이 나지 않는다면, 이미 언급한 것처럼 자신의 아이템이 어떤 채널에 적합할지 생각해보고 올바른 방법으로 광고하고 콘텐츠를 발행해보자. 아무리 유행하는 채널을 따라가더라도 결국 자신의 사업과 맞지 않으면 아무런 소용이 없다. 어느 채널이나 이용자는 꾸준히 있다. 그 사용 대상층과 내 사업의 타깃층이 일치하는지 생각해보고 그들이 반응할만한 차별화된 콘텐츠를 기획할 수 있다면, 마케팅 채널의 함정에 빠지는 일 없이 매출이 오르기 시작할 것이다.

1 리더는 마케팅의 모든 것을 다 알 필요는 없지만 큰 흐름과 광고대행업계의 실상은 어느 정도 파악하고 있어야 한다. 그래야 합리적인 비용으로 필요한 기능에 대해서만 외주업체를 통해 효율을 높일 수 있다.

2 '마케팅=상위 노출'이라는 공식의 함정에서 빠져나와야 한다. 여러 변수에 의해 예상처럼 효과가 없을 수도 있으므로 자신의 아이템에 맞는 마케팅 전략으로 기획하는 것이 필수이다.

3 제품, 서비스, 사람이라는 3가지 측면에서 나의 비즈니스를 차별화하면 고객들의 선택을 받게 된다.

4 어떤 마케팅 채널이라도 절대적으로 좋고 나쁜 건 없다. 자신의 사업 아이템에 부합하는 채널이 있을 뿐이다. 무조건 유행을 따르지 말고 내 아이템과 시너지를 낼 수 있는 채널에 차별화된 콘텐츠를 발행하여 사용자들의 반응을 이끌어낸다.

페이스북 타깃 마케팅으로
매출 상승을 이끌었던 차량용 공기청정기

벌써 2년 전의 일이다. 세미나를 통해서 알게 된 한 사장님께서 따로 협의하고 싶으신 일이 있다고 연락을 주셨다. 자세히 이야기를 나눠본 결과, 여러 제품들을 종합적으로 유통하고 계셨다. 그런데 차량용 공기청정기와 관련하여 새롭게 총판을 진행하게 되어 이를 같이 마케팅할 수 있는 믿을 만한 업체를 찾고 계셨다. 그래서 제품을 어떻게 온라인으로 팔 수 있을지에 대해 몇 시간가량 협의하였다.

먼저 차량용 공기청정기의 특징을 잘 경청한 다음, 그 자리에서 나름의 마케팅 전략과 적합한 채널과 구체적인 방법론에 대한 기획을 진행하여 제시해 드렸다. 필자를 만나기 이전부터 이미 많은 광고대행사와 미팅을 하셨다고 했는데 감사하게도 필자의 제안이 굉장히 좋은 인상을 남겼는지 바로 그렇게 실행해보자고 하셨다. 다행히 필자의 기획이 어느 정도 적중하여 좋은 성과를 낼 수 있어서 현재까지 〈리더의 마케팅〉에서 제품의 온라인 홍보를 전담해드리고 있다.

한때 필자가 물류회사를 다니며 물류, 유통 분야 일을 해본 적이 있기 때문에 더 이해도가 높아서 협의가 순조로웠다. 사장님이 어떤 점을 고민하고 계시는지, 현장에 어떤 어려움이 있는지 예상할 수 있었기에 단지 마케팅에 대해서만 조언한 것이 아니라 유통 비즈니스 전반에 대해 컨설팅해

드릴 수 있었기 때문이다. 이런 인연으로 〈리더의 마케팅〉에서 광고를 전담하고 본격적인 마케팅도 실행하게 된 것이다.

일단 키워드부터 시작해서 검색엔진을 조사하고 조회량이 괜찮고 나름 좋은 키워드를 선발하여 체험단을 급히 진행하였다. 제품 자체의 품질이 워낙 좋았기에 일단 체험단 분들이 한 번 써보면 다들 긍정적으로 평가할 것 같았다. 문제는 가격대가 제법 높다는 점이었는데, 그래서 맛집 체험단과는 다르게 제품을 무료로 증정할 수는 없었다. 비용부담을 줄이기 위해 체험단을 렌탈 형식으로 진행했다. 그렇게 포털사이트에 좋은 후기를 하나 둘 씩 쌓기 시작했고, 소비자들이 조회량이 많은 관련 키워드들을 검색 시 체험단이 포스팅한 제품들이 많이 보이게끔 노출했다.

결과는 어땠을까? 마케팅을 실행하기 전에는 한 달에 약 100~200대 정도 팔렸는데, 체험단과 상위 노출을 시작하자 한 달 판매량이 갑자기 700~800대로 늘어났다. 거의 7~8배 가까이 매출이 급상승한 것이다. 추가적으로 포털사이트에 기본적인 마케팅 기반이 마련되었으니 여기서 끝내지 말고 겨울쯤 되어서 봄으로 넘어가는 시기에 그 시즌을 겨냥하여 동영상을 제작해 페이스북 유료광고를 진행하자고 제안했다.

다행히 본사에서 동의하셔서 영상 제작에 기꺼이 투자하셨고, 페이스북 광고용으로 사용하기 알맞게 영상을 제작했다. '사랑하는 우리 가족과 아이들의 건강을 위해 봄철 미세먼지를 확실하게 잡아주는 차량용 공기청정기'를 콘셉트로 영상을 기획했다. 공기청정기를 켠 차에 탔을 때와 공기청정기가 없는 차에 탔을 때 아이들의 느낌과 소감을 영상에 적극적으로 반영했다. 그리고 나서 어떤 타깃층에게 보여주어야 가장 좋을까 생각한 끝에, '아이가 1~2명 있는 3,4인 가족의 부모 층에게 도달시켜야겠다'고 결론을 내렸다.

그래서 경차나 소형차를 제외한 중형차 대형차 커뮤니티, 특히 기아 카니발 같은 차량 동호회를 위주로 DB를 활용하여 페이스북 유료광고를 집행했다. 결과는 대만족이었다. 역대 최고 매출을 달성하였는데, 2018년 1월 한 달 동안 1700대가 팔렸다. 마케팅을 안 하던 때와 비교해서 매출이 17배 상승한 것이다. 먼저 사전에 좋은 평판을 포털사이트에 알려놓은 상태에서 마침 황사와 미세먼지 등으로 수요가 증가했고, 기획한 콘텐츠가 타깃팅의 마음을 움직이는 등 모든 요소들이 종합적으로 들어맞아 좋은 결과를 만들어낸 것이다.

공기청정기 판매 성수기 시즌인 3~4월 달에는 두 번째 영상을 기획하여 3월 한 달 간 3000~4000대를 팔았고 4월에만 4500대가 판매되었다. 포털사이트와 페이스북 인스타그램의 적절한 광고로 인해서 고객들의 니즈가 제품 구매로까지 연결되었기 때문이다.

채널의 특정을 잘 살려 퍼스널 브랜딩에 성공한 ○○○ 비만클리닉

〈리더의 마케팅〉과 인연을 맺은 지 2년 정도 된 ○○○ 비만 클리닉 원장님이 계신다. 이분은 광고대행사에 몇 번 대행을 의뢰했지만 더욱 더 장기적인 비전을 갖고 함께 협업해나갈 마케팅 파트너를 찾고 계신 차에 필자의 강의를 듣게 되신 것이었다. 결국 현재 2년 넘게 관리해드리며 지금도 꾸준히 매출을 올리며 해당 업계에서 상위 매출을 유지하고 있다.

첫 만남 당시부터 경력과 커리어가 탄탄해서서 조금의 마케팅만 더해도 이 분야의 확고한 퍼스널 브랜드를 구축할 수 있겠다는 확신이 들었다. 업계에서 의학적인 공로를 인정받아 수상한 경험도 있으셨고 텔레비전 방송에도 출연하셨기 때문이다. 몇 년째 개인 블로그 활동을 꾸준히 하고 계셨던 것이야말로 퍼스널 브랜드를 강화하는 가장 중요한 요소였다.

그래서 첫째로 블로그 관리를 해드리며 원장님의 전문성을 보다 더 어필할 수 있는 콘텐츠를 채워 넣고 원장님의 주특기 분야인 다이어트 관련으로 정보성 포스팅을 꾸준히 발행하고 그것들이 키워드 상위를 잡자 일일 방문자가 꾸준히 늘어가기 시작했다. 처음에는 다이어트 정보를 보기 위해서 블로그에 들어온 방문객들이 원장님의 여러 칼럼이나 후기 방송 출연 경력 등을 보면서 믿을 수 있는 전문가로 인식해 문의 전화가 들어오기 시작했다.

블로그로 좋은 성과를 내었기에 지금은 카페, 페이스북, 유튜브, 오프라인 세미나 등으로도 채널을 확장하는 중이다. 개인카페를 개설해 전문적인 내용을 담아놓고 타깃 카페를 통해 확장을 시키자 수시적인 콘텐츠 소통이 일어나면서 바이럴 마케팅이 되기 시작했다. 이에 힘입어 실제 니즈가 있는 고객들을 대상으로 오프라인 세미나 미팅을 진행하였다. 많은 사람들이 전문지식이 풍부한 의사에게 궁금한 점을 질문하고 싶어 한다. 하지만 보통 병원에 가더라도 몇 분 정도밖에 진찰을 받지 못하는 실정이다. 그래서인지 몇 시간 동안 질의응답이 가능한 세미나에 긍정적인 반응을 보였다.

요즘은 특히 유튜브를 통한 홍보를 권장하고 있는데, 최근 들어 개인 병원 원장님들께서 유튜브 영상을 찍어가며 적극적으로 홍보를 하는 경우가 점점 증가하는 추세이다. 온라인 광고 중에서 경쟁이 치열한 곳 중 하나가 바로 병원이다. 사실 동영상만큼 진정성과 전문성을 잘 전할 수 있는 수단이 없기 때문이다. 많은 병원들이 매달 엄청난 비용을 광고에 투자한다. 하지만 현재 ○○○ 비만 클리닉은 진정성 있는 콘텐츠와 다각화된 채널에서의 정기적인 커뮤니케이션을 통해서 고객들과 소통하며 업계에서 좋은 평판을 유지하고 있다.

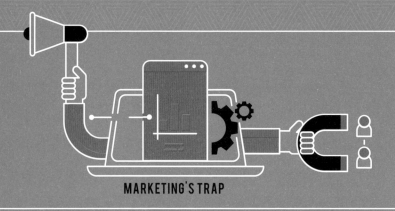

MARKETING'S TRAP

PART 2

마케팅의 초짜였던 영업사원, 광고대행사 대표가 되기까지

지방대졸 평범남, 그는 대기업에 어떻게 취직했을까

꿈을 선별하여 꾸도록 노력해보라. 그래야 꿈이 실현될 상황도 많아진다.
-스타니슬라브 제르치 렉

'도대체 왜 광고와 마케팅을 하는데도 매출은 그다지 좋아지지 않는 것이지?' 이런 고민을 하는 사장이 빠지기 쉬운 마케팅의 함정에 대해 앞장에서 말씀드렸다. 혹시 읽으시면서 '아, 이래서 안 되었구나!' 하는 영감을 얻으셨을 수도 있겠지만 '마케팅이란 복잡하고 어려운 거구나'하는 생각을 하셨을지도 모른다. 하지만 필자 역시 처음부터 마케팅을 잘했던 것은 아니다. 마케팅을 전공하고 처음부터 기획사나 대행사에 취직해 경력을 쌓아온 것이 아니라 유통과 영업을 하다 마케팅 분야로 전향했기 때문이다. 지금부터는 마케팅에 대해서는 초짜였던 필자가 어떤 과정을 통해 하나 둘 씩 마케팅에 대해 알아가게 되었는지 이야기하겠다.

"대표님은 바이럴 마케팅을 하기 위해서 태어난 것 같아요. 학생 때부터 마케터를 목표로 전문성을 쌓아오신 건가요?"

　이는 가끔 고정 고객분들께서 하시는 말씀이다. 과분한 칭찬이 정말 감사하지만 처음부터 필자가 마케팅에 매력을 느끼고 몰입하여 지식과 경력을 쌓아나갔던 것은 결코 아니다. 2018년, 필자에게 일어났던 일들 가운데 즐거웠던 일을 회상해보자면 역시 거래처 사장님에게 감사 연락을 받은 일을 들고 싶다. 개중에는 매년 지속하여 〈리더의 마케팅〉을 애용해주고 계시는 분들도, 이제 막 정규교육을 들으시는 분들도 계신다. 그분들이 전화와 카카오톡으로 '마케팅 효과를 보았다, 월말 정산을 해보니 마케팅하기 전과 대비해 실적이 몇 배 이상 상승했다'며 함박웃음을 지으실 때마다 나 역시 덩달아 얼굴과 마음에 웃음꽃이 핀다.

　학창시절, 설마 지금 하는 일이 필자의 생업(生業)이 되리라고는 꿈에서조차 상상하지 못했었다. 심지어 공부를 잘하거나 공부가 아니더라도 뭔가 특별난 끼가 있거나 하지도 않았다. 미디어에 소개되는 대단한 사람들을 보면서 부럽다고 생각했던 평범한 학생에 불과했다. 물론 '열심히 살아야 하지 않을까?'라고 막연하게 생각은 하고 있었지만 구체적인 꿈이라던가 비전을 가졌던 것도 아니었다.

　그러던 필자에게도 생각의 씨앗이라 부를만한 동기가 마음 한 구석에 자리 잡는 계기가 있었다. 그 계기는 바로 IMF 사태에 있었다. 당시 우리 집의 경제 사정은 괜찮은 편이었다. 아버지께서 알루미늄을 제조해서 납품하는 사업을 성공적으로 하고 계셨기 때문이다. 그러나 IMF가 닥치면서 아버지 회사의 거래처가 하나 씩 파산하기 시작했고 그 영향으로 지불받기로 약속되었던 기업어음이 부도가 나면서 경제적으로 점점 힘들어지기 시작했다. 마침 우리 가족은 평범한 주택에서 브랜드 아파트로 이사 갈 준비를 하고 있었는데 그 직전에 IMF 사태가 터지면서 그 계획은 무산되었기에 당시의 상황이 지금도 똑똑히 기억난다.

아버지는 어떻게든 빚을 받아내기 위해 분주히 움직이셨지만 이미 허공에 뜬 돈은 어찌할 도리가 없었다. 결국 알루미늄 사업을 접으셨고 기존 인맥을 통해서 중국 관련 사업을 시작하셨다. 우리 아버지뿐만 아니라 많은 이들이 여기저기서 돈이 떼일 만큼 국민 전체가 힘들던 시기였다. 그리고 이때부터 당장 나와 동생의 학비를 비롯한 생활비를 조달해야 했기에 어머니는 전업주부로 계시다가 처음으로 일을 시작하셨다. 식당에서 서빙을 하셨는데 매일같이 일과 살림을 병행하느라 돌아오셔서 힘들어하시는 모습을 보면서 내 마음도 덩달아 무거워지곤 했다. 이런 가정의 변화와 부모님의 모습을 지켜보면서 '어떻게든 빨리 돈을 벌어야겠다'고 결심했다.

그렇다고 학업을 포기한 것은 아니었다. 집안 살림에 조금이나마 보탬이 되기 위해서는 높은 연봉을 받아야겠다는 생각에 '괜찮은 대학에 진학하여 대기업 취업하기'를 목표로 삼았다. 하지만 입시 공부에는 영 소질이 없었는지 학원까지 다녔지만 성적은 신통치 않았다. 결국 지방 소재한 대학교 경영학과에 입학하였다.

요즘은 많은 학생들이 전문경영인이나 창업을 염두에 두고 경영학과를 선택하지만, 사실 필자는 그러한 포부나 계획이 있던 것도 아니었다. 돈을 벌기 위해 취업을 잘해야겠다는 일념 하에 선택한 진로였다. 굳이 이유를 들자면 학창시절 멘토였던 학원 원장선생님의 영향이 컸다.

"상규야, 네가 성적은 썩 좋지 않지만 그렇다고 불량한 짓을 일삼지도 않고 인성이 좋아서 아이들과 어울리면서 자연스럽게 리더 역할을 하더구나. 그러니 취업·창업과 리더십에도 도움이 되는 경영학을 한 번 배워보는 게 어떻겠니?"라고 권유하셨다.

입학이 확정되자 원장님은 이런 말씀도 하셨다. "한 가지 전략을 알려줄게. 대학교 들어가면 다들 1학년 1학기에 절대 열심히 공부 안 한다. 막 수능 끝나고 대학생이 되었으니 놀기 바쁘지…. 이때 열심히 공부하면 뭔가 이룰 수 있을 거야!"

실제로 이 조언을 마음에 새기고 열심히 공부하자 4.5 만점에서 4.3점의 학점을 받았다. 공부에는 영 재능이 없는 줄로만 알았는데 어쨌든 내가 원하는 방향에 맞는 관심사에 제대로 노력을 더 하니까 '나도 이런 성과를 만들어낼 수 있구나'라는 자신감이 생기기 시작했다.

그렇지만 여전히 고민은 있었다. 연봉이 괜찮은 규모 있는 기업 취직을 목표로 하다 보니까 아무래도 스펙 걱정이 되었다. 지금이야 사회와 세상 물정을 어느 정도 아니까 우리 회사 직원이나 그 또래의 청년들이 학력으로 고민하면 적절한 조언을 해줄 수 있다. 하지만 당시 막 군대를 전역한 지방대 복학생이었던 상황이어서, 아무리 생각해도 유학파와 소위 말하는 명문대학 출신들을 이길 신통한 방법이 생각나지 않았다. 그래서 그들과 어떻게든 '게임'이 되려면 상대적으로 눈에 띄는 경력이라도 하나 있어야 할 것 같다 싶었다. 그래서 3학년 말부터 해외 취업을 준비했다. 바로 국내에서 취업을 하기에는 쟁쟁한 경쟁자들이 너무 많은 것 같았다. 차라리 일단 해외에 먼저 나가서 경력을 쌓아서 돌아와야겠다고 생각했다.

대부분 대기업이 원하는 건 실무능력과 어학 능력이었기 때문에 해외 취업을 통해 경력을 쌓으면 그 두 마리 토끼를 모두 잡을 수 있겠다는 게

산이었다. 나중에 인사담당자들이 서류를 검토할 때 "저는 일반적인 지방대 경영학과 졸업생입니다." 라는 자기소개서는 별 매력을 느끼지 못하고 걸러내겠지만 "저는 지방대 경영학과를 졸업했지만, 해외에 나가서 이미 이런저런 일들을 해봤습니다. 일도 어느 정도 파악하고 있고 영어도 구사할 수 있습니다." 라는 자기소개서는 흥미 있게 살펴보지 않을까 싶었다. 생각해보면 이때부터 선택받기 위한 '차별화 전략'에 대해 고심하고 실천하고 있었던 셈이다.

해외취업이라고 한다면 워킹홀리데이도 있겠지만 이건 사실 취업보다는 아르바이트에 가까운 개념이기에 무조건 경력으로 인정받을 수 있는 회사에 들어가는 것을 목표로 삼았다. 당시 J1 비자라고 해서 '이 사람이 직원으로 일했다'는 확실한 서류 증거가 남는 해외 취업비자가 있었기에 이를 준비했다. 열심히 영어인터뷰도 연습하면서 몇 군데 지원했지만 떨어지고 또 떨어졌다. 그래도 포기하지 않았고 도전한 끝에 드디어 미국 LA의 한 회사에 취업할 수 있었다.

바로 HTNS(하나로TNS)라는 회사였다. 이 회사는 삼성물산의 부서들 가운데 물류 전담 부서로 한 2~3년 삼성물산 내 부서였다가 독립한 회사였다. 이처럼 지금은 마케팅을 하고 있지만, 사회생활 첫 직장은 물류와 유통업계였다. 이런 이력 덕분에 제조업 혹은 유통업을 하시는 사장님들을 대상으로 컨설팅하고 매출을 높이는 데 큰 도움이 되고 있다.

새로운 사고와 기회를 얻기 위한 지름길은 쓸데없는 경험에 있다

경제는 자신의 삶에서 최상의 것을 만들어내는 기술이다.
-게리 베커

만약 해외에서 몇 달 정도 거주할 기회가 있다면 반드시 경험해보라. 필자는 해외 거주를 적극적으로 권장하는 편이다. 짧게 몇 박 며칠에 걸쳐 여행을 다녀오는 것은 재밌기는 해도 뭔가 큰 깨달음은 느낄 기회는 잘 없지만, 해외에서 장기간 거주하다 보면 정말 다양한 것을 보고 배울 수 있기 때문이다. 필자는 해외근무 전까지는 해외여행 한 번 가보지 않았기에 LA에서의 1년은 신세계나 다름없었다. 의식주를 비롯하여 살아가는 라이프 스타일, 제도, 사고방식, 가치관 모든 것이 다르다는 것을 직접 겪으면서 견문도 넓어졌고 다름을 인정할 줄도 알게 되었다.

회사업무를 하면서 미국 내에서 여행도 많이 다녔기에 한국에는 없는 다양한 문화와 서비스 등을 경험했고 직장에서 직접 여러 물류와 최신 아이템을 취급하면서 트렌드에 대한 감을 익힐 수 있었다. 아시다시피 미국은 글로벌 트렌드를 주도하는 국가로 그동안 봐왔던 경험에 의하면 먼저 미국에서 유행한 것들이 한국으로 들어오면서 히트를 하는 상품들이 상당했다. 그것을 먼저 알아내서 총판을 따 국내에 발 빠르게 들이는 사장님들이 기회를 잡아 성공하는 걸 볼 수 있었다.

필자가 일했을 당시 한국에서는 젊은 층을 중심으로 아베크롬비(Abercrombie & Fitch) 티셔츠가 인기를 끌고 있었다. 필자도 마음에 들어서 몇 벌은 사다가 자주 입고 다녔었고 11번가를 통해서 물류를 많이 내보내며 약간의 부수입을 올렸다. 또 한 가지 인상 깊은 아이템으로 양키캔들(YankeeCandles)이 있다. 해외셀러 분들이 말하길 팔리는 숫자가 티셔츠만큼 많지는 않지만 마진이 좋은 편이어서 회사에서 대한항공편으로 많이 보내곤 했었다. 요즘은 배송이 괜찮아졌지만 당시에는 겉면이 유리라서 간혹 생기는 파손품이 문제가 되기도 했었다. 그런데도 출고가 꾸준히 늘어나기에 포털사이트에 검색해봤더니 한국에서 양키캔들 붐이 일어나고 있었다.

나중에 직접 한국에 와서 둘러보자 양키캔들 정식매장이 생겨나고 있었고 테라피스트 자격증이 만들어지고 캔들을 제작하는 생산자들이 생길 정도로 기존에는 없었던 향기 관련 시장이 조성되어 규모가 커지는 모습을 볼 수 있었다. 예전에는 그래봐야 양초라는 선에서 끝났다면 지금은 집안의 인테리어와 분위기를 만드는 용도까지 확장된 셈이다. 이처럼 미국에서 바람이 분 것은 1~2년 후에 한국에서도 트렌드가 되기 시작한다는 걸 현장에서 확인할 수 있었다. 혹시 지금 판매할 아이템을 고민하고 있다면 미국에 있는 지인 인맥을 활용하여 자주 탐방하고 트렌드를 파악해두면 시장을 선점할 기회를 잡을 수 있을 것이다.

정말 다양한 경험을 했으나 그중에서도 한 가지 꼭 말하고 싶은 체험담이 있다. 로스앤젤레스 하면 어떤 것들이 떠오르는가? LA갈비부터 시작해서 할리우드, 그랜드 캐니언, 카지노 등을 생각하지 않을까 싶다. 혹시 LA에 갈 일이 생긴다면 그랜드 캐니언과 라스베이거스 쇼, 이 둘은 꼭 가서 보셨으면 한다. 절대 후회하지 않으리라 장담한다. 처음 그랜드 캐니언에 갔을 때 '와, 내가 한국에만 있었다면 이 멋진 광경을 평생 보지 못했겠구나' 라고 생각했고 라스베이거스 쇼는 필자에게 엄청난 동기부여가 되었다. 지금부터 그 이야기를 잠깐 해보겠다.

라스베이거스에서 가장 유명한 2가지를 들자면 첫째가 갬블(Gamble)이고 둘째가 라스베이거스 쇼다. 라스베이거스에는 많은 호텔들이 있는데 제법 크고 유명한 호텔들은 지하에 도박장이라던가 특유의 쇼가 준비되어 있다나? 관광 상품을 통해 단체로 갔는데 가이드는 도박은 웬만해선 하지 말고 쇼는 가격이 제법 비싸지만 한 번 쯤 꼭 볼 만하다고 적극 권장했다. 가격이 100달러(약 10만 원)에서 비싸게는 200달러(약 20만 원)였다.

당시 한국에 있었을 때부터 그나마 재밌을 것 같은 영화 몇 편 보는 것 이외에는 문화생활에는 거의 돈을 쓰지 않았던 스타일인지라 이런 쇼나 연극 뮤지컬에 몇 십 만 원을 쓴다는 건 상상도 못 할 일이었다. '몇 시간 재미있다고 뭘 굳이 그런 거금을 투자하지?'라고 생각하고 있었는데 보니까 같이 온 관광객들이 100~150달러를 써가면서 신청하는 것이 아닌가?

가이드마저 옆에서 "꼭 한 번 보세요. 진짜 제가 장담하는데 돈 아깝다는 생각 절대 안 하실 거예요." 하기에 나도 모르게 "그래요? 알겠습니다." 하고 결제를 해버렸다. '그래, LA에 사정에 대해 정통한 분이 저렇게 추천하는데 뭔가 있겠지….' 나름 합리화를 하면서 봤던 공연이 '르브 (LE REVE)쇼'였다.

일단 공연장의 크기에 굉장히 놀랐다. 작은 초등학교 운동장 정도 였는데 돔 형태로 되어있었다. 객석에 나를 비롯하여 사람들이 우르르 앉기 시작했다. '한 사람당 100달러인데 이렇게 많은 좌석이 다 차다니 이걸 다 계산하면 총수익이 대체 얼마인걸까?' 실로 어마어마한 규모였다. 더불어 얼마나 대단한 쇼이기에 라는 마음이 들었다.

결론부터 말하자면 대만족이었다. 과연 사람들이 추천할 만큼 제값을 하는구나! 르레브 쇼는 물을 적극적으로 이용한 몽환적이고 환상적인 쇼로 평판이 높다. 맨 처음에는 백두산 천지에 고여 있는 호수처럼 물만 있다가 그 안에서 건물이 올라오고, 물이 빠지더니 사람이 나오고, 조형물이 나오고, 천장에서 꽃이 피고, 돔이 열려서 사람이 내려오고…. 매 순간순간 생각지도 못한 즐거움이 가득했다. 너무 신기한 나머지 사람 넋이 반 쯤 나가버리는 경험이었다고 하면 이해가 쉬울까? 어쨌든 말로 다 형언할 수 없으니 기회가 된다면 꼭 관람해보기 바란다.

꿈같은 공연이 끝나고 공연장을 빠져나오면서 같이 관광 온 직원 분하고 소감을 이야기하느라 정신이 없었다. 마침 필자와 그분은 서로 똑같은 생각을 했다. '돈을 벌어야겠구나!' 단순한 생계의 문제를 떠나 세상은 넓고 알아야 할 건 이렇게 많은데 돈이 없으면 현실에 발이 묶여서 이런 색다른 경험을 못 하고 살아갈 거라는 생각 말이다.

사실 우리와 같이 투어 패키지에 참가한 분들을 보면 LA에 사는 분, 샌

디에이고에서 오신 분, 샌프란시스코에서 오신 분…. 각자 출신지도 다양했는데 한 부부는 아예 한국에서 오신 것이었다. 원래 미국에서 거주하지도 않는데 단지 공연 한 번 보겠다는 일념으로 비행기를 타고 온 것이다. 이야기를 들어보니 2박 3일 동안 내가 본 르레브 쇼 말고도 유명하다는 공연이란 공연들은 모조리 섭렵하고 다녔다고 했다. 그 관람료에 비행기 티켓 값 거기에 경비 숙박비 등 모두 합하면 비용이 만만치가 않을 텐데…. 그런 점이 참 부러웠다.

살면서 처음으로 엄청난 갑부는 아니더라도 돈이라는 것에 대해서 강력한 동기부여가 되는 순간이었다. '나도 나중에 사랑하는 사람 그리고 가족과 같이 비행기를 타고 쇼를 순회하려 한다면 돈이 필요하겠구나.' 그전까지는 남들에게 명함을 내밀었을 때 부끄럽지 않을 정도의 사회적 위신과 부모님을 모실 수 있을 정도의 연봉을 꿈꿨다면, 이날 이후부터는 '어떻게 해야 부를 이룰 수 있을까?'에 초점을 맞추게 되었다. 게다가 처음에는 아깝다고 여겼던 그리고 쓸데 없는 문화생활이라고 여겼던 한 번의 경험을 통해 귀한 교훈을 얻은 게 신기했다. 그렇다. 세상에 쓸데 없는 경험은 없다. 어쩌면 그동안 고정관념으로 해보지 않았던 일이 당신에게 새로운 시각을 갖게 하고 인생의 터닝포인트가 되어 줄지도 모른다.

돈에 대한 순수한 열정으로
도전했던 영업의 추억

소유할 만한 가치가 있는 모든 것은 기대를 가지고 기다릴 만한 가치가 있다.
-마릴린 먼로

"한국 들어왔다며? 형이랑 사업 하나 같이 해보자."

귀국 후 한 달 가까이 지났을 무렵 친척 형님의 러브콜을 받았다. 무슨 일인가 싶어서 여쭤봤더니 통신사 KT의 외주사업체를 하나 운영하고 계셨다. 영업을 어찌나 잘하시는지 문의가 들어오는 가정집 한 곳 두 곳 방문설치를 할 뿐만 아니라 아파트, 호텔, 병원처럼 인터넷 선이 한 방에 몇십, 몇백 개가 들어가는 큰 규모의 계약을 체결하고 작업에 들어가곤 했다. 그래서인지 친척 형님은 지금도 현역으로 이 분야에서 일하고 계시며 운영하는 대리점은 현재 지역에서 높은 실적을 내고 있다.

어떻게 해야 돈을 많이 벌 수 있을까? 미국에서 1년 반 넘게 일만 하고 계약직 기간이 끝나 귀국한 다음 곰곰이 생각했다. 미국에서의 경력을 살려서 동종업계에 취직하는 것도 방법이었으나 물류의 특성상 정신없이 돌아가는 현장 상황에 치여 전쟁같이 일만 하고 온 나로서는 일단 좀 쉬고 싶었다. 아마도 라스베이거스에서의 일이 없었다면 그대로 취업하여 대학 시절의 계획을 실현했겠지만, 새로운 목표가 생긴 이상 이를 달성하기 위해서는 원래의 계획을 수정해야만 했다.

잠시 쉬면서 생각해본 결과 '만족할 만큼 돈을 벌기 위해서는 언젠가 내 사업을 해야 한다'는 결론을 내렸기에 자기 사업을 시작한 형님을 도우면서 뭔가 배울 것이 있을 것 같았다. KT에서 요청이 있으면 현장에 방문한다. 그러면 고객들이 자연스럽게 어떤 인터넷, 전화, 휴대폰이 좋으냐고 물어보기에 영업은 쉬운 편에 속했다. 대신에 인센티브는 적은 편이었다. 그렇지만 그 당시가 모든 사업의 기본 중의 기본이라는 영업을 처음으로 시작한 순간이기도 했다. KT관련 일을 하면서 친척 형님의 영업력을 배울 수 있었다.

한 가지 일화를 소개하자면 다음과 같다. KT 지사에서 우리 업체에 미팅을 제안하여 형님과 같이 방문한 적이 있었다. 무슨 일인가 했더니 대형 수주건이 있는데 우리 업체에 이를 맡아달라는 제안이었다. 그 이전에 해오던 수준과는 규모가 달랐기에 내심 초조했다. 아무리 봐도 우리 힘으로 감당할 수 있는 일감이 아니었다. 그런데 형님은 안색 하나 변하지 않고 그 자리에서 "예. 맡겨만 주십시오. 저희 이 비슷한 일 많이 해왔습니다." 라고 말하는 게 아닌가? 미팅이 끝나고 사무실로 돌아와서 지금 들어와 있는 일로도 벅찬데 어떻게 책임질 거냐고 묻자 형님은 담담하게 말씀하셨다. "일은 들어올 때 어떻게든 받아 오는 것이지 직원부터 늘리고 거기에다가 일을 맞출 수는 없는 거야…" 형님은 그날부터 아는 인맥과 협력업체에 전화를 걸어서 친한 업체와 동업하는 방식으로 결국 모든 의뢰를 다 소화해냈다.

지금은 어느 정도 영업과 사업에 있어서 나름의 수완이 쌓였지만 그때 당시는 막 사회생활을 시작한 초년생이라 영업에 대해서도 전혀 알지 못했다. KT 일을 하면서 영업에 대한 기본적인 마인드부터 시작해서 앞서 친척 형님이 보여줬던 배포와 강단, 남들이 매력적으로 느낄 제안을 하는 방법, 고객에게 믿음을 주는 화법 등을 간접적으로 배울 수 있었다. 동시에 한계점도 많이 깨달았는데 영업을 잘한다는 것이 사업을 잘한다는 것은 아니라는 점, 영업력은 기본이고 경영능력과 마케팅, 그리고 직원을 관리하는 인사능력 등 훌륭한 리더가 되기 위해서는 여러 조건을 종합적으로 갖춰야 한다는 사실도 몸소 깨달았다.

어느 정도 영업과 사업이 무엇인지 깨달아가는 것과 더불어 또 한 가지, 긍정적인 변화를 들자면 내가 먼저 적극적으로 말을 거는 스타일로 변한 점이다. 아마도 여러분 주변에 '이 사람은 진짜 영업 스타일'이라고 느껴지는 지인이 한 명 정도는 있지 않을까 싶다. 인맥 넓은 마당발에 남들과 쉽게 친해지고 말도 유머 있게 잘하고 모두가 좋아하는 그런 사람 말이다. 나는 성격이 그 정도로 적극적이거나 외향적이지는 않았는데 영업을 시작하면서부터 많이 활달해졌다.

지금도 느끼고 있는 점 중 하나는 사회생활은 인간관계가 굉장히 중요하다는 것이다. 그런 점에서 외모가 좀 부족해도 남들과 재밌게 말하고 잘 경청하고 잘 호응해주며 먼저 말을 걸어주고 살갑고 친근하게 잘 대하는 사람은 그 자체로 경쟁력이 있다. 시간이 지나면 그 사람 주위로 사람들이 모이기 때문이다.

방금 말했던 KT 통신사와 같이 세상에는 정말 다양한 영업직이 존재한다. 그중 가장 기본적이면서 자신이 하기에 따라 수입이 좋은 직업에는 무엇이 있을까? 가장 대표적인 업종으로 보험이 있다. 필자가 처음 보험을 알게 된 건 SNS를 통해서였다. 아마도 지인의 친구였던 것 같다. 어떤 한 정장 입은 남성이 주기적으로 자신의 한 달 연봉 명세서를 공개하곤 했다. 1년 연봉이 무려 4~5억 원에 육박했는데 그 이야기는 한 달에 4~5천만 원을 번다는 의미인지라 관심이 갈 수밖에 없었다.

자신은 군대 장교 출신인데 운동밖에 몰랐던 자신이 지금의 자리에 오기까지 지식도 학벌도 아닌 오로지 노력과 열정밖에 없었다고 했다. 여태까지의 스펙에 치이지 않고 정말 자신처럼 성공하고 싶다는 열망과 의지가 있다면 그 방법을 알려줄 테니 연락하라고 하는 것이 아닌가? 이쯤 읽으셨으면 눈치챈 독자 분들도 있겠지만 보험사의 전형적인 리크루팅 방법이다. 하지만 그때는 보험을 비롯한 금융 3사(은행, 증권, 보험) 업계의 생리를 몰랐고 조직구조에 대한 이해가 부족했기 때문에 혹할 수밖에 없었다.

그렇게 입사하게 된 것이 외국계 보험사다. 필자를 리크루팅한 분은 지점의 부매니저였는데 지금도 해당 생명회사 전국을 통틀어 1~3위에 드는 상위권 지점의 SM(Sales Manager)으로 근무하고 계신다. SNS에 올린 자기소개만 해도 패기가 넘쳐흘렀지만 현실에서 만났을 때도 자신감이 넘치는 분이었다. 그 모습에 힘입어 필자도 정말 이분처럼 멋진 슈트를 입고 억대 연봉 이상을 벌고 싶었다. 연봉이 4억 원이라고 하니까 세일즈에 대해서 제대로 배울 수 있지 않을까 싶었다.

하지만 곧 그것은 결국 내 지레짐작에 지나지 않았음을 깨달았다. 원

수사나 GA를 막론하고 보험을 하게 되면 맨 처음에 마치 의식처럼 거행하는 작업이 한 가지 있다. 바로 A4 용지에다가 자신의 일가친척, 친구 지인들의 이름과 연락처를 모조리 적는 리스트 업이다.

혹시 이 책을 읽는 분들 가운데 보험설계사가 될 분이 있을지도 모른다. 거의 십중팔구 이 '고객 DB 작성'을 하게 될 것이다. 보험설계사는 일반 직장인들과는 급여구조가 다르다. 직장인은 회사에서 정해진 일을 하고 월급을 받으면 되지만, 보험설계사는 어떻게든 청약서에 서명을 받아와 계약을 따내지 않으면 기본급조차 없는 100% 인센티브 제도이다. 그래서 아침에 눈을 떴을 때 어떻게든 전화를 걸고 만나서 보험 계약 이야기를 나눌 고객 DB가 고갈되지 않는 것이 무엇보다 중요하고, 심지어 그 리스트를 돈 주고 구매하기도 한다. 심한 곳은 영업에 대한 제대로 된 교육도 해주지 않고 신입사원이 입사하면 주소록을 쓰게 한 다음에 실적압박을 주고 한계에 다다르면 내보내고 다시 새로운 사람을 채용하여 새로운 고객 DB를 확보하고 내보내는 악순환을 되풀이하기도 한다.

필자가 입사한 곳은 그런 악덕 기업은 아니었지만 지인영업이 최우선시 되는 환경이 많은 아쉬움을 주었다. 물론 계약해서 돈을 버는 것도 중요하지만 필자는 정말 당장에 보험이 필요한 사람에게 권하고 그에 대한 보수를 받고 싶었다. 그러기 위해서는 지인들을 넘어서 내 상품을 정말로 필요로 하는 고객들과 만나 이야기를 할 수 있는 마케팅과 세일즈 스킬이 필요했다. 보험사에 입사하면 그런 영업적인 스킬들을 배울 수 있을 줄 알았는데 그런 것이 아니었다. 이런 환경에서 필자만의 '자구책'을 미련할 수밖에 없었고 몇 가지 나만의 영업스킬 아이디어를 생각해냈다.

남들이 잘못되었다고 해도
그렇다고 틀린 것은 아니다

대중의 의견이란 오래된 성에 사는 유령과 같다.
아무도 본 사람은 없지만 모두들 그 유령 때문에 벌벌 떤다.
-지그문트 그라프

보험업계에서는 흔히 영업의 형태를 지인 영업과 개척 영업으로 구분한다. 아마도 전혀 연락도 없던 옛 친구가 갑자기 보험 가입 하나 해달라고 전화를 걸어오는 경험을 하신 이들도 있을 것이다. 하지만 앞서 말했듯 필자는 진정 보험이 필요한 사람에게 알맞은 상품을 권유하는 보험설계사가 되고 싶었다. 물론 선배와 매니저들이 조언하는 대로 지인들에게 전화를 걸기도 했지만, 하루 중 영업활동 후 남은 시간에는 무조건 개척 영업을 하는 방법에 대해 고심하고 연구했다. 계속해서 아이디어를 짜낸 끝에 만들어낸 한 가지 방법이 바로 '명함사격장'이다.

  명함사격장이란 나의 제품과 서비스를 해야 하는 타깃 고객들이 모인 곳에 그들이 관심을 가질만한 메시지와 함께 명함을 뿌리는 홍보 방법이

```
반디앤루이스          100장
알라딘                100장
교보문고              100장
영풍문고              100장

400장 4명 상담 1명 계약

효율
400장 명함 비용 2만 원
시간 2~3시간

문제점
- 서점 직원 신고
- 하루에 방문 가능한 시간과
  장소의 한계
```

다. 이는 광고대행사의 상품 중 하나인 이메일, 쪽지 마케팅과 매우 흡사한 면이 있다. 자세한 건 지면으로 설명하는 데 한계가 있으나 간단히 설명하겠다. 광고대행사는 내 상품에 관심을 가질만한 고객들을 타깃팅해서 DB를 모은 다음 메일을 대량 발송한다. 필자가 실천한 명함사격장은 어떻게 보면 그것의 오프라인 버전인 셈이다.

　명함을 1000장가량 인쇄한 다음에 서점에 가서 책 사이사이에 한 장씩 끼워놓고 나왔다. 마치 자동차 보험을 파는 설계사가 주차장에 가서 앞 유리창에 전단을 끼우고 나오듯이 말이다. 그렇다고 아무 책에다가 끼우고 온 건 당연히 아니다. 자동차 보험만 해도 차종을 따져가면서 끼운다. 보험과 재무 설계에 흥미를 가질만한 사람들은 재테크 책을 읽을 거라

판단해 재테크, 주식, 부동산 관련 서적에다가 몇 백 장을 끼우고 나왔다. 물론 명함 한 장 덜렁 끼우고 나오면 아무도 연락하지 않을 것이 뻔했기에 대비책도 마련했다. 어떻게 해야 사람들이 필자를 찾을까 고민한 끝에 상담 받는 분들에게 담요와 금박지 달력을 사은품으로 증정하기로 하였다. 일종의 미끼 상품인 셈인데, 세일즈를 하며 시작한 이 미끼 상품 전략은 마케팅을 하는 지금도 유효하게 사용하고 있다.

하루 이틀 정도 사무실 근처에 위치한 교보문고, 영풍문고, 반디앤루니스 같은 대형서점을 한 바퀴 돌고나면 1000장 가까이 되는 명함도 금세 바닥을 보였다. 혹시나 지금 이 책을 읽는 독자 가운데 영업의 달인이 계신다면 '쯧쯧, 이 친구 영업을 참 무식하게도 했네!' 라고 속으로 혀를 찰지도 모르겠다. 그래서 과연 효과는 어땠을까? 이 자리에서는 내가 맨 처음 시도했을 때의 데이터에 대해서만 이야기를 드리겠다. 맨 처음에는 명함 400장을 깨웠는데 그중 4명에게 연락이 왔다. 심지어 그렇게 해서 만난 고객과 계약이 체결되기까지 했다. 언젠가는 비슷하게 영업을 하는 영업 사원에게 이렇게 전화가 오기도 했다.

"안녕하세요. ○○책에 있던 명함 보고 연락드리는데…. 아, 진짜 깜짝 놀랐어요. 어떻게 이런 방법을 다 생각하셨어요? 저는 부동산 관련 영업을 하는 데, 저와 함께 일해보지 않으시겠어요?."

물론 아무런 고충이 없었던 것은 아니었다. 전화가 와서 얼른 받았더니 서점 측에서 책에 광고물을 끼우지 말아 달라고 요청하는 내용이었다.

그런데 이렇게 어렵사리 계약을 진행해도 부매니저의 반응은 냉담하기만 했다. 그럴 시간에 아는 사람에게 전화를 한 통 더 돌리라고 조언했다. SM님은 군대 장교 출신이셨다. 또한, 타고난 '영업 체질'이었다. 성격부터가 친화력이 넘치는데 거기에 군부대 출신이라고 하니···. 본인과 인연이 있는 선임, 동기, 후임 장교들에 병사들까지 합치면 그 탄탄한 인적 네트워크는 어마어마한 자산인 셈이었다. 실제로 이분은 다른 방법은 다 제쳐두고 오로지 군부대 순회공연만으로 연봉 4억 원을 달성했다. 반대로 말하자면 그만한 인맥과 사교술이 없는 사람에게는 힘든 방식이었다.

또 한 가지 사례를 들려드리겠다. 이는 생각은 했었는데 나의 아이디어대로 먼저 하는 분이 계셔서 포기했던 방법이다. 그때가 한참 페이스북이 본격적으로 활성화되고 국내에 난립하였던 소셜커머스 산업이 쿠팡, 티몬, 위메프 3강으로 정리되고 있는 단계였다. 필자는 처음에 ○○을 접하는 순간 이런 생각이 들었다. '소셜커머스에는 기존 오픈마켓보다 더 자유로운 느낌인데 여기에 재무 설계 상품을 입점시켜서 DB를 확보할 수 있지 않을까?' 그 생각에 직접 한 소셜커머스 업체 MD를 찾아갔다. 이런 아이디어를 말하자 이미 발 빠르게 하고 있는 사람이 있다는 것이 아닌가? 입점비로 한 달에 300만 원을 내고 있는데 이를 통해 한 달에만 DB가 몇백 개가 들어오고 있다고 했다.

대략 100~200개가 들어온다고 가정했을 때, 계약이 2~3건만 나와도 한 달 300만 원은 절대로 아까운 금액은 아니었다. 필자가 생각해도 썩 괜찮은 아이디어였는데, 이미 엄연히 성공사례까지 있다고 하니까 속으로 쾌재를 외쳤다.

'야! 우리 지점 설계사분들도 상품 공부도 열심히들 하고 상담 기법도 나무랄 데 없는데 결국 DB가 고갈되어 그렇게 힘들어하지 않나? 지점 사람들끼리 서로 십시일반이라도 하면 정기적으로 DB가 들어올 테니 모두가 영업하기 한결 더 편해지겠구나!' 하는 마음이었다. 그래서 이런 점

400×10=4000
나의 번호를 기입할 필요가 없다

영업권	영업권	영업권	영업권	영업권	영업권	영업권	영업권	영업권	영업권	영업권	영업권
10%	10%	10%	10%	10%	10%	10%	10%	10%	10%	10%	10%
1	1	1	1	1	1	1	1	1	1	1	1
리쿠르팅	리쿠르팅	리쿠르팅	리쿠르팅	리쿠르팅	리쿠르팅	리쿠르팅	리쿠르팅	리쿠르팅	리쿠르팅	리쿠르팅	리쿠르팅

지역별로 여러개의 팀을 만들 수 있음
실제 FC SM 조직 구축 사례
역삼 ○○○○지점 위메프 쿠팡 신혼부부 / 커플 대상 DB 수집

을 매니저 분에게 논리적으로 조심스럽게 말씀드렸다. 하지만 답변은 다음과 같았다.

"친구들 100명은 만나보았어? 그렇게 쓸데없는 생각만 하지 말고 그 시간에 지인 한 사람이라도 더 만나봐. 그러면 편하게 계약이 나오는데 왜 예전부터 자꾸 이상한 짓을 하니?"

계속 필자가 하는 방법은 잘못되었다는 이야기를 들으니까 자연스레 주눅이 들 수밖에 없었다. 정말 내 방식이 정말 잘못된 것일까 싶었다. 그때부터 열심히 서점에 들러 책 사이에 명함을 끼우는 방식을 통해 계약이 진행되어도 "오, 잘했어. 어디서 해왔어?" 물으면 그냥 지인 소개로부터 나왔다고 둘러댔다. 솔직하게 말했다간 또 쓸데없는 일 한다고 핀

잔을 받을 것만 같았다.

필자는 아픈 사람이 병원에 가듯이 보험이 필요한 사람에게 맞춤 설계를 해주고 싶어서 이것저것 아이디어를 낸 건데, 인정받지 못하고 중간에 계속 제재를 당하니 이 일을 해야 하나 고심하게 되기도 했다.

사실 쿠팡 MD의 얘기로 이미 성과를 내는 사람도 있었던 만큼, 나의 아이디어가 허무맹랑한 이야기만은 아니었다. 나중에 실제로 쿠팡을 이용하여 월 DB 200개를 확보하는 지점장님을 만난 적이 있는데, 'DB를 제공할 테니 자신의 회사로 오라'는 리크루팅을 하셨다. 하지만 내 나름대로 개척 영업을 하고 있었기에 이직하지는 않았다. 그리고 반년 후 더 놀라운 소식을 접했다. 다른 지점에서 이 방법을 활용한 보험설계사가 신입우수대상 어워드 1등을 수상한 것이다. 역시 나를 비롯해 여러 설계사들이 위험을 두려워할 때 과감히 실천에 옮긴 사람이 성과를 낸다는 교훈을 얻을 수 있었다.

그러던 필자에게 삶의 중대한 터닝 포인트가 찾아왔다. 지인의 소개를 통해서 한 비즈니스 컨설팅 회사를 알게 된 것이다. 처음에는 그래봐야 얼마나 효과가 있겠냐는 생각이었다. 자신이 영업을 잘하는 것과 남을 영업 잘하게 만드는 건 별개의 문제라고 생각해왔기 때문이다. 하지만 지인이 적극적으로 추천하는 바람에 '밑져야 본전이다' 싶은 마음에 컨설팅을 한 번 받아보기로 했다.

일 대 일로 대면 면담을 했는데 가장 먼저 그동안의 영업 방법을 진단해서 문제점을 도출, 이를 극복해 더 나은 방법과 전략을 수립하는 시간을 가졌다. 조심스럽게 그동안 영업을 하면서 느낀 영업에 대한 생각을 간략하게 말했고, 이를 나름대로 실천하기 위해 어떤 방법들을 생각해왔고 실천했는지 말했다. 거기에는 당연히 명함사격장에 대한 내용도 있었다. 그런데 이에 대한 대표님의 반응은 의외였다.

"우와, 어떻게 그런 생각을 다 하셨어요? 정말 참신하다! 와, 이건 진짜 대박인데… 잠시만요. 그렇다면 이건 어떨까요? 그 왜, 책을 사면 출판사에서 이에 대한 팸플릿을 끼워 놓잖아요? 그것처럼 아예 디자인을 잘 해서 명함 대신에 정보성 콘텐츠 같은 브로슈어를 제작하여 출판사에 권유해보면 어떨까? 아니면 공식적으로 계약을 하신다면 서점 쪽에서 항의 전화를 드릴 일도 없을 테고 그리고 또…."

정말 놀라웠다. 영업 동료들이나 지점 매니저들도 다들 '하지 말라'고만 했는데 생전 처음 만난 분이 진지하게 이야기를 경청해주고 그것을 더 업그레이드할 방법을 골똘히 함께 고민해주고 토론한 것이다. 어느새 나도 모르게 신이 나서 이것저것 처음 생각했던 것보다 더 많은 이야기를 나누게 되었다. 정말 내공이 대단한 고수라는 것을 알 수 있었다. 어설픈 경영컨설턴트와는 달리 사업과 비즈니스가 무엇인지에 대해 밑바닥부터 꿰뚫고 있었다. 나중에 알게 된 사실인데, 이 대표님은 20대 초반부터 밑바닥에서부터 창업하여 망해보기도 하고 대박을 터트리기도 하면서 적어도 사업에서는 산전수전을 겪어온 베테랑이었다.

그 후로도 추가적인 상담을 해주시기도 하였고 대표님의 강연에 참석하기도 하면서 인연이 이어졌다. 그러던 어느 날 얼굴을 한번 보자고 하시더니 같이 일해 볼 생각이 없냐고 제안하시는 게 아닌가? 고심 끝에 네 번째 직장으로 이직을 결심했다.

보험 업계는 갑자기 보험설계사가 연락이 끊기기도 하고 전화 한 통으로 이직을 밝히는 등 이직률이 높기로 유명하다. 연락할 지인들이 다 사라지고 나서 기본급 없이 몇 달을 살아보면 다들 새로운 길을 찾는 것이다. 심지어 잘하는 고수들도 더 안정적인 생활을 꿈꾸며 모은 돈으로 식당이나 카페를 차리곤 했다.

보험설계사의 세계에서 계약한 건 못 따오는 설계사는 의지가 약한 인간 취급을 당한다. 하지만 현재 온라인 마케팅과 광고대행사로 나름 기반을 잡은 지금은 이렇게 생각한다. 사람마다 각자 천성과 재능과 잘하는 것이 다를 뿐이라고 말이다. 중요한 건 많은 경험을 통해 실패도 해보고 소소한 성공도 해보면서 자신의 능력을 펼칠 수 있는 분야를 찾아내어 개발하는 것이다. 어떤 사람이 상품을 못 팔고 실적이 저조하다고 해서 꼭 그 사람이 나약하고 무능한 것만은 아니다. 다른 분야, 다른 영역에 가서 얼마든지 성공할 가능성이 열려있음을 부정해선 안 된다.

그 후로 필자는 긍정적인 대표님 밑에서 일하게 되었는데 예전의 나처럼 똑같이 보험설계사를 컨설팅할 일이 생겼다. 그래서 한때 잘 활용했었던 명함사격장 이야기를 해드리면서 코치 일을 통해 단련된 내공을 더해 몇 단계 더 업그레이드된 버전의 아이디어까지 알려주었다. 말하자면 명함사격장 Ver 2.0 이랄까? 이분이 어떻게 했는지 아는가? 시급을 주고 아르바이트를 고용해서 자기를 포함해 여럿이서 전국 서점에다가 명함을 뿌렸고 그 결과 말단 보험설계사에서 지금은 부매니저 SM 직위까지 승진했다. 억대 연봉을 달성한 것은 두말할 나위가 없다. 다시 한번 말하지만 정답은 하나만이 아니다. 더불어 남들이 잘못되었다고, 손가락질한다고 해서 무조건 내가 틀렸다고 단정지어서는 안 된다.

사업의 성공은 아이템보다
영업력이 좌우한다

좋은 대화는 커피만큼이나 흥분을 시켜서 쉽게 잠들 수 없게 한다.
-엔 모로 린드버그

그렇게 인생의 소중한 스승인 대표님 회사에서 일하게 되었다. 당시 직책은 상담 실장이었다. 그런데 직위명만 상담 실장이었지 실제로는 그 이상의 많은 역할을 맡겨주셨다. 회사의 자잘한 업무를 도와드리고 찾아오시는 고객분들 상담을 해드리는 일도 물론 했지만 운전도 하고 회사 비품도 사다 채워 넣는 등 대표님의 개인비서에 가까웠다. 굳이 비유하자면 군대에서 장성들을 보좌하는 부관과 비슷했다.

이때 책을 굉장히 많이 읽었는데 대표님이 심부름을 시키시면서 '읽고 싶은 책을 마음껏 사 읽으라'고 하셨기 때문이다. 대표님이 굉장한 독서광이셨는데 이야기를 하다 보면 좋은 책을 많이 말씀해주서서 이건 꼭 읽어보면 좋다던 것은 반드시 읽고 독후감을 제출했고 같이 식사할 때 그 내용에 관해 토론하기도 했다. 그 외에도 정말 많은 걸 배울 수 있었다.

일단 만나는 사람이 달라졌다. 회사 특성상 전국 각지에서 영업직 혹은 자영업 등을 하는 분들만 오시니까 독립적인 사고를 하고 사업을 더 성공시키고자 하는 열정이 전해졌고, 정말 이 사회에는 다양한 일을 하는 사람들이 있다는 걸 알게 되었다. 그전에는 물류, 유통, 통신, 보험업계 사정만 좀 알았던 내가 정말 다양한 분야에 종사하는 사장님들이 들려주는 업계의 이야기들을 들으며 견문도 넓어졌고 세상 물정에 밝아졌다.

그러나 누가 뭐래도 대표님을 보좌하면서 옆에서 하나부터 끝까지 지켜본 것이 오늘날에도 여전히 유효한 삶의 소중한 자산이 되어준다. 거의 이른 아침부터 수행하기 시작해서 늦게까지 일을 마치시는 걸 도와드리고 저녁 식사도 함께 하다 보니 대표님이 사업하는 방법과 노하우라던가 경영자로서의 마인드, 가치관 및 생각 등을 자연스럽게 배우게 되었다.

둘이서 식사할 때도 쓸때없는 이야기는 하지 않았다. 매일같이 컨설팅 받으러 오는 고객분들에 대해 이야기하면서 '어떻게 하면 그분들을 잘 되게 해드릴까?'만을 고민했다. 콘셉트 포지셔닝부터 차별화 전략, 딱 맞는 세일즈 프로세스, 온라인 마케팅, 멘트와 스크립트 등에 대해 끝도 없이 이야기를 나눴다. 어떻게 보자면 오히려 필자가 수업료를 내야 하지 않나 싶은 실전 트레이닝 과정을 월급을 받아가며 훈련했으니 그야말로 행운이었다. 계속 고객분들의 매출을 상승시킬 전략과 방법을 대표님과 같이 시뮬레이션했으며, 거기서 끝내는 것이 아니라 실제로 나왔던 아이디어들을 그대로 적용해서 고객분들의 사업에 좋은 결과를 내드렸다. 그렇게 1년이 지나자 이런 생각이 들었다. '이젠 어떤 아이템을 잡더라도 내가 어느 정도 작은 성공은 만들어 낼 수 있을 것 같다. 보험 같은 영업직이 아니라 뭔가 나만의 사업을 한 번 일으켜보자!'

아마도 지금 이 책을 읽고 계신 분들 중에는 이미 사장님이거나 마케터로 일하는 분들이 많을 것이다. 그런데 개중에는 아직 회사에 다니지만 언젠가 자기 사업을 꿈꾸는 분들도 분명 있을 것이다. 그렇다면 대체 아이템이 우선일까? 마케팅/영업력이 우선일까? 다들 이런 고민 한 번 정도는 하지 않았을까? 필자도 미국에 일했을 때부터 회사를 경영하는 리더가 되기를 꿈꿔왔다. 처음에는 영업/마케팅보다 무조건 아이템이 중요하다고 생각했었다. 아무래도 물류, 유통 일을 하면서 베스트셀러에 민감해진 부분도 있었고 일단 아이템이 보잘 것 없으면 소비자들이 외면하는 데다가 나보다 훨씬 좋은 상품을 취급하는 경쟁자를 당해낼 수 없기에 우선 좋은 상품을 개발하고 레드오션을 피해 블루오션을 찾아야 한다고 말이다.

물론 상품의 품질 역시 마케팅의 한 부분에 속하는 만큼 상품이 전혀 중요하지 않다는 말을 할 생각은 없지만, 굳이 둘 중 무엇이 조금이라도 더 중요하냐고 묻는다면 지금은 영업/마케팅에 더 힘을 실어주고 싶다. 기본적인 시장성과 상품성이 보장된다면 그다음부터는 얼마나 전략을 잘 세우고 마케팅과 세일즈를 했느냐의 싸움이니까. 두 사람이 같은 동네에서 똑같은 짜장면을 팔더라도 어떤 중국음식점은 장사가 잘되는데 어떤 집은 파리만 날리지 않던가?

제아무리 아이템이 좋더라도 모든 비즈니스에는 트렌드가 있다. 따라서 인기가 좋다는 말만 듣고 덜컥 뛰어들었다가는 낭패를 보기 십상이다. 시장성이 블루오션이니까 거기에 기회가 있다며 뛰어든다면 나와 똑같은 생각을 한 경쟁자들에 의해 결국 레드오션이 될 것이다. 중요한 건 시장이 포화되고 유행이 지난 가혹한 조건 속에서도 나만의 차별화 전략과 마케팅으로 어떻게든 매출을 만들어내는 저력이다. 이에 대해 제대로 익히지 않고 사업에 뛰어들면 모든 것이 운에 좌지우지되어버리고 만다. 이 같은 사실을 그동안의 경험을 통해 똑똑히 배웠다. 이것이야말로 리더가 반드시 알아야 하는 필수 소양이다.

갑작스러운 위기가 진짜 리더를 만든다

모순 없이 우리는 존재할 수 없고, 삶은 항상 모순으로 인해 다시 점화된다.
-헤르만 바르

"이상규 대표님은 진짜 변태 강사에요."

지금도 기억나는 한 수강생분의 말씀이다. 그 이유를 묻자 나처럼 바이럴 마케팅을 잘 한다면 자기 같았으면 진즉에 아이템 몇 개 잡아 혼자서 돈 잔뜩 벌고 남에게는 절대로 알려주지 않을 텐데, 열심히 연구한 기술을 다 알려 주고 남들 돈 벌게 해주니까 변태가 아니고 무엇이겠냐는 것이다.

컨설팅 회사에서 대표님에게 인사를 드리고 퇴사하여 홀로서기를 감행한 후 1년, 필자는 작은 온라인 마케팅 대행사를 차려서 직원 4명과 함께 이끌어나가고 있었다. 필자가 영업을 오래 해왔기에 일찌감치 마케팅의 중요성을 알고 있었던 점도 있었지만, 무엇보다 전 직장에서 계속 사장님들을 컨설팅해왔고 그분들의 사업 매출을 상승시켜드리면서 걱정이 가득했던 표정에 활짝 웃음꽃이 피는 모습이 무엇보다 나에게 큰 동기부여가 되었다. 내 손을 꼭 잡아주면서 '고맙다'고 하실 때마다 보람차면서 '이게 내 천직이구나' 하는 점을 느꼈다. 지금이야 어느 정도 사업이 자리가 잡혔으니 이런 고마운 후기를 남겨주시는 분들 덕분에 힘이 나지만 나 역시 초창기만 하더라도 지옥 같았던 때가 있었다.

처음에는 사무실이 그렇게 넓지도 않았고 단골 거래처도 많지 않았기에 자금회전이 아슬아슬했다. 한 달 열심히 벌어서 사무실 월세 내고 직원들 월급을 다 나눠주고 남는 자금도 싹싹 모아다가 계속 회사에 재투자했다. 마케팅에는 컴퓨터나 카메라 등을 비롯한 여러 장비가 필요했기 때문이다. 광고대행사도 여러 종류가 있어서 업체마다 특기 분야가 제각기 나뉘는 형편이다. 나처럼 고객의 의뢰를 받아다가 홍보나 광고를 대행해주는 회사가 있는가 하면, 마케터들을 위해 프로그램 혹은 최적화 블로그 등을 만들어서 납품하는 회사들이 따로 있다.

상품의 체계가 나름 잡힌 지금과 달리, 어느 정도 내 판을 만들기 이전 단계였던 시절에는 일반적인 마케팅 대행 외에도 작은 의뢰도 시행했다. 그때 당시 가장 회사에 수익이 쏠쏠했던 일거리 중 하나가 바로 '포스팅 납품'이었다. 자세한 건 마케팅 실전 편에서 설명하겠지만 그때만 하더라도 최적화 블로그가 너무나 잘 나오던 시기여서 많은 광고대행사에서 소위 말하는 '블로그 공장'을 찍어내고 있었다. 한 달에 몇십 개를 만드는 업체도 있었으니 오로지 블로그만을 운영하기 위한 글감이 많이 필요했던 것이다.

그때 나와 직원을 포함해 단 5명이 하루에 1인당 100개도 넘는 포스팅을 만들어내는 방법을 개발해냈고, 그 비법 하나가 한동안 우리 회사의 캐시 카우(Cashcow) 역할을 해주었다. 그러다 보니까 의도와는 다르게 '이상규 대표가 싼 가격에 블로그를 키워내기 위한 다량의 포스팅을 제공해준다'라고 광고대행사 사장님들 사이에서 입소문이 났고, 소개를 받았다며 우리 측에도 포스팅을 납품해달라고 전화가 걸려오기 시작했다.

그러던 어느 날 평소보다 많은 금액의 프로젝트를 의뢰받게 되었다. 자기네 업체에다 대량의 포스팅을 제공해주면 거금을 주겠다는 것이었다. 그 금액이 타사 보다 거의 2배가 넘었던 것 같다. 그 시점에서 이미 수상하단 걸 눈치채야 정상이었지만, 매달 현상유지로 바빴던 그때의 나에게는 너무나 달콤한 제안이었다. 그 회사의 재무 상태나 신뢰할만한지 등은 알아보지 않고 그 대표의 말만 믿고 일을 진행했던 게 화근이었다. 열심히 포스팅을 제작해서 제공했지만 월말이 되자 그들은 주기로 한 계약금을 입금하지 않은 채 흔적도 없이 사라졌다.

어처구니가 없어서 말이 나오지 않았다. 회사로 찾아갔더니 사무실은 이미 비어 있었고 연락도 되지 않았다. 어리석게도 그 계약 하나만 바라보고 전력을 다하느라 다른 사장님들의 의뢰도 받지 않은 상태였다. 반기로 약속한 금액이 공중에 붕 떠버리는 상황이 되자 회사의 현금흐름도 흔들렸고 급기야 직원들 월급도 제대로 못 챙겨줄 판이었다.

눈물을 머금고 그때 내가 타던 차량을 팔았다. 그러자 딱 800만 원 정도가 나왔다. 그 돈을 직원들의 마지막 월급으로 지급한 다음 사무실을 정리했다. 이것이 첫 사업실패였다. 물론 나름대로 어떻게 상대가 법적인 처벌을 받게 만들 수 없을까 싶어서 경찰서도 찾아가고 변호사도 찾아다니면서 상담해보았다. 그런데 참 미숙하게도 계약서를 남겨놓지도 않았고 형사소송을 하자니 시작에만 최소 반년이 걸린다는 말에 마음을 접을 수밖에 없었다. 걸리는 기간도 문제지만 재판을 시작하면 신경 써야할 것들이 많아 시간은 시간대로 버리고 내 일에 집중하기도 힘들 것 같았다.

지금 돌이켜보니 사기꾼 잘못도 잘못이지만 필자도 반성해야 할 점이 많았다. 기존에 거래하던 사장님들의 의뢰를 무시해가면서까지 돈에 매달린 과욕도 문제였고, 변호사 말대로 계약 내용을 서류로 남겨놓지도 않았으니 누가 봐도 사기를 당하기 딱 좋은 구조였다. 남 탓을 하기 이전에 나 자신부터 돌이켜봐야 했다. 이때부터 거의 반년 가까운 기간을 1인 기업으로 운영하면서 혼자 여러 가지 생각을 하면서 내공을 축적하는 시간을 가졌다.

원래대로라면 4~5명이 해야 할 일을 혼자 다 해야 했기에 하루하루 죽을 각오로 일했다. 비즈니스 미팅을 하는 시간 외에는 이전한 좁은 사무실에 혼자 틀어박혀 밤늦게까지 일하고 하루에 평균 3~4시간 정도만 잤다. 그러면서 예전 같았으면 귀찮아서 직원들에게 일임했던 하찮은 일 하나하나까지도 직접 하면서 체계적인 매뉴얼을 구축하기 시작했다. 정말 새로운 정보를 받아들이고 그걸 연구하고 실습하면서 들어오는 의뢰까지 처리하느라 24시간이 부족할 지경이었다. 모임에는 한 군데 나가지 않았고 친구들과 연락도 끊고 지냈다. 심지어 가족 행사에도 불참하면서 모든 시간과 에너지를 온라인 마케팅에 쏟았다.

어떤 일이든지 찾아보면 더 잘할 방법은 반드시 나온다. 필자라고 그렇게 하고 싶어서 하루에 3~4시간을 잤을까? 어떻게든 들어가는 시간을 최대한 단축해가면서 동일한 업무량을 소화해나갈 시스템을 만들기 위해 계속 궁리하고 실험한 끝에 하나씩 성과가 만들어지기 시작했다. 예를 들어, 처음에는 글 하나 제대로 쓰는데 거의 2~3시간 가까이 걸렸다. 그러니 아는 사장님 블로그 관리 업무 하나 하는데도 상당한 시간을 썼다. 하지만 지금은 1시간을 주면 글 8~10편은 쓸 수 있게 되었다. 이는 다시 말해 직원 한 명을 채용해도 1시간에 5~6개 쓰는 방법을 알려줄 수 있게 되었다는 의미이다. 사장인 필자가 회사의 모든 업무에 대해서 뭘 어떻게 해야 짧은 시간 안에 최대한 효율적으로 성과를 만들어낼 수 있는지를 꿰뚫고 교육까지 할 수 있게 되니 전반적인 회사의 업무효율이 높아질 수밖에 없었다.

이는 마케팅 교육이나 컨설팅 외에도 직원 관리와 경영에 대해 여쭤보시는 사장님에게 자주 말씀드리는 내용이다. 일단 리더부터 회사의 모든 업무에 대해 꿰뚫고 있어야 한다. 회사의 업무가 예를 들어 A, B, C 총 3가지가 있다면 대표가 먼저 A, B, C를 다 익힌 다음에 직원 3명을 채용하여 A, B, C를 각각 위임하고 잘 진행될 수 있게 관리해주면서 D, E, F를 만들어야 한다. D, E, F도 익숙해지면 새롭게 직원을 채용해 D, E, F를 위임하고 G, H, I를 만드는 식으로 규모를 확장해 나가는 것이다. 일정 규모 이상으로 조직이 커지면 그때부터는 매니저나 팀장 같은 중간관리자를 채용하거나 실력 있고 믿을만한 직원을 승진시켜야 한다.

물론 그렇다고 필자가 직원 한 명 한 명이 일하는 방식에 대해서 하루 종일 감시하며 참견하고 핀잔주는 건 아니다. 어떤 것은 해야 하고 어떤 것은 하면 안 되는지 기본적인 매뉴얼 교육은 철저히 해주되, 나머지는 그들의 재량에 따라 믿고 맡긴다. 정답은 항상 여러 가지가 있으며 내 방식이 직원들에게는 불편할 수도 있기 때문이다. 하지만 그들이 해보고도 문제를 풀지 못했을 때는 최후에는 항상 리더인 내가 든든하게 버티고 있어야 한다. 리더가 문제를 해결하지 못하면 회사 전체에 문제가 생기기 때문이다.

앞서 사기를 당한 일을 처음에는 '웬 마른하늘에 날벼락'이냐고 생각했었지만 반년 동안의 홀로 수행하는 시간은 그야말로 사업에 전화위복이 되어주었다. 그전에는 대략적으로만 알았던 것들 하나하나에 대해 깊이 있게 다루어보면서 세부적인 업무 효율이 높아졌고, 무엇보다 이때 평소에 생각만 해놓고 정작 시간이 없다는 핑계를 대며 실천하지는 않았던 아이디어들을 전부 다 해보며 매뉴얼을 구축했다. 그 결과 다른 사람들이라면 몇 년이 걸렸을 일들을 1~2년 안에 끝낼 수 있었다.

때로는 이렇게 혼자 집중하는 시간을 가지는 것도 좋다. 이미 내공이 탄탄한 분들이라면 다양한 사람을 만나면서 협업이나 제휴 등을 통한 융복합의 시너지를 얻어 사업을 확장하는데 힘을 써야겠지만, 아직 사업 초창기라면 누구나 혼자서 작업하여 이겨내는 시간을 통해 어디 가서도 인정받는 전문가가 되어야 한다. 물론 뭐든지 혼자서는 한계가 있기에 처음엔 1인 기업으로 시작하더라도 나중에는 직원을 채용할 것이고, 비즈니스 파트너를 만나 사업을 확장하게 될 날이 올 것이다. 하지만 막상 그때가 왔는데 자신의 능력이 별로 없다면? 파트너와 서로 수준이 맞아야 공생이 가능하고 인간관계가 오래 가는데, 자신의 전문성이 너무 없으면 상대에게도 민폐일 따름이며 그런 관계는 결국 상하 관계로 변하여 버린다. 그러니 각자 자기 분야에서 최고의 도움을 줄 수 있는 내공부터 갖추는 것이 우선이다.

1 취업을 하던 창업을 하던 항상 시장이 무엇을 원하는지 생각하고 자신과 제품의 차별화를 시도하라.

2 인생은 돈이 전부는 아니지만 돈은 자기가 중시하는 가치를 실현하는데 절대적인 영향력을 발휘한다.

3 사업의 기본은 영업이지만 영업을 잘한다고 해서 사업을 잘하는 것은 아니다. 리더는 마케팅, 영업, 인사관리 등 여러 분야에 대한 능력을 복합적으로 갖춰야 한다.

4 사람마다 각자 성격도 생김새도 다르듯이, 자신의 적성에 맞는 분야를 찾아 노력하면 충분히 성공할 수 있다.

5 아이템도 물론 중요하지만 그것을 잘 팔아내어 매출을 일으킬 능력을 쌓는 것은 더욱 중요하다.

6 당장 수익에 급급하지 말고 장기적인 관점에서 회사를 경영하라.

MARKETING'S TRAP

PART 3

진정한 리더라면
사업하지 말고
마케팅하라

진짜로 고객에 대해 고민하고 있는가

많은 것을 경험했다고 해서 경험을 소유한다는 뜻은 아니다.
-마리 폰 에브너 에센바흐

앞서 언급했듯이 치밀한 채널 분석과 내 상품 그리고 사업, 마케팅, 영업에 대한 전략 기획 없이 단순 노출과 유입에만 치중한 마케팅은 리더들이 반드시 피해야 할 함정이다. 각 마케팅 채널에 관해 설명하기에 앞서 전략 기획에 대해 이야기하겠다. 각자의 사업마다 고려해야 할 요소들은 다르겠지만 기본적으로 상품, 비즈니스, 영업, 마케팅, 오프라인 현장, 유입경로 등은 리더가 필히 고민해야 할 영역이다. '내 사업에는 어떻게 적용할 수 있을까?' 이에 대해 잘 생각해보시고 부족하다고 생각되는 부분은 연락을 주시면 같이 머리를 맞대고 전략을 세우는데 최대한 도움을 드리도록 하겠다. 지금부터는 모든 사업의 시작점이라 할 수 있는 '고객'에 대해 살펴보겠다.

마케팅 용어 가운데 '고객 페르소나'라는 것이 있다. 여러분이 어떤 아이템을 취급하던 간에 어떤 고객에게 팔고 싶다는 지향점이 있을 것이다. 이처럼 가상의 한 고객을 떠올리며 그 사람의 나이, 연령, 가족관계, 직장, 취미, 기호, 가치관, 라이프 스타일, 수입, 최근 고민 등 최대한 자세하게 이상적인 고객 상을 설정해 본다. 필자라면 온라인 광고대행사를 운영하고 있으니 자기 사업을 하는 소상공인, 세일즈맨, 1인 기업 프리랜서 등이 타깃 고객이 되는 셈이다. 그러면 이들 각자에 대한 페르소나를 세밀하게 설정을 해놓고 나름대로 분석과 기획을 한다.

'이들이 필요로 하는 상품과 서비스는 무엇일까, 어떤 정보를 원할까, 어떤 것들을 좋아할까, 이들의 최근 관심사는 무엇일까, 자주 모이는 장소는 어디일까, 속해 있는 온라인 커뮤니티는 어디가 있을까…'

이처럼 고객에 관련된 여러 경우의 수를 생각한다. '내가 가진 상품 말고도 연관되어서 또 어떤 관련 제품을 좋아할까?' 이것들에 대해 알아야 되면 좋고 안 되면 의문밖에 남지 않는 복불복 마케팅에서 벗어나 제대로 피드백할 수 있는 마케팅을 할 수 있다. 식당 하나를 차리더라도 내가 파는 음식에 대해 상세히 아는 것도 필요하지만 내 가게 앞을 하루에 몇 명이 지나가는지, 지나가더라도 뭘 들고 지나가는지, 복장과 연령대와 성별은 어떤지, 일에 쫓기듯 빠른 걸음으로 가는지 여유롭게 가는지, 몇 시에 많이 지나가고 몇 시에 가장 드문지 등 통계를 내어 데이터로 활용해야 한다.

'아무리 획기적인 상품이 있다 하더라도 결국 돈을 내고 구매해주는 것은 고객이다. 상품만 좋으면 어떻게든 되겠지'라고 생각하지만 고객 분석을 놓치고 크게 사업을 벌였다가는 큰 실패를 맛볼 수 있다.

예전에 한 사장님이 승합차 전용 목받이를 개발해서 널리 판매하려 한 적이 있었다. 제품 자체가 나쁜 것은 아니었다. 문제는 고객들의 반응이었다. 검색을 통해 그것을 사려는 사람이 많지 않았고 승합차 운전자에게 판매한 다음 재구매가 일어날 상품이 아니었다. 게다가 생산은 외주를 맡겼기 때문에 개당 마진도 썩 높지 않았다. 100개를 넘게 팔아야 직장인들 월급만큼 벌어갈 수 있었다. 고객과 수요시장 등을 냉정하게 분석해보고 결정을 내렸어야 했는데, '내가 써보니 편하다'는 이유만으로 제품만을 보고 창업을 한 상황이었다.

고객의 경우의 수를 사려 깊게 생각했다면 이와 같은 사태를 피할 수 있었을 것이다. 식당 역시 마찬가지이다. 내가 일식이 특기라 일식당을 차리는 게 꿈이라도 가게 앞을 지나가는 사람이 교복 입은 학생들뿐이라면 차라리 분식집을 차리는 것이 현명할 것이다. 모든 사업에는 상품을 취급하는 나, 고객, 시장 환경, 경쟁사 등의 이해관계가 복잡하게 얽혀 있다. 이런 요소를 전체적으로 고려하여 고객에게 어필할 전략을 세워 덤벼도 이길까 말까인데, 막연한 느낌만 믿고 대출까지 받아서 창업했는데 예상외의 변수가 발목을 잡아서 폐업하면 손해가 막심하다. 아직 자신의 사업체를 경영하는 데 자신이 없다면 일단 마케팅을 배워 무엇이든 판매를 해보는 것이 좋은 경험이 될 것이다.

필자가 보험 영업을 했을 때도 비슷한 함정에 빠져있었다. 회사에서 열심히 상품교육을 해주니까 '와, 이것 진짜 좋은 상품이고 필요한 것이구나. 사람들이 이 보험을 정말 좋아하겠구나.' 이런 생각으로 고객들을 만나 열과 성을 다해 설명했지만 그들의 입장에서는 아무런 흥미가 없었다. 이는 내가 나와 상품만을 바라보고 시장 환경, 고객, 경쟁사 등을 분석하지 않아서일 것이다. 보험에 대한 니즈가 없는 고객 앞에서 설명한다고 보험 상품이 팔릴까? 경제상황이 목돈을 보험에 묶기보다 다른 투자를 하는 게 더 좋을 때 보험 상품이 잘 팔릴까?

나 말고도 같은 상품을 판매하는 보험설계사들이 많은데 고객들은 차라리 자기 주변 지인들에게 사지 않을까? 그런데도 '왜 이렇게 좋은 걸 아무도 안 사주는 거야!'라고 생각하는 건 자신의 불찰이다. 더 많은 것을 고려하여 현실적인 판단을 했어야 했는데 내 입맛에만 맞는 편향된 사고를 해놓고 그 오류를 몰랐었다.

사람은 누구나 소비자이기도 하고 생산자이기도 하다. 사장이 아니더라도 어쨌든 회사에서 노동력을 제공해 생산적인 활동을 하지 않는가? 자신이 소비자일 때는 여러모로 지인들에게 수소문도 해보고 인터넷으로 후기도 살펴본 끝에 신중하게 결정한다. 그런데 '생산자 입장이 되면 자신이 소비자였을 때 어떻게 하는지는 생각해보지 않고 이렇게 좋으니까 남들이 신청하겠지, 사겠지' 하고 막연한 희망을 품는다.

'내가 소비자였다면 어땠을까?' 하고 소비자의 구매패턴에 대해 상상을 해봤다면 어떤 부족한 점을 보완해야 하는지 알았을 텐데 말이다. 많은 사람들이 제품과 서비스에 어느 정도 자신감이 있으니까 창업을 결심한다. 단지 마케팅이 되지 않을 뿐이지 제품에는 아무런 문제가 없다고 생각하는 것이다. 노출과 입소문만 제대로 된다면 이제 팔릴 것이라고 생각하지만, 제삼자의 입장에서 분석해보면 나쁜 것은 아닌데 어딘가 애매한, 2% 부족한 경우도 제법 있다.

물론 소상공인 사장님들을 탓할 수는 없다. 경영이라던가 창업에 대해 학창시절에 선생님이나 어른들이 상식으로 가르쳐준 것도 아니고 직장생활을 할 때 이와 관련하여 일해 본 경험도 없다면 전문가의 도움 없이 혼자만의 힘으로 상권분석과 시장조사 등을 해내기 힘든 것이 사실이다. 하지만 어쩔 수가 없다. 창업을 하고 리더가 되기로 결심했다면 필요한 지식이나 기술들은 하나씩 하나씩 본인의 것으로 흡수해야 한다. 통계를 보면 사업을 시작한 지 5년 이내에 폐업할 확률이 80%라고 하지만 그 80%에 속할 수는 없는 노릇이 아니겠는가?

이것들을 다 알고 배우기 힘들어서 프랜차이즈를 시작하지만 가맹점주 한 명 한 명의 이익을 진심으로 생각해주는 회사가 과연 있을까? 그런 곳은 정말 찾기 힘들다. 최대한 많이 사람들을 모집해서 로열티나 납품 등으로 본사가 얻는 이익만을 고려하는 곳이 훨씬 많다. 지점 한 곳 한 곳 차별화 전략을 세울 수 있는 것도 아니어서 고객들을 내 매장으로 유입시킬 명분이 너무나 부족하다. 대중적으로 유명한 브랜드를 빌릴 수 있다는 장점은 반대로 말하면 이슈가 터져서 본사 이미지에 타격이 가면 그 피해를 고스란히 입을뿐더러 내 매장을 홍보하는 게 아니고 남의 브랜드도 홍보하는 것이 된다. 그러니 마케팅을 하기에도 애매하고 어디나 서비스와 품질이 같으니까 고객들은 가까운 곳을 선택한다. 따라서 어중간한 수준의 브랜드로는 승승장구하기 어렵다. 스타벅스나 맥도날드 수준으로 압도적인 수요가 있는 글로벌 브랜드가 아닌 이상 쉽지가 않다.

평균수명은 늘어났는데 정년은 짧아져서 어쩔 수 없이 생계형 창업을 시도하는 안타까운 시대다. 하지만 생계형 창업마저도 성공해야 생존할 수 있다. 이런 시기일수록 사업과 경영에 대해 진지하게 연구하고 최선의 준비를 다한 다음에 도전해야 한다. 자신의 가게를 여는 건 어떨까? 창업 전부터 고객의 경우의 수를 생각하고 경쟁자와 시장 환경을 분석하여 아이템을 정하기부터 쉽지 않은 일이다. 막상 가게를 차린 다음, 가게 특유의 맛을 개발하는 것도 많이 힘들 것이다. 하지만 뒤집어 말하자면 이 험난한 과정 자체가 왜 세상에 많고 많은 점포 중에 자신의 가게를 선택해야 하는지 그 명분과 차별화 전략을 만들기 위해 당연히 감수해야 하는 과정이다. '얼마를 투자하면 한 달에 이만큼 수익이 나온다'는 말에 현혹되어서 남의 브랜드 좋을 일만 해주는 것보다 힘든 경험을 통해 나만의 독창성을 만드는 편이 이슈가 되고 사람이 모여든다.

우리의 삶은 위기의 연속이다. 그럴 때마다 위기를 극복하는 문제 해결을 해나가야 한다. 대개 창업을 하고 나서의 가장 큰 문제는 영업과 마케팅으로 상품과 서비스가 팔리지 않아 회사에 자금이 회전하지 않는 것이다.

'왜 안 팔리지?'

'왜 우리 매장에는 손님이 방문하지 않지?'

아무런 대책 없이 일부터 벌려 놓고 수습하려는 것이 아니라 고객의 경우의 수를 따져서 전체적인 사업의 프로세스를 만든 다음 움직여야 한다. 부족한 부분이 있으면 간접적인 지식을 쌓을 수 있는 관련 서적을 읽고 전문가의 교육과 컨설팅도 받아가면서 점점 실력을 늘려야 한다. 그것이 위기의 시대, 창업자가 살아남는 최선이자 최고의 전략이다.

당신 사업의 매출이 오르지 않는 근본적인 이유

측정할 수 없으면 관리할 수 없고, 관리할 수 없으면 개선시킬 수도 없다.
-피터 드러커

요즘은 많은 고객들이 인터넷을 통해 사전에 알아보고 현장을 방문하기에 온라인 마케팅의 중요도가 매우 높아진 건 사실이다. 그런데 많은 마케터들이 한 가지 실책을 저지르는 게 있다. 바로 너무 컴퓨터 화면 속의 데이터에 매몰된 나머지 현장의 중요성을 놓쳐버리는 것이다. 매출과 손님이 줄어들어서 마케팅에 문제가 있는 줄 알고 더 예산을 투입해 대응했는데도 좀처럼 호전되지 않는다면? 잘못된 방법으로 마케팅을 했을 가능성도 있지만 예상외로 현장에 문제의 원인이 있을 수도 있다. '현장에 답이 있다'는 말을 늘 기억해야 한다.

우리는 흔히 과대광고에 현혹되어서 기대감에 부푼 마음을 가지고 매장에 방문했다가 오히려 실망하고 오는 일이 많다. '이거 광고에서 봤던 것과는 너무 다른데…' 오히려 그 광고를 안 보고 갔더라면 아무 생각도 안 들었을 텐데 광고를 먼저 보고 갔기에 만족도가 낮아지는 일이 있다. 점포형 사업 외에도 말로만 들었을 땐 정말 대단한 것처럼 잘 포장이 되어있는데 실제로 만나보면 '음? 대체 뭐지?' 싶을 정도로 실속이 없고 알맹이가 부실하기 짝이 없는 사업이 생각보다 많다.

온라인 쇼핑몰 또한 아무리 마케팅을 잘해도 품질, 배송, A/S에 문제가 있다면 안 좋은 평판이 생겨서 순조롭게 운영되기 어렵다. 역시 현장이 잘 운영되는 게 먼저이다. 맛집, 숍, 미용실 등의 점포를 가진 오프라인 연동형 사업은 현장의 책임이 더욱 막중하다. 제아무리 실력 좋은 광고 대행사에 업무를 위임하여 온라인으로부터 많은 고객들을 유치하더라도 정작 매장에 가봤더니 서비스도 별로이고 종업원들의 태도도 엉망이면 사업이 잘 될 리가 없다. 뭐든지 온라인과 오프라인이 융화되어 조화를 이뤄야 한다. 온라인에서의 지나친 과대광고도 금물이고 오프라인 현장의 수준도 보장되어서 온·오프 라인의 상황이 조화로워야 사업이 제대로 진행되는 건 당연한 이치이다.

아시다시피 고객들은 지인의 가게가 아닌 이상 맛이 없더라도 절대 사장에게 맛이 없다는 이야기를 잘하지 않는다. 계산은 하고 가더라도 다시는 그 가게에 가지 않을 뿐이다. 조금 오지랖이 심한 사람이라면 직장 동료들에게 그 가게 가지 말라고 당부하고 자신의 SNS와 블로그에 안 좋은 평판까지 적을지 모른다.

맛집뿐만이 아니라 어떤 사업이든 마찬가지이다. 필자의 경우에도 고객이 서비스를 이용할 것처럼 말은 하셨지만 실제로 결제는 하지 않을 때가 있다. 그건 필자가 제공하는 마케팅 서비스에 대해 뭔가 부족함을 느끼셨거나 서비스 자체는 괜찮은 것 같은데 가격이 좀 맘에 들지 않거나 아니면 당장 현금이 없는 등 분명 이유가 있다고 생각한다. 따라서 현장에서 발생하는 일들에 대한 상담일지를 작성하고 사업주 측에서 더 노력할 수 있는 부분에 대해서는 확실하게 개선해야 한다.

온라인 마케팅 툴인 애널리틱스(빅데이터를 분석하는 기술 전반) 등을 활용하여 데이터 분석을 하면 유입과 구매전환에 대해서 파악이 되고 개선할 아이디어를 생각할 수 있다. 이처럼 오프라인 매장 역시 온종일 현장을 유심히 관찰하면 '혹시 이것 때문에…?' 하는 문제점을 발견하고 개선하기 위한 아이디어도 떠오를 것이다. 그런데도 많은 점주들과 매니저들이 세심하게 한 부분 한 부분을 고쳐 최적의 시스템과 매뉴얼을 만들 생각을 하기보다는 어떻게 해야 더 고객을 모으고 세일즈해서 매출을 올릴지에 대해서만 생각한다.

잘 생각해보면 점포형 자영업의 핵심은 다름 아닌 단골의 창출이다. 그렇다면 단골은 어떻게 해서 생길까? 현장의 상황과 수준이 기대 이상으로 우수하면 자연스럽게 '다음에는 친구, 가족, 지인과 함께 와야겠다' 하고 생각하게 된다. 따라서 우리 매장이 단골을 창출하기 위해 필요한 요인에는 무엇이 있는지 리스트업 하고 그 항목 하나하나를 업그레이드해서 다시 재조립했을 때 전체 시스템의 단골 전환율이 상승하도록 대표와 매니저가 현장을 관찰하고 분석해야 한다.

결국 이런 마인드가 있는 것과 없는 것에는 큰 차이가 나게 된다. 맛집에서 똑같이 체험단 마케팅을 진행하더라도 마인드가 좋은 점주는 체험단이 방문하면 환영하면서 음식을 대접하고 솔직한 평가를 부탁드린다면서 질문을 많이 한다. 매장의 전반적인 분위기, BGM, 메뉴 구성, 종업원들 태도, 서비스, 맛, 가격 등에 대해서 어떠하냐고 물어보고 데이터를 수집한다. 대부분 고객들은 앞에서는 잘 먹었다 말하고 그냥 가버리고 다시는 안 오니까 체험단 한 분 한 분의 피드백이 소중하기 때문이다.

그런데 대부분의 사업장 사장님들께서는 같은 체험단 마케팅을 하면서도 일단 체험단을 대하는 태도가 퉁명스럽다. 나중에 글이나 좀 칭찬 잔뜩 담아서 써 달라 하고 돌려보낸다. 사실상 대부분 업체에서 체험단 마케팅을 진행하면서도 그 이점을 잘 활용하지 못한다. 체험단이 와서 긍정적인 후기도 올려주고 상위 노출도 해주기에 지금 당장은 돈을 안 받거나 줘가면서 음식을 대접하지만 장기적으로 그로 인해 더 많은 고객이 유입된다. 그렇다면 아까워할 게 아니라 투자라고 생각하는 것이 좋다.

이렇게 현장에서의 섬세한 노력이 하나씩 하나씩 쌓이다 보면 온라인과 오프라인이 조화를 이루고 어느덧 긍정적인 입소문이 퍼져 진정한 바이럴 마케팅의 효과를 볼 수 있다. 현장에서 어떤 점을 보고 고객은 단골이 되는 걸까? 요즘에는 맛도 맛이지만 그 가게만의 뭔가 이슈화될 만한 '특색'이 있어야 한다. 세상에 나와 똑같은 걸 파는 자영업자는 너무나도 많다. 예를 들어 샐러드를 판다고 생각해보자. 평범하게 채소에 드레싱을 치거나 연어를 썰어 올린 연어샐러드를 파는 정도의 차별화는 다른 가게에서도 할 수 있기에 차별화라고 할 수 없다.

그런데 만약에 주인장이 직접 개발해낸 샐러드 소스가 먹었을 때 신체 활성화에 도움을 준다면? 만약에 소스에 인삼과 홍삼이 들어간 한방샐러드라서 먹기만 하면 건강이 좋아진다면? 채소와 소스 조합을 잘해서 포만감을 주면서도 칼로리는 높지 않아 1주일, 1달만 꾸준히 먹어도 3~4

킬로그램이 빠지는 다이어트 샐러드라면? 그 다이어트 샐러드를 꾸준히 먹어 감량에 성공한 사람들을 대상으로 포상을 주는 이벤트를 진행해보면 또 어떨까? 사전에 체질분석과 상담을 통해 내 몸에 맞는 한방 약재를 선택해 만드는 개인맞춤형 샐러드는? 칼슘이 많이 함유되어 먹으면 키가 크는 샐러드, 신선한 천연재료를 듬뿍 사용해 한 달간 먹으면 아토피가 개선되는 샐러드…. 열심히 생각해보면 실마리는 분명히 있다.

이처럼 어쨌든 비슷한 음식이나 제품을 팔더라도 뭔가 그 가게만의 특색이 있어야 바이럴 마케팅이 가능하다. 일본에는 심지어 채소를 이용한 샐러드라는 한 분야만 집요하게 파고들어 '채소 소믈리에'가 된 전문가도 있다. 이분이라면 '먹으면서 건강해지는 채소'를 주제로 강연을 열고 책도 출간하여 매장을 간접적으로 홍보할 수도 있을 것이다.

요즘 가게를 보면 이색적인 이벤트를 많이 하고 있다. 신림동에 있는 ○○돈가스는 어마어마하게 큰 대왕돈가스와 어마어마하게 매운 돈가스라는 메뉴가 있다. 돈가스도 맛있지만 대부분 손님들은 이 대왕돈가스와 매운 돈가스를 시간 안에 먹는 미션에 도전하기 위해 가게를 방문한다. 도전에 성공하게 되면 한 달간 돈가스를 무료로 언제든지 먹을 수 있는 특전이 주어진다. 이런 특별한 이벤트 효과로 전국 각지에서 많은 도전자들이 가게로 몰려들고 있다.

이것이 바로 서비스의 차별화로 마케팅을 하는 것이다. 먹방 유투버들이 많아졌기에 다른 곳과는 확연히 다른 무언가가 있다면 인플루언서(Influencer)들이 체험하고 SNS와 유튜브를 통해 바이럴 마케팅을 하는 세상이다. 매운 음식의 경우 최고단계에 가면 아예 캡사이신 범벅으로 요리의 범주를 벗어난 사례도 있는데 진짜 이걸 고객에게 판매할 의도로 만들었을까? 그렇지는 않을 것이다. "들었어? 그 가게에 가면 1단계부터 5단계 매운맛이 있는데 5단계인 불지옥 맛이 어찌나 매운지 다들 도전하다 한 입만 먹고 포기한대."라는 마케팅 효과를 노린 미끼 상품인 셈이다.

이렇듯 나만의 차별화된 콘텐츠가 있다면 같은 샐러드를 파는 마진 경쟁에서 벗어나 오히려 가격을 조금 더 많이 받아도 되는 대의명분이 생기지 않겠는가? 요즘은 요리를 제대로 배운 셰프들도 자기 가게를 창업하기에 많은 점주들이 자신은 실력으로는 도저히 정면승부가 안 된다고 힘들어 하신다. 그렇다면 서비스로 차별화를 하면 어떨까? 세상에 절대로 안 되는 것은 없다. 노력의 여부에 따라 늘 새로운 기회는 찾아오기 마련이다.

○○돈가스 현장 마케팅 활동 사진 (1)

내 상품은 안 팔리는 데 경쟁사는 어떻게 잘 팔까

인류의 전쟁은 대단한 자들과 대단한 자들로
간주되고 싶은 자들 사이에서 일어난다.
-안톤 쿠

사업을 할 때는 어떤 아이템이든지 포지셔닝에 대해 고민해야 한다. 만약에 내가 진출하고자 하는 시장에 이미 대기업이 선점했다면 제품이든 서비스든 가지치기를 통해 차별화하여 새롭게 포지션을 잡아야 한다. 나보다 회사 규모가 커서 자본과 인적자원이 훨씬 많고 그동안 쌓아온 충성고객도 많다면 이길 가능성은 희박하다고 볼 수 있다.

대기업까지는 아니지만 먼저 잘하고 있는 사람이 있다면 어떨까? 나의 상황이 시작 조건이 좋아 확실하게 압도할 수 있겠다면 그대로 하는 것도 방법이다. 그 정도의 자신이 없다면 결국에 같은 시장을 상대와 반으로 나누는 형국이 될 것이다. 이런 상황에서는 역시 타깃 고객은 적어도 그 고객들만은 확실하게 확보할 수 있는 나만의 시장을 개척하는 것이 현명하다.

지금까지 차별화 전략부터 시작해서 자신만의 독보적인 무언가를 자꾸 만들라고 조언하는 바람에 조금 불편한 마음이 드는 독자분이 계실지도 모르겠다. 모든 사람이 독창적이면서 시장성도 좋고 품질까지 좋은 상품이나 서비스를 확보하는 건 어렵기 때문이다. 그런데 아까도 말했듯이 상품으로 차별화가 안 된다면 서비스로 차별화를 하면 된다.

예를 들어 당신은 스타벅스를 맛 때문에 찾게 되는가? 물론 기본적으로 원두 맛도 좋지만 정말로 맛있는 커피를 마시기 위해서라면 유명한 바리스타가 운영하는 카페에 갈 것이다. 하지만 그럼에도 스타벅스에 손님이 많은 이유는 브랜드 인지도 덕분도 있지만 멤버십을 이용한 골드카드를 예로 들 수 있다.

일정기간 음료를 먹은 내역을 모으게 되면 스타벅스만의 카드를 만들어준다. 이 카드에는 나만의 닉네임을 새길 수 있다. 주문 시 그 골드카드로 결제하게 되면 커피를 받을 시 직원이 닉네임을 실제로 불러주는 혜택이 있다. 카드 하나로 남들 앞에서 골드카드가 있다는 멤버십과 소속감을 누릴 수가 있고 충성고객이 된다. 그러다 보니 커피를 마시러 간다면 일차적으로 주변에 스타벅스가 있는지부터 점검하는 것이다.

최근에 직원들과 회식이 끝나고 커피를 마시러 한 카페에 갔는데 공장을 개조한 독특한 카페가 있었다. 건물이 제법 넓었는데 별채처럼 독립된 공간 한 곳이 마련되어 있어서 호기심이 생겼다. 고무공을 채워 넣은 거대한 풀부터 이색적인 생김새의 그네까지 다른 데에서는 보기 힘든 이벤트 룸이 꾸며져 있었다. 알고 보니 딱 그 공간만 커피가 아닌 칵테일을 파는 칵테일 바였다. 최소 1만 원 이상 음료를 주문해야 그 공간에서 사

OO돈가스 현장 마케팅 활동 사진 (2)

진도 찍을 수 있고 놀 수도 있는 시스템이었다. 필자가 가기 전부터 이미 다수의 커플들이 놀고 있었다. 이처럼 요즘은 하도 기호가 다양화되었기에 '무조건 맛이 있어야 한다'는 것도 편견일지 모른다. 맛으로 차별화를 만들어내지 못한다면 이처럼 독특한 문화와 분위기 그리고 서비스를 만들어서 승부를 볼 수도 있다.

　맛보다는 재미난 서비스로 유명한 돈가스집이 있다. 여기서는 엄청나게 매운 돈가스와 대왕 돈가스를 도전 시간 안에 먹어야 한다. 도전 성공시 한 달간 언제든지 돈가스가 공짜이며 실패 시 비용을 내야 한다. 이런 재미난 서비스 덕분에 전국 각지에서 유명세를 타며 많은 젊은 친구들이 도전을 하러 이 돈가스집을 방문하며 최근에는 유튜브 크리에이터들이 돈가스 도전 방송을 자주 하러 온다고 한다. 자연스럽게 무료로 홍보가 되는 셈이다. 성공 시 사진을 찍어 명예의 전당이라는 코너에 등록한다. 많이 먹는 대식가들과 매운걸 잘 먹는 사람들에게는 필수로 거쳐가는 식당 중 하나이다.

맛과 서비스 모두 평범하지만 그런데도 잘 되는 가게라면 사람의 차별화 전략을 쓸 수도 있다. 예를 들어, 유명한 연예인이 차린 식당이라던가 연예인의 부모가 하고 있는 가게는 팬덤 덕분에 언제나 손님이 많다. 혹은 그 업계의 전문가로 인지도가 높은 사람이 운영하는 매장일 경우도 그렇다. 나 또한 차량 점검은 늘 단골 센터에 의뢰하고 있다. 거리가 꽤 먼 곳까지 가서 정비를 받는 이유는 그 업체 사장님이 워낙 방송에도 여러 번 나오셔서 전문성을 보여주셨기에 이 분에게 맡기면 확실하겠다는 신뢰 때문이다. 나뿐만 아니라 유명 연예인부터 제주도에서도 차 수리를 의뢰하는 분들이 많다. 지역적 거리가 먼데도 불구하고 그 사람의 전문적인 포지셔닝은 큰 영향력을 보여준다.

가장 먼저 자신의 제품과 서비스의 수준에 자부심을 가지고 영업할 수 있을 정도가 되는 것이 기본이다. 하지만 그걸 어떻게 잘 가공하고 포장하여 필요로 하는 고객에게 전달하는지도 매우 중요하다. 상품은 괜찮은데 시장 환경, 경쟁사, 고객 분석이 서툴러서 알맞은 포지션을 잡지 못하고 이미 강자가 있는 시장에서 정면승부를 하다가 망하는 사례가 실제로 있다. 나와 좀 비슷한 일을 하는 경쟁사가 있다면 이들이 온라인을 통해 어떤 식으로 마케팅을 진행하고 있는지, 키워드는 무엇을 잡고 있는지 주의 깊게 분석하자.

차별화 전략을 통해 제대로 콘셉트와 포지셔닝을 잡았다면 그 다음부터는 무엇보다 '꾸준히 하는 것'이 중요하다. 결국 해당 시장에 나의 브랜드를 안착시키는 것이 최종 목표이기에 단기적으로 매출을 상승시키기 위한 마케팅 전략과 더불어 장기적으로 브랜드 인지도를 높이기 위한 브랜드 마케팅도 병행해야 한다. 그런데 대부분의 스타트업 광고를 보면 1~2달 정도 해보고 효과가 없다고 중단하는 경우가 있다. 이제 막 진입했는데 고작 1~2달 가지고 모든 걸 평가하는 것은 굉장히 성급한 판단이다. 설령 잘 안되었다면 왜 그런 유감스러운 결과가 나왔는지 분석하여 다음 달에는 방식을 바꾸거나 채널을 바꿔보거나 하는 등 다양한 분석을 통해 광고를 새로 집행하면서 성공의 실마리를 하나씩 찾아가야 한다.

막 사업을 시작하여 마케팅 광고를 한 지 2달밖에 되지 않았는데 경쟁사는 작년부터 유튜브 동영상을 올리고 블로그, 카페, 페이스북, 인스타그램을 운영해왔다면 나와 상대의 격차는 이미 상당하다. <u>최소 몇 달은 계속 꾸준히 해보고 앞으로의 방향을 결정해야 한다. 고객 입장에서 봤을 때 작년 재작년부터 후기를 모아오고 최신까지 갱신이 되는 브랜드와 조금의 콘텐츠만 있고 후기도 실시간으로 업데이팅되지 않는 곳, 이 2가지 중 고객은 어디를 고를지 결과는 보지 않아도 뻔하다.</u>

잘 파는 경쟁사가 있으면 좋은 부분은 확실하게 벤치마킹을 해야 한다. 그런데 여기서 벤치마킹과 혼동해서 안 되는 것이 하나 있다. 바로 모방이다. '어? 저 사람이 저걸 해서 잘 되니 나도 저걸 똑같이 따라해야겠다!' 는 것이다. '저 사람은 왜 잘 되는 걸까? 아하, 이런 점이 고객들의 반응을 얻는 거구나.' 라고 하며 그렇다면 이것을 나의 상황에 맞게 변용하고 나의 사례에 접목하여서 이런 식으로 해보면 좋을 것 같은데?' 는 벤치마킹이다. 다른 사람의 콘셉트를 그대로 베껴다가 아류작을 내놓으면 모방이다. 하지만 내가 피부과 의사인데 한 정형외과 의사가 유튜브 방송 하는 걸 참조하여 나는 피부에 대해 방송을 시작해보는 것은 좋은 벤치마킹이 된다.

현업에서 일하는 필자조차 모든 마케팅을 100% 다 규모가 큰 매출로 연결한 것은 아니다. 그런 성과를 낸 적도 많지만 기간이 상당 부분 오래 걸려서 끊임없는 시도와 수정을 통해서 매출을 올린 일도 있다. 처음에는 예산이 얼마 없이 돈이 적게 드는 홍보를 꾸준히 해주고 점차 홍보 효과를 봐서 예산이 늘어나는 순간부터 광고비를 올리는 홍보를 병행하면 된다. 중요한 건 얼마나 꾸준히 진행해서 누적되었는가이다.

고객은 당신의 제품을 어떻게 찾아냈을까

우리는 살아가면서 경험을 하고 그 대가를 반드시 지불해야 한다.
만일 행운이라면 값을 깎을 수는 있다.
-오스카 코코쉬카

'연락이 많이 온다'는 것은 분명 좋은 일이다. 그런데 만약에 둘 이상의 마케팅 채널을 운영하고 있다면 그 연락이 블로그를 읽고 이루어진 것인지 아니면 페이스북을 보고 진행된 것인지 구분이 되어야 한다. 마케터에게 있어서 유입경로 분석은 필수이자 기본이다. 요즘은 애널리틱스를 비롯해서 홈페이지를 검색을 통해 방문하는지 페이스북으로 오는지 유튜브로 오는지 포털사이트로 오는지 분석하여 통계치를 낼 수 있는 프로그램이 매우 많다. 아쉽게도 많은 분들이 온라인 웹페이지를 쓰면서도 경로 분석 이전에 일일 방문자가 몇 명인지도 잘 파악하지 못한다.

여러분이 오프라인 점포를 차린다 하더라도 현장을 유심히 관찰해서 주로 '누가' '무엇 때문에' 다른 가게가 아닌 우리 가게를 찾아오는지 궁금할 것이다. '이런 이유 때문이구나!'라는 답이 나온다면 그때부터 어떤 부분을 더 강화하고 어떤 필요 없는 부분을 없앨지를 알게 된다. 온라인에 매장을 차려도 그러하다. 고객들이 어떤 영업채널을 통해 오는지 경로가 파악되면 그 이유에 대해 생각하게 되고 어디에 더 힘을 실어주고 광고비는 많이 나가는데 유입과 구매전환율은 형편없는 채널은 예산투입을 줄이는 등 피드백이 가능해진다.

내가 어떤 것을 뭘 위해 하는지 이유를 알게 되면 더 여러 아이디어를 내서 많은 시도가 가능해진다. 지금은 하루에 50명이 들어오는데 어떻게 하면 100명을 들어오게 할 수 있을까? 지금 50명이 들어와서 5~8명이 구매를 하는데 어떻게 하면 10~20명이 구매를 하게 만들 수 있을까? 어떻게 하면 재구매를 유도할 수 있을까? 통계와 데이터를 알면 항상 흘러가는 현황을 파악하고 다음 단계로 나아가기 위한 계획을 세울 수 있다.

유입 분석을 하다 보면 '이거에 사람들이 관심이 많겠지?' 하는 키워드는 생각 외로 반응이 없고, 예상치도 못했던 키워드로 검색유입이 되는 경우도 있다. 그럴 때 그 키워드를 좀 더 자세히 파고들어 관련 키워드를 또 잡아두면 유입이 늘어나기도 한다. 딱히 유료광고를 하지 않았는데도 인스타그램을 통해 조금씩 고객이 유입되는 일도 있다. 이런 상황이라면 시간을 좀 더 투입하여 인스타그램 계정을 계속 잘 관리하여 유입률이 얼마나 늘어나는지 점검해보고, 유료 광고를 진행해보며 하나 씩 노하우를 쌓아나가는 것이 좋다.

이처럼 데이터를 분석할 줄 알면 현 상황을 진단하고 그에 발맞춰 대응책을 세울 수 있기에 쓸데없는 비용은 줄이고 효율성은 높일 수 있게 된다. 그런데 데이터 수집과 분석이 이루어지지 않는다면 향상심을 가지고 다음 단계로 나아가기보다 하루하루 일 처리를 하며 그 상황에 안주할 가능성이 커진다. 온라인이든 오프라인이든 마찬가지이다. 고객들이 어떻게 연락을 오는지 파악하고 현황을 분석해 미래에 대한 계획을 세워두자.

당신 제품의 진정한 가치를 알게 하는 도구 미끼 상품과 업 세일즈 전략

당신이 어떤 것을 진정으로 원한다면, 당신은 그것을 얻을 수 있는 길을
결국 발견하게 된다.
-셰어

'내가 마케팅을 맡은 상품, 서비스가 진짜 좋은 건데…. 한 번만 믿고 구
매해서 써주신다면 단골로 만들 자신이 있는데….'

하지만 그것은 내 생각에 지나지 않는다. 고객들은 첫인상이 좋고 혹
해도 대개 포털사이트에다가 관련한 키워드를 넣어서 비슷한 제품들은
어떤 것들이 있나 살펴보고 각각의 브랜드 키워드를 넣어 후기들을 살펴
보고 최종적인 구매 결정을 한다. 상품 자체의 압도적인 경쟁력으로 승
부하지 못한다면 어떻게 해야 할까? 여기서부터 영업과 마케팅 고수들
의 두뇌 싸움이 시작된다.

스마트폰의 사용자가 늘어나면서 고객들도 점점 스마트해지고 있다.
그만큼 고객들의 선택을 받기 위해 다양한 세일즈 전략이 필요한 시대이다. 대부분 마케터들이 하는 가장 큰 고민 중 하나가 바로 구매전환율이다. 사실 실력이 있는 마케터라면 고객을 어느 정도 유입하는 건 일도 아니다. 유료광고 세팅과 블로그, SNS 등을 적절히 활용하여 웹사이트로 트래픽을 몰아줄 수 있기 때문이다. 문제는 상세페이지를 보는 사람들은 많은데 사는 사람이 적다는 점에 있다. 카피라이팅도 신경 써서 잘 써놓은 것 같은데 구매전환율이 낮으면 어디가 문제인지 막막하다.

여태껏 광고대행을 맡으면서 많은 광고주 분들의 매출을 상승시킨 검증된 전략이 하나 있다. 많은 사례에서 약방의 감초처럼 반드시 등장하는 '미끼 상품과 업 세일즈 전략'이다. 아무래도 온라인 광고 외길만 걸어온 골수 마케터가 아니라 영업으로 입문하여 마케팅을 시작하였기 때문에 기본적인 마케팅 프로세스의 프레임에서 벗어나 이런 전략을 많이 활용하게 되지 않았나 싶다. 유통이나 세일즈의 세계에서는 본 상품을 판매하기 이전에 미끼 상품을 끼워 넣는 전략을 많이 활용하기 때문이다.

예를 들어, 여러분이 배고픈 상태로 백화점 지하층에 쇼핑을 하러 가다 시식코너에서 맛있는 신제품 음식을 먹고 계획에도 없던 지출을 한 경험이 있을 것이다. 화장품 매장에서 나눠준 샘플을 써보니까 너무 괜찮아서 다음에 방문했을 때 본 상품을 산 경험이 있을지도 모른다. 마트에서 가끔씩 특정 채소나 과일 등을 '이렇게 싸게 팔아서 본전은 건지는 건가?' 싶을 정도로 싸게 할인하지 않던가? 그걸 빌미로 매장에 고객을 불러들여 추가구매를 통해 마진을 남기는 형식의 미끼 상품이다. 홈쇼핑에서 '이 상품을 사면 사은품으로 이것까지 공짜로 준다'는 말에 욕심이 생겨 그 자리에서 질러버린 경험이 있을지도 모르겠다.

이처럼 세일즈의 현장에서는 우리가 알게 모르게 미끼 상품이 널리 쓰이고 있다. 제품만이 아니라 서비스도 마찬가지이다. 마사지나 피부관리실 무료체험 1회 쿠폰을 받으면 '어차피 무료인데 안 쓰면 손해잖아!' 하고 매장에 들렀다 푹 빠져서 그 자리에서 정기권을 끊는가 하면, 어떤 보험설계사에게 재무 설계를 공짜로 받았는데 무료임에도 불구하고 너무 귀에 쏙쏙 들어오게 상담을 잘해줘서 '아, 이 보험은 정말 나에게 필요하겠구나.' 하고 청약서에 서명을 하기도 한다.

미끼 상품을 잘 구상하고 설계하면 유입률을 높일 수 있을 뿐만 아니라 고객들에게 충분한 신뢰감을 주어 괜히 다른 곳을 여기저기 기웃거리는 일 없이 판매하고자 했던 본 상품을 세일즈하는 효과까지 볼 수 있다. 물론 어떤 사업을 하느냐에 따라 미끼 상품의 활용법이 달라질 것이다. 어떤 아이템은 맨 처음 고객에게 제안했을 때 고객이 별 거부감 없이 사는가하면, 어떤 아이템은 사기 전에 거듭 신중을 기울이고 다시 한번 알아보고 생각할 시간을 달라고 한다. 보통 휴지나 볼펜 같은 저렴한 생필품은 망설임 없이 바로 사지만, 휴대폰이라던가 보험상품을 사거나 학원에 등록할 때는 온라인, 오프라인 의견을 종합해서 충분한 정보를 알아보고 판단을 내리듯이 말이다.

만약 자신이 취급하는 제품, 서비스가 비교적 고객들이 곧바로 의사결정을 하는 종류라면 온라인 자동화 판매가 효과적일 수 있다. 그러나 잘못된 선택을 했다면 리스크, 시간, 비용 등 단번에 본 상품 판매가 힘든 상황이라면 무료진단, 무료 1회 체험과 같은 '아, 그 정도라면…' 하고 보다 더 가볍게 접근할 수 있는 미끼 상품을 만드는 것이 매우 효과적이다. 이때 미끼 상품은 일단 관심을 가질 만해야 한다. 기껏 만들었는데 아무도 신청하지 않으면 의미가 없다. 또한, '무료, 혹은 저가에 이 정도로 잘

해줘도 되는 건가?' 싶을 정도로 어쩐지 고객이 미안한 느낌마저 들게 할 정도로 품질이나 수준에 신경 써야 한다. 사람은 누구나 공짜를 좋아한다. 그런데 싼 게 비지떡이라고 미끼 상품의 수준이 너무 낮으면 본 상품에는 전혀 흥미를 보이지 않게 된다.

훌륭한 미끼 상품의 예 가운데 하나로 세스코 무료진단을 들 수 있다. 누구나 이사를 했는데 집에 바퀴벌레가 한가득 있다면 방역업자를 부르고 싶을 것이다. 그런데 해충구제 하면 일단 먼저 떠오르는 세스코는 만만치 않은 1회 비용에 월 관리비까지 내야 하는 구조라 소비자들이 바로 결정하기는 쉽지 않은 것이 사실이다.

잘 검색해보면 더 저렴한 업자들도 보이고 차라리 인터넷 검색으로 방법을 알아보고 약을 사다가 직접 한다는 선택지도 있으니까 말이다. 그런데 처음부터 바퀴벌레가 나왔으니 우리에게 돈을 주고 맡기라는 식이 아니라 무료진단을 해줄 테니 일단 한 번 받아보고 그다음에 결정하라고 한다면 고객 입장에서는 바로 비용이 드는 게 아니기에 서비스를 한 번 받아보고 생각하자는 마음으로 무료진단을 신청한다.

'어차피 공짜인데 해줘봤자 얼마나 해주겠어….' 하지만 세스코의 파견 기사는 그런 편견을 철저히 깨준다. 평상시 거주자가 잘 보지 못하는 싱크대 밑바닥, 환기구, 천장, 창틀, 하수구, 배수관까지 집 안 구석구석 곳곳을 꼼꼼히 조사하고 발견되는 벌레 사체들을 분석하며 체크리스트를 만들고, 질의응답을 통해 해충들을 불러 모으는 습관을 위한 대응책을 알려준다. 자기 집뿐만 아니라 이웃집이나 바깥과 연결된 도면을 그려주면서 해충 유입경로를 알려주고, 해충이 많다면 거주자의 손길이 닿기 힘든 곳곳에 독 먹이를 살포해준다. 그리고 노트북을 통해 비디오를 보여주면서 알기 쉽게 해충을 구제하는 방법을 교육해준다. 처음에는 유료 서비스를 신청할 생각이 없었지만 기사님의 전문적인 모습을 보고 맡길 만 하겠다는 생각이 들어 결국 이 서비스를 구매하게 된다. 만약에 이 무료진단이라는 미끼 상품이 없었다면 어땠을까? 아마도 매출이 큰 폭으로 줄어들지 않았을까 싶다.

아직 고객에게 충분한 신뢰가 쌓이지 않았는데 바로 내 상품을 제안해 버린다면 그 세일즈는 실패할 확률이 높다. 대기업들이 브랜딩에 신경 쓰면서 대중 매체를 통해 연간 수억의 광고비를 쓰는 이유가 여기에 있다. 'ㅇㅇ는 ㅇㅇ가 최고'라는 이미지가 소비자들의 인식에 자리 잡기 시작하면 매번 제안하지 않아도 고객들이 알아서 믿고 사기 때문이다. 하지만 소상공인들은 그렇게 거대한 광고를 할 자금이 없으며 사업 초창기에는 어떻게든 팔아서 생존하는 것이 급선무다. 따라서 세일즈에 집중해서 브랜드를 키워나갈 자금을 확보해야 한다. 유명세가 없으니 어떻게 하겠는가? 샘플을 통해 '우리 제품이 좋다'는 사실을 체험시켜주는 것이 확실하다.

만약 내가 팔려는 메인상품이 고가라면 미끼 상품을 이용한 업 세일즈가 효과적이다. 제품이라면 일부를 떼어서 저가로 샘플을 맛보기로 주고 서비스라면 1회 무료 이용권 쿠폰 등을 만들어서 체험을 시켜주면 효과적이다. 여기서 포인트는 처음 광고를 통해 내 상품이 소비자와 만날 때 본 상품 숨기고 미끼 상품을 대신 제안하는 것이다. 요즘 소비자들은 똑똑하기에 장삿속이라고 생각하며 거들떠보지도 않을 수 있다. 따라서 본 상품을 가리는 미끼 상품을 통해 낮은 단계부터 차근차근 고객이 구매의 계단을 타고 나한테까지 올라올 수 있게 유도하는 것이다.

이런 구매의 계단 전략은 DB를 취득하는 데에도 응용할 수 있다. 영업하는 분들과 소상공인들에게는 한 명 한 명의 DB가 생명줄과도 같다. 처음부터 진입장벽이 너무 높은 제품이나 서비스를 제안하면서 DB를 남기라는 것과 비교적 가볍게 접근할 수 있는 미끼 상품을 제안하고 DB를 남기라고 하는 것, 어느 쪽에서 더 많은 DB가 모일까? 당연히 후자일 것이다. 10명을 앉혀놓고 설명회를 하는 것과 100명을 앉혀놓고 설명회를 하는 것 중 어느 쪽이 많이 팔릴지는 자명하다. 처음에는 양질의 미끼 상품을 통해 다량의 DB를 입수하고 업 세일즈를 하면 성과가 더욱 더 많이 나오게 될 것이다.

미끼 상품을 통해 다 세일즈가 이루어지지 않았다 하더라도 실망할 필요는 없다. 분석을 통해 구매전환율을 높이는 방향으로 개선을 해나가면 될뿐더러 소중한 DB를 얻었으니까 이를 활용해서 추가적인 마케팅을 진행할 수 있다. 메일이나 문자 등으로 정보성 콘텐츠를 발행하거나 이벤트를 개최해서 신뢰를 쌓을 수도 있고 전체 공지와 프로모션을 할 수도 있다. 또한, 앞서 언급한 리타깃팅 마케팅을 할 수도 있는 것이다. 이는 협소한 개념으로 보는 DB이고 DB에 대한 개념을 광범위하게 넓히면 회원제 SNS 역시 DB를 수집하는 영업채널이 될 수 있을 것이다. 예를 들어 유튜브 구독자나 페이스북 팔로워, 블로그 서로이웃이나 카페 회원 등이 있다. 모든 사업이 결국 돈을 내는 소비자가 있어서 존속하는 것이기에 DB의 개념을 광범위하게 생각하고 꾸준히 커뮤니케이션을 하면서 단골을 늘려나가도록 노력하자.

어떤 마케터들은 이런 미끼 상품과 세일즈 페이지를 이용한 자동화를 강조하는데, 필자의 입장은 반반이다. 어떤 상품은 분명 자동화 시스템만으로도 괜찮은 매출이 일어난다. 그런 상황이라면 거기에 투입할 인력을 차라리 홍보와 노출 쪽에 돌리는 편이 총액을 따져봤을 때 매출이 더 높을 수 있다. 하지만 어떤 아이템은 구매의 벽이 매우 높아 결국 오프라인 상담을 통해 확실한 신뢰를 주어야 하는 경우가 있다. 그런 상황이라면 미끼 상품을 통해 상담과 1회 무료 체험, 무료 진단, 저가 컨설팅 등으로 프로세스를 구성하는 편이 현명하다. 온라인 마케팅 업계에서는 "탁월한 마케팅은 세일즈를 필요 없게 만든다." 는 말을 하기도 하지만 오로지 온라인 상에서 모든 걸 다 팔려는 것은 지나친 과욕이다. 결국 고객이 가장 신뢰감을 느낄 때는 사람과 직접 소통할 때라는 점을 잊어서는 안 된다.

영업 없이는 현장에 강한
마케팅도 없다

당신이 무지개를 원한다면, 궂은비도 감수해야 한다.
-돌리 파튼

전통적인 기업에서 영업부서와 마케팅 부서는 사이가 좋지 않기로 유
명하다. 세일즈맨이 봤을 때 마케터는 모니터 안의 데이터 수치만 따지
고 정작 현장과 비즈니스는 모르는 사람이고 마케터는 기껏 전략 수립에
DB까지 다 구해주었는데 구매전환을 못 시킨다고 세일즈맨들에게 불평
한다. 이는 아마도 영업 출신은 끝까지 영업만 하고 마케터 출신은 끝까
지 마케팅만 해서 그런 것이 아닐까 싶다. 하지만 요즘은 스마트폰의 보
급과 SNS의 발전으로 어느 때보다 온라인 광고시장과 디지털 마케팅이
성장한 덕분에 프리랜서와 1인 기업들도 많아졌고, 세일즈맨들도 자신
들의 영업 채널로 온라인을 적극적으로 활용하기에 점점 마케팅과 세일
즈의 융합이 일어나는 것 같다.

예전에는 줄곧 마케팅만 해온 사람이 광고대행사를 차리거나 마케팅 강의를 해왔지만 요즘은 영업 출신의 마케터가 늘어나고 있다. 하지만 대부분 영업을 하다 보니까 마케팅의 중요성을 깨달아서 공부하다 보니 나름 깊이가 쌓여서 하던 영업은 그대로 하면서 마케팅 강의를 겸업하는 경우가 많은 것 같다. 필자처럼 영업을 시작으로 아예 광고대행사를 차린 사람은 그렇게 많지는 않다. 맨 처음에는 마케터 출신이 아닌데 광고대행사를 하니 경쟁사에게 밀리는 점이 있지 않나 싶었는데 요즘은 생각이 바뀌었다. 오히려 영업을 먼저 경험했기에 지금과 같은 현장감 있는 마케터로 성장할 수 있었다고 생각한다.

하지만 마케팅을 안다고 해서 영업을 아는 것은 아니다. 영업을 모르는 마케팅은 모니터 안의 엑셀과 판매수치와 구매전환율, 재고 측정률 등 숫자에 매달리는 것이 단점으로 현장의 세일즈와 실질적으로 회사에 들어오는 매출보다는 데이터 분석을 기반으로 판단하고 실행하는 경우가 많다. 그러다보니 실제 고객의 니즈라던가 소비자 심리라던가 감성적인 요소 파악에 약하다. 하지만 영업을 오래 해본 마케터들은 유입되는 고객 한 사람 한 사람에 초점을 맞추어 생각을 해보게 된다.

그렇다고 데이터가 필요 없다는 의미는 아니다. 앞서 데이터 분석과 현황 진단 및 전략 수립을 강조했던 적이 있다. 다만 온라인상에서의 접점을 넘어 오프라인에서 사람 대 사람으로서 대면하는 사업의 최전선에서 알게 되는 필요한 무언가가 있다는 의미다.

흥미롭게도 디자이너 출신의 마케터는 같은 마케팅을 하더라도 보는 관점이 또 다르다. 이들은 브랜딩을 굉장히 중시하면서 홈페이지나 블로그, SNS에서 사용하는 로고, 폰트, 템플릿, 이미지, 카피, 컬러 하나하나를 다 고려하여 최적의 조합을 맞춰 보다 더 긍정적인 이미지를 주는 브랜드를 만드는 데 심혈을 기울인다. 이런 브랜드 마케팅이나 데이터값을 계속 개선해 나가려는 마케팅이나 장기적으로 봤을 땐 둘 다 필요하다.

사업 초창기, 특히 회사에 자본이 얼마 없는 소상공인이라면 세일즈 위주의 마케팅을 통해 당장 회사에 자금이 순환하게 만드는 것이 급선무라고 생각한다. 그래서인지 많은 사장님들이 필자의 강의에 긍정적인 반응을 하시고 일을 의뢰하시는 것이 아닌가 생각한다.

오랜 기간 인연을 이어오고 있는 어떤 한 고객분의 말씀을 들어보면 이전에도 프리랜서 마케터나 광고대행사 대표가 직접 하는 강의를 몇 번 들어본 적이 있었는데 '우리나라의 마케팅은 이렇습니다', 그리고 '포털 사이트의 로직은 이렇습니다' 하는 내용이었다고 한다. 마케터들 사이에서만 아는 정보를 말해주니 좋은 이야기 같고 뭔가 배운 것 같긴 한데, 정작 강의 장을 벗어나 실무를 마주하면 현실적으로 무엇부터 어떻게 마케팅을 시작해야 할지는 모르겠는 아리송한 상황에 빠지곤 했다는 것이다. 그런데 필자의 강의는 언제나 영업 현장에 대해서 이야기를 하면서 거기에 마케팅을 접목해 매출에 대해 언급하니까 뭘 해야 할지 이해하기가 편하고 좋다고 하셨다.

개중에는 기존에 하던 오프라인 영업만으로는 한계를 느껴서 어떻게든 온라인 시장을 개척하기 위해 안 다녀본 광고대행사가 없고 안 들어본 바이럴 마케팅 강의가 없다는 분들도 계셨다. 전부 마케팅 딱 하나에 대해서만 이야기할 뿐이지 전반적인 비즈니스의 흐름과 엔드라인(고객 접점)에서 고객을 만나는 영업 현장까지 고려하여 컨설팅을 해주는 사람은 필자가 처음이었다며 단골이 되어주신 분들도 계신다. 이런 말을 들을 때마다 '내가 비록 마케터 출신은 아니지만 이 넓은 비즈니스 시장에는 이런 나를 필요로 해주는 사람들도 있구나' 하고 그 수요에 부응하기 위해 더 열심히 해야겠다고 다짐한다. 그래서 5년째 쉬지 않고 컨설팅을 하고 있는 이유이다. 세상의 다양한 아이템,업체를 컨설팅하다 보면 간접 체험과 동시에 무궁구진한 아이디어가 샘솟는다.

광고대행사의 바이럴 마케팅은 비록 컴퓨터의 세상 안을 주 무대로 펼쳐지긴 하지만 사실 비즈니스 목적으로 활용하는 이상 무엇이 되었든 오프라인 현장에서의 영업과 완전히 분리해서 생각할 수는 없다. 그리고 영업이란 결국 사람이 사람을 만나서 일어나는 일이다. 물론 온라인 바이럴 마케팅만으로 제품이 팔리고 택배상자에 포장되어 나가는 등 사업자와 고객이 직접적으로 만나지 않고 거래가 이루어지는 상황도 있지만 결국 온라인을 통해 만난 잠재고객을 오프라인으로 이끌어내어 인연을 이어가는 사업이 많다. 세일즈를 모르는 온라인 마케팅의 문제가 이점을 간과하는 것으로 아이템마다 다른 전략을 세우는 것이 필요하다. 그런데 모든 마케팅을 마치 온라인 쇼핑몰 광고하듯이 처리해버리고 데이터만 개선하려고 하는 점에 있다.

구매전환을 해보겠다고 계속해서 프로모션을 진행하고 광고채널을 늘려서 유입만 주야장천 늘리는 것이 아니라 구매전환 프로세스의 노선을 살짝 바꿔보고 다양화하는 것만으로도 매출 총액은 늘어날 수 있다. 계속 마케팅을 하는데 투자 대비 효율이 낮은 것 같다면 한 번 내가 판매하는 아이템 자체에 대해 생각을 해보고 오프라인 세일즈와 융합하면 보다 더 괜찮은 결과를 얻을 수 있을지도 모른다.

대표적인 예로 스튜디오를 운영하는 한 사장님을 들 수 있다. 이분은 단체 가족사진을 온라인을 통해서 판매하려고 하서서 미끼 상품과 업세일즈 기법을 접목하자 고객 신청이 5배 늘어났다.

이렇게 미끼 상품과 업 세일즈를 가장 잘 쓰는 재무 설계사를 본 적이 있는데 커플 재무 설계를 통해 보험을 주로 판매하는 분이셨다. 재무 설계를 해주는 보험설계사들은 수두룩하지만 많은 커플들이 이분에게 재무 설계를 신청하는 이유가 있었다. 바로 영화티켓 2장이라는 미끼 상품을 내걸었기 때문이다. 즉, 대부분 커플들은 진지하게 재무 설계를 받으려고 이분을 찾기보다는 가벼운 기분으로 둘이서 같이 재무 설계도 들어보고 영화티켓도 받아 데이트를 하려는 마음으로 처음 만난다. "영화 티켓 주신다니까 우리 상담만 하고 뭐 가입하지는 말자!" 하고 말이다. 하지만 일단 앉아서 이 분의 달변을 듣는 순간 커플은 생각이 바뀌게 된다. "야, 그런데 우리의 미래를 생각해보면 이거 하나 정도는 진짜 있어야겠다. 그치 자기야?" 이런 스타일로 남자와 여자 고객 둘 다 상품에 가입하게 하는 식으로 세일즈를 하는 고수였다.

이처럼 마케팅을 하되 너무 마케팅적인 사고에만 매몰될 것이 아니라 거기에 영업적인 부분을 함께 생각하면 굉장히 다양한 퍼포먼스가 나올 수 있다. 아마도 지금까지 소개된 여러 사례를 보면서 '나는 이렇게 해봐야겠다!' 하고 벌써 아이디어를 얻으신 분들도 계실 것이다. 너무 온라인 상에서만 힘들게 투쟁할 필요 없다. 어지간히 아이템이 잘 부합하지 않는 이상 언젠가는 한계점이 올 것이다.

한때 한 분야의 스페셜리스트가 되면 인정받을 수 있었는데 점점 인터넷을 통해 여러 지식들이 공유되고 사회에 전문가도 많아지면서 이제는 특정 분야에서 전문성을 가졌으면서도 다른 분야를 융복합을 할 줄 아는 인재가 선호된다. 리더는 영업, 마케팅은 물론이고 경영과 인사관리 등에 대해서도 알아야 한다. 모든 걸 완벽히 알 필요는 없지만 한 가지 핵심을 가지면서도 나머지 분야에 대해서도 큰 흐름 정도는 알아야 한다. 그래야 나중에 영업 담당자, 마케터, 인사팀장 등을 고용하여 그들이 얼마나 일을 잘 하는지 파악할 수 있고 명확한 지시를 내리며 조화를 이룰 수 있게 된다. 더불어 여러 분야를 융합할 줄 알아야 참신한 전략과 아이디어가 나오는 것은 당연한 이치이다.

마케팅만 제대로 알면 돈은 사방에 널려 있다

만일 우리가 반쪽 진실을 뚫어지게 바라보면 그것은 완전한 거짓임을 알 수 있다.
-아르투르 슈니츨러

'돈이 사방에 널려 있다'라는 쳅터 소제목에 반감을 품는 이들도 있을 것이다. '세상을 너무 만만하게 생각하는 것 아니야'라고 느끼셨다면 일단 끝까지 이야기를 들어주셨으면 좋겠다. 이건 아마 필자뿐만이 아니라 나름 성공적으로 광고대행사를 운영하는 사장님들 대부분이 공통적으로 가지는 생각이 아닐까 싶다. 눈앞에 지폐가 날라다닌다는 이야기는 아니지만 마케팅을 잘 알아두고 커리어를 쌓다보면 확실히 일반적인 직장인에 비해서는 돈을 벌 기회가 보이고 많이 찾아오기도 한다.

결국 온라인 마케팅은 내 걸 잘 팔아서 돈을 버느냐 아니면 남의 것을 잘 팔아주고 돈을 버느냐의 문제이다. 광고대행사를 운영하는 사장님들 가운데는 나처럼 광고대행 또는 강의를 통해 매출을 올리는 분들도 계시겠지만 위탁판매, 판매대행이라고 아이템을 찾아내어 직접 마케팅해 수익을 나누기기도 한다. 마케터들도 다양한 분야라서 고객 DB만 전문으로 추출해서 세일즈맨이나 회사에 넘기고 1개당 값을 받는 CPA나 애플리케이션 설치 등을 홍보해서 다운로드 건수마다 값을 받는 CPI 등 실력만 있다면 돈 벌 방법은 다양하다. 심지어 글 쓰는 걸 힘들어하는 고객들을 대상으로 블로그 관리만 해주고 월 대행 비를 받는 프리랜서도 있다.

시장 자체가 크기 때문에 필자 같은 광고대행사 사장들에게 마케팅 솔루션 프로그램을 납품하는 프로그래밍 개발자들도 있고, 광고를 위한 카피나 동영상을 제작해준다거나 포토샵 프로그램으로 블로그 및 카페의 디자인을 해주고 수익을 내는 이들도 있으며 최적화 블로그, 최적화 카페, 최적화 아이디만을 전문적으로 계속 만들어내 생업을 이어가는 이들까지 정말 다양하다. 나 역시 여기저기서 소개를 통해 협업 내지는 동업을 하자는 제안이 많이 들어온다. 우리가 제품은 갖고 있는데 마케팅이 되지 않으니 대신 광고를 해서 잘 팔아주면 하나당 몇 %를 주겠다, 혹은 우리 회사의 마케팅을 담당해주면 총매출의 몇 %를 주겠다는 식이다. 이를 CPS라고 부른다.

지금 창업을 하겠다는 의지는 있는데 아직 자신이 무엇을 잘하는지 모르겠고 어떤 아이템을 할지도 모르겠고 이렇다 할 계획도 없다면 일단 마케팅을 배우는 걸 추천한다. 필자처럼 광고대행사를 하거나 마케팅 전문가가 될 것이 아니라도 훗날 창업했을 때 절대 후회할 일은 없을 거라고 자신한다. 모든 사업에는 결국 마케팅이 필요하다. 제품이든 서비스든 판매가 되어야 회사에 현금이 들어오기 때문이다. 로봇과 인공지능으로 모든 것이 자동화가 된다는 4

차 산업혁명이 오더라도 마케팅 시장만큼은 없어지지 않는다고 자신할 수 있다. 인공지능이 아이언맨에 나오는 자르비스 수준으로 발전한다면야 혹시 모르겠지만….

어느 정도 주어진 데이터 안에서 자동으로 뭘 하는 건 인공지능과 프로그램이 충분히 할 수 있겠지만 전략을 기획하고 판매 프로세스를 짜고 상담해주며 이에 맞춰 광고를 집행하는 등의 활동은 아직 기계와 인공지능이 대체하기 힘든 인간의 영역이다. 영업과 마케팅을 해보면서 물건과 서비스를 어떻게 판매하며 매출상승에 대한 인사이트를 쌓아왔기에 제품의 수준만 어느 정도 우수하다면 어떤 아이템을 잡든지 다 팔 수 있겠다는 자신감이 있다.

아이템이 중요한가, 마케팅이 중요한가에 대한 논란은 오래 전부터 있어왔고 아이템이 우수한 것 역시 마케팅의 한 부분이기에 둘을 구분하는 건 의미가 없을지도 모른다. 하지만 굳이 대답을 해야 한다면 난 아이템보다 마케팅에 손을 들겠다. 마케팅만 제대로 알면 돈이 보인다. 사실 불편한 이야기지만 제품수준이 다소 떨어지더라도 마케팅을 잘해서 판매 또는 서비스가 잘 팔리는 걸 자주 보아왔다. 또한, 제품의 성능이 다소 떨어지더라도 기획과 전략을 바탕으로 하는 마케팅 실행을 통해 매출 상승을 지원하는 것이 필자의 역할이다.

제품이 없고 자본도 없다면 내가 상품이 될 수 있는 기회의 시대

경쟁자를 이길 수 있는 가장 예리한 방법은
그가 나보다 더 잘하는 부분에 감탄하는 것이다.
-페터 알텐베르크

온라인 마케팅 교육과 컨설팅을 진행하다 보면 아직 마땅한 사업 아이템이 없는 분들이 어떤 아이템이 좋겠냐고 여쭤보시곤 한다. 누구나 초창기에는 아이템도 자금도 부족하기 마련이다. 필자는 특히 젊은 친구들을 컨설팅해 줄 때 자신이 가진 재능을 판매하라고 이야기한다. 하다못해 대학생들도 과외를 하지 않는가? 나 역시 각종 마케팅 대행과 더불어서 내 노하우를 직접 파는 마케팅 교육 역시 병행하고 있다.

하지만 누군가 투자를 해주지 않는 이상 제조업과 같은 일정 규모 이상의 직종에 도전하는 것에는 어려움이 따른다. 특히 창업을 준비하는데 나이도 젊다면 나만의 스킬을 아이템으로 사업하는 걸 추천한다. 사업 초기에 유통과 영업을 살짝 경험해보는 것은 괜찮지만 결국에는 남들이 흉내 낼 수 없는 나만의 독창성이 가미된 아이템을 취급해야 한다.

　나만의 재능이나 노하우를 상품화하면 좋은 점은 포트폴리오와 커리어가 쌓인다는 것이다. 전문기술을 익힐수록 업무 스킬과 노하우도 점점 쌓이고 몸값도 덩달아 오른다. 물론 나와 같은 분야에서 활동하는 프로페셔널들이 있을 것이기에 기본적인 실력을 상위 10%까지 연마하는 건 필수이다. 거기에 더해 차별화 전략으로 레드오션 속에서도 끝없는 가지치기를 통해 나만의 시장을 확보해야 한다. 정말 피나는 노력을 해야 하기에 진심으로 즐길 수 있는 일이 아니면 오래 하기 힘들 것이다.

　퍼스널 브랜딩이 점점 주목받고 있다. 소비자들은 내 문제를 해결해주는 상품이나 서비스에 비용을 내는 만큼 신뢰할 수 있는 전문가를 원한다. 이제는 특정 분야의 전문가라는 보증수표가 개개인의 소득을 좌지우지한다. 퍼스널 브랜드를 가진 전문가는 단가가 높아지고 또한, 많은 이들이 그에게 일을 의뢰하기에 사람 하나가 웬만한 중소기업 못지않게 수익을 내는 사례도 생겨나고 있다. 이왕 시작하는 것, 아마추어로 끝나지 말고 어떤 아이템이 되었든 진정한 프로페셔널이 될 생각으로 도전해보자. 언제나 자기단련을 통해 내공을 쌓으면서 나 자신을 PR할 줄도 알아야 한다. 실력과 마케팅을 겸비해야 한다는 말이다.

　만약 자신에게 아무 기술도 없다면 잘하는 전문가에게 배울 수 있도록 해야 한다. 내가 영업과 마케팅이 너무 재미있어서 몰입해서 연구했듯이 누구나 분명 잘하는 게 있고 좋아하는 게 있을 것이다. 경험상 어떤 전문기술을 빨리 익히는 방법은 누군가를 가르치는 것이다. 그냥 나 혼자 알고 잘하는 것과 가르치는 것은 완전히 다르다. 어설프게 대충 아는 것이 아니라 완벽하게 이해하고 있어야 남들이 할 수 있게끔 교육할 수 있다. 그래서 누군가를 가르쳐야 하는 입장이 되면 학생들이 어떤 질문을 하더라도 다 답할 수 있도록 철두철미하게 공부하게 된다. 특히 수강생들에게 돈까지 받았다면 더욱 책임감이 생겨서 더 열심히 배운다.

업계에 나보다 훨씬 탁월한 고수가 많은데 감히 내가 교육하기에는 자신감이 없다는 분들도 있을 것 같다. 그럴 경우에는 초보자 클래스를 열면 된다. 진짜 1도 모르는 사람에게 싼 값에 기초 정도는 알려줄 수 있을 것 아닌가? 어느 업계나 초보자를 위한 입문 교육 시장이 가장 크다. 〈시원스쿨〉이나 〈야나두〉의 성공을 기억하라. 그래도 용기가 나지 않는다면 무료 재능기부로 시작하는 것도 한 가지 방법이다.

전문성을 쌓는 것도 중요하지만 기본적인 실력이 있다면 그걸 어떻게 가공하여 누구를 대상으로 가르칠 것인지도 고민해야 한다. 창업할 때 이미 그 분야에서 대기업이 포진하여 있다면 똑같은 아이템으로 승부하는 건 어려울 수 있다. 그야말로 업계 1등의 제품 혹은 서비스와 차별화되는 점이 단 한 가지도 없다면 자금과 사원 수가 압도적으로 많은 대기업을 절대로 이길 수 없다. 마찬가지로 이미 나보다 훨씬 실력도 뛰어나고 오래 해와서 브랜드 인지도와 탄탄한 고객층을 쌓아 올린 전문가가 있다면 똑같은 포지셔닝으로 전면전을 펼치는 건 바람직하지 않다. 그런 상황은 될수록 피하거나 다른 차별화를 하는 것이 좋다.

마케팅만 보더라도 나처럼 '현직 광고대행사 사장이 알려주는 마케팅의 함정'을 슬로건으로 내거는 사람이 있는가 하면, 전략을 위주로 이론적인 강의를 하는 강사가 있고 블로그라던가 페이스북 등 한 가지 채널만 집중하여 심화 내용을 가르치는 강사도 있다. '실버 IT 러닝'이라고 해서 할머니와 할아버지만을 대상으로 저렴한 비용을 받고 스마트폰 사용법부터 차근차근 알려드리고 블로그와 SNS로 소통하는 법을 교육하는 분도 봤다.

고령자를 대상으로 가르쳐서 그게 수입이 되겠냐고 반문하는 분이 있을지도 모른다. 하지만 이 시장도 무시할 수는 없다. 한 번 강의할 때마다 20~30명에게 수강료를 받기에 오히려 웬만한 마케터 못지않은 매출을 올리고 계신다고 한다. 고령화로 실버산업이 성장하는 요즘 시대에 벌써부터 이 영역에서 탄탄한 커리어와 브랜드를 구축해놓으면 장차 어떻게 될까?

남녀노소 누구나 가리지 않고 내 고객으로 만들고자 애쓰지 말라. 대기업처럼 규모가 크다면 가능하지만 사실 1인 기업으로 시작한다면 감당할 수 있는 고객의 수에도 한계가 있다. 그보다 콘셉트와 타깃팅을 명확히 하여 작은 시장이라도 확실하게 점령하는 전략이 더욱 필요하다. 《세상을 바꾸는 1000개의 직업》이라는 책이 있다. 혹시 아직 명확한 진로 설계가 되어있지 않은 분들이라면 이런 책을 참조하면서 어디로 진출해서 나만의 전문영역을 만들지 고민해보기 바란다.

1 사업을 할 때 타깃 고객에 대한 이해와 경우의 수를 헤아리는 것은 필수이다.

2 온라인 유입도 중요하지만, 오프라인 현장에서의 최적화가 우선이다.

3 상품만 바라볼 것이 아니라 업종현황과 경쟁사 분석을 통해 전략을 설계하라.

4 고객이 어떤 경로를 통해 자신을 찾아오는지 파악하고 비중을 더 둘 부분과 뺄 부분을 고려하라.

5 바로 본 상품을 판매하기 힘들다면 영업 전략의 일환으로 미끼 상품을 기획해보라.

6 마케팅은 언제나 영업과 더불어 고민해야 한다. 영업이 뒷받침되지 않은 마케팅은 최고의 성과를 내기 어렵다.

7 창업을 하고 싶은데 아직 마땅한 계획이 없다면 마케팅부터 공부해두면 적어도 시간 낭비는 아니다.

8 자본이 없다면 내 적성에 맞는 분야에서 전문성을 쌓고 거기에 마케팅을 더 해 지식 서비스 창업에 도전하라.

페이스북으로 단기간에 8만 5천 명에게 도달한 뮤지컬 티켓 마케팅

한 연극단의 멤버가 세미나에 참석한 적이 있다. 필자를 찾는 사람들은 보통 소상공인 CEO나 세일즈맨이 대부분인데 이분은 회사나 상품을 광고하고 싶어서 세미나를 들은 것이 아니라 본인 연극단에서 새롭게 발표하는 뮤지컬을 홍보하고 싶다고 하셨다. 아무리 좋은 연극을 하더라도 그걸 봐줄 관객이 있어야 하는 법. 뮤지컬 티켓을 마케팅하고 싶은데 멤버들 모두 연극을 하는 사람들이다 보니까 웬만한 회사는 하나씩은 하는 블로그도 없고 단기간에 빠르게 바이럴 마케팅을 해야 한다고 말씀하셨다.

일단 단기간이라고 한다면 블로그나 카페처럼 시간을 들여서 운영해야 하는 건 제외 대상이었고 직감적으로 빠르게 홍보할 수 있는 채널인 페이스북 광고를 제안했다. 다행히 내용을 물어보자 페이스북을 주로 이용하는 20대 젊은 층들이 충분히 좋아할 만한 콘텐츠라서 페이지 광고를 통해 무료 티켓 이벤트를 기획하였다.

티켓의 일부를 무료로 나눠준다고 하니까 당장은 손해를 보는 것 같지만 마치 우리가 재밌는 영화를 보면 인터넷에 호평을 올리고 친구들에게 추천하듯이 이런 부류의 공연 예술 엔터테인먼트는 사람들에게 체험을 시켜주는 것이 가장 바이럴 마케팅이 잘 된다고 말했다. 1분 영상을 기획해서 페이스북 광고를 올리자 8만 5천 명에게 도달하는 등 좋은 효과를 볼 수 있었다.

★댓글 다신분들 전부 사다리 타기 가~~~자!!!★
매일 오후 1시 발표 진짜 매일 한다!! 인정!!
★★★★★★마감★★★★★★
★★당첨 안되도 걱정마★★... 더 보기

페이스북을 활용하여 연극티켓 판매를 유도한 성공 사례

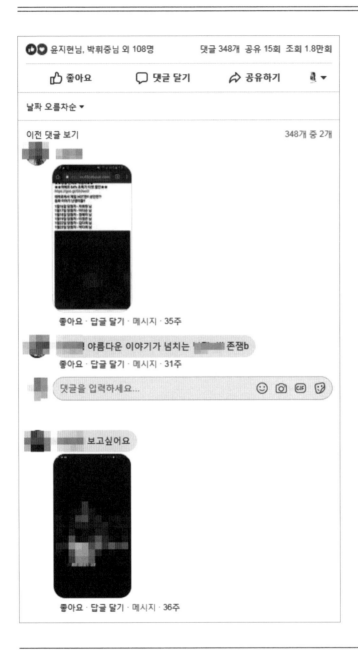

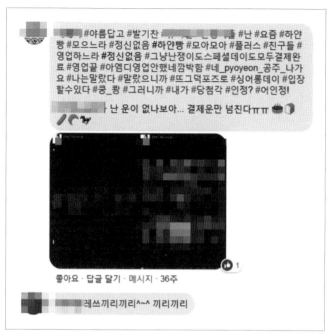

난 운이 없나보아... 결제운만 넘친다ㅠㅠ

좋아요 · 답글 달기 · 메시지 · 36주

레쓰끼리끼리^~^ 끼리끼리

고객의 참여도를 이끌기 위한 인증 댓글

물론 여기에도 사람들이 적극적으로 신청하게끔 미끼 상품을 넣었다. 신청하는 모든 사람들에게 다 티켓을 줄 수는 없지만 일단 댓글을 통해서 신청하면 추첨을 통해 당첨자에게는 무료 티켓을 드리고 당첨 안 된 사람들에게는 한 소셜커머스 업체의 75% 초특가 할인 티켓을 받을 수 있도록 했다. 일단 신청하면 대부분의 사람들은 공연을 보러 올 수밖에 없는 기획이었다.

페이스북에서는 댓글이 많으면 군중심리 때문에 너도 나도 신청하고 같이 보러 가고 싶은 상대가 있으면 @를 붙여서 친구들을 소환하기도 하기에 글 하나에 댓글이 428개까지 달렸다. 우리는 매일 공연 일부를 잘라낸 동영상을 업로드하고 신청해주신 분들을 대상으로 사다리 타기를 통해 당첨자를 추첨하는 과정까지 다 인증했다. 'ㅇㅇ님, 당첨되셨습니다. 쪽지로 티켓을 보내드리겠습니다!' 하는 내용 하나하나까지 다 타임라인에 올렸다. 지속해서 소통하면서 공정한 방식으로 추첨한다는 것을 보여드리기 위해서였는데 다행히도 잘 통해서 뮤지컬은 좋은 성과를 얻을 수 있었다.

페이스북과 인스타그램으로
판매에 성공한 고가의 여성청결제

미용 상품인 여성청결제를 취급하는 사장님이 계셨다. 오랫동안 뷰티 제품 네트워크 마케팅을 해오면서 10년 넘게 하다 보니 '계속 이 안에만 있다가는 돈 버는 데 한계가 있겠구나' 싶으셔서 자신의 팀과 그룹도 있으니 '차라리 제품을 직접 만들어 판매하자!' 하고 결심하고 독립을 준비하는 중이었다. 그 첫걸음으로 괜찮은 여성청결제를 판매하는 제조사와 계약을 맺어 온라인 총판권을 갖게 되었으나 홍보에 어려움을 겪고 있었다.

문제는 또 있었다. 가격이 시판되고 있는 일반적인 제품과 달리 상당히 비쌌다는 점이다. 보통 경쟁사 제품이 7만 원 대인데 비해, 제품 가격이 50만 원대였다. 줄기세포가 들어있어서 기성품과 달리 청결하게 해주는 것은 기본이고 질을 재생해주며 탄력 있게 만들어주는 효과까지 있기 때문이었다. 부부 사이, 연인 사이의 성적인 문제까지 해결해줄 수 있다는 재미있는 콘셉트의 상품이었다.

이렇게 고가의 상품은 검색엔진인 포털사이트가 적합했지만 이분은 요즘 뷰티 쪽으로 핫한 페이스북과 인스타그램을 활용해보고 싶다고 하시면서 먼저 페이스북에 제품을 올려달라고 요청하셨다. 나는 페이스북은 기본적으로 충동구매 시장이라 50만 원이면 성과를 거두기 힘들다고 극구 반대했다. 정 페이스북으로 판매하고 싶다면 본상품의 10분의 1 가격인 5만

원 한도 내로 3일 치, 10일 치 등의 미끼 상품을 만들어 체험을 먼저 시켜주고 업 세일즈를 하는 구조로 가지 않을 거면 이 광고를 맡지 않겠다고 단언했다. 사장님께서는 내 의견을 수렴하여 두 달치인 60일치 중에서 10일 치만 사용 가능한 미끼 상품을 기획하셨다.

그렇게 만들어진 미끼 상품으로 광고를 집행했다. 후기성 성향이 강한 영상을 제작해 광고를 진행하자 즉시 반응이 일어났다. 여성만을 타깃으로 도달시킨 덕분인지 2주간 페이스북 광고만으로 1개 세트 미끼 상품에도 DB 86개가 들어온 것이다. 게다가 원래부터 네트워크 마케팅을 했던 분이라 그런지 이 사장님과 사원들의 영업력이 대단했다. 어쨌나 업 세일즈를 잘하는

페이스북과 인스타그램으로 성공했던 여성청결제 광고 영상

지 전화로 상담만 좀 했다하면 50만 원짜리 본 상품이 족족 팔려나갔다. 이미 홍보 대행비와 광고에 투자한 비용은 바로 다 회수하고도 추가로 높은 수익을 낼 수 있었고 사업을 더 확장할 자금까지 얻을 수 있었다.

지금은 총판을 넘어서서 직접 판매 물건의 제조도 하고 계신다. 녹차의 카테킨 성분을 이용한 다이어트 알약인데 사실 녹차가 워낙 다이어트로 유명하다 보니 이미 비슷한 다이어트 제품들이 많은 상황이었다. 그래서 필자는 거기에 추가 서비스를 넣어서 차별화를 하라고 제안했다. 단순히 알약만 구매한다면 7~8만 원이지만 추가로 체중계를 주고 1~2달 동안 살이 빠지도록 관리를 해주는 프로그램을 20만 원에 발매했다. 카카오톡을 통해 원격으로 운동일지도 짜주고 식단 조언도 해드리면서 기억했다가 약을 복용할 수 있도록 독려했다. 약 먹을 시간대에 '약은 복용하셨어요?' 하고 메시지로 알려주는 서비스를 진행하니 경쟁사와 차별화되면서 비용을 더 받을 충분한 대의명분이 있었다.

　많은 사람들이 건강관리를 위해서 다양한 비타민제나 다이어트 알약을 구입하는데 중요한 건 꾸준한 복용이다. 다들 사놓고서 처음에만 조금 먹다가 도중에 포기하기 마련인데, 습관화가 되지 않아서 그렇다. 자기관리에 자신이 없다면 차라리 돈을 좀 더 내는 한이 있더라도 매일 운동하고 구매한 제품을 먹을 수 있게끔 하는 습관을 길러주는 것이 더욱 중요하다. 온라인상으로 꾸준하게 살이 빠지도록 체크해주고 도와주는 트레이너를 두는 서비스의 차별화를 통해서 기존의 비슷한 콘셉트의 약을 제치고 지금도 순조롭게 사업을 하고 계신다.

페이스북 홍보영상을 통해 업 세일즈를 유도한 스튜디오 가족사진

세미나를 통해 〈리더의 마케팅〉 정규과정을 수강하셨던 한 스튜디오 사장님의 이야기이다. 수업을 듣기 위해 매주 지방에서 서울까지 올라오는 먼 길도 마다하지 않을 정도로 열정이 대단하셨는데, 교육을 시작한 지 딱 1주일 만에 DB가 수집되고 매출이 오르기 시작하셨다. 처음 수업을 들어가기 전부터 오랜 시간을 들이지 않아도 즉각적으로 매출을 올릴 수 없는 광고가 없겠느냐고 질문하셔서 페이스북 유료광고를 추천해 드렸다.

이 스튜디오의 대표 상품은 '큰 액자 사이즈의 가족사진'이었는데, 이 서비스의 가격대가 제법 높은 편이었다. 원래대로라면 포털사이트를 활용하는 편이 더 구매전환에 도움이 될 것 같았으나 본 상품의 사이즈와 가격을 줄여서 페이스북을 통해 즉각적인 효과를 볼 수 있도록 사장님과 같이 기획했다. 마침 스튜디오를 하시는 만큼 영상기획과 제작에도 일가견이 있으셔서 실제 광고를 집행하기까지 순조롭게 진행되었다. 실제 고객이 가족사진을 촬영하는 후기영상과 인터뷰 영상 그리고 고객들이 가족사진을 찍으며 즐거워하는 영상 3가지를 편집했다. 급하게 만들다 보니 카메라 각도, 위치, 줌, 조명이 완벽하진 않았지만 SNS에 활용할 영상으로는 적격이었다.

페이스북 홍보영상을 보고 가족사진을 찍고 싶은 사람이 페이지에 신청을 남기면 상담 담당자가 연락하여 예약날짜를 잡고 가족사진을 찍는 흐름

가족사진 스튜디오 촬영을 유도한 광고 사례

이었다. 물론 페이스북 홍보영상에는 약 80% 할인 이벤트를 광고하였다. 80% 할인이라고 하면 실제로 스튜디오에서 남는 금액이 얼마나 될까라고 생각하겠지만, 80% 할인 광고는 순전히 미끼 상품이었으며 실제로 80% 할인만이 아닌 액자사이즈를 33×44를 명시하여 고객이 실제로 스튜디오에 방문하고 업 세일즈하는 것이 진정한 목적이었다.

　고객들이 현장에서 33×44 사이즈 액자를 받아보면 모든 가족이 하는 말이 "액자 사진이 너무 작네요"라는 것이다. 그러면 상담 담당자가 좀 더 큰 사이즈의 액자 크기를 권하면서 업 세일즈를 시도했다. 가족사진 특성 상 매번 찍으러 오는 것이 아니고 한 번 찍었을 때 고가를 이미 예상하고 있기에 기존에 저렴한 금액에서 추가적인 비용이 든다고 하더라도 어렵지 않게 결제했다. 실제로 이 전략은 맞아떨어져 한 달 간 150명의 신청자들 중에서 130명 정도가 몇십만 원 상당의 대형 액자를 구매하는 성과로 이어졌다.

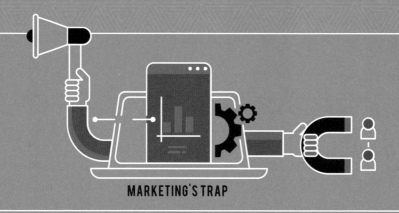

MARKETING'S TRAP

PART 4

리더들이 놓치기 쉬운
마케팅 채널 별
핵심 운용법

과거를 알아야 미래가 보이는 포털사이트

미친 사람은 동일한 짓을 반복하지만 다양한 결과를 기대한다.
-리타 매 브라운

온라인 광고대행사와 마케터에게 있어 포털사이트의 알고리즘을 제대로 파악하는 것은 무엇보다도 중요하다. 간혹 강의를 하다 보면 '자주 쓰는 포털사이트에는 구글도 있는데 왜 특정 포털사이트만 고집하느냐'는 의견도 나오는데, '마케팅 채널' 관점에서는 아직 구글보다는 국내 포털사이트가 우세하다는 것이 필자를 포함한 마케팅 전문가들의 공통된 의견이다. 트래픽과 이용량을 예로 들면서 점점 구글이 올라가고 있으니 구글 마케팅을 해야 한다는 말도 나온다. 물론 구글이 더 적합한 업종이 있을 수도 있으며 그런 상황이라면 구글에 마케팅을 집중해야 한다.

하지만 잘 생각해보자. 보통 우리가 구글에 무엇인가를 검색할 때는 정보성 포스팅을 찾기 위한 목적이 크다. 예를 들어, 커피를 맛있게 끓이는 방법, PPT 자료를 세련되게 표현하는 방법, 타자를 빨리 치는 방법 등의 자료를 들 수 있다. 이것은 누군가가 올려놓은 팁을 한 번 읽고 따라하는 용도가 크지 판매전환이 되는 키워드는 아니다. 그래서 많은 이들이 구글 검색량을 노릴 때는 내 상품을 직접 세일즈하려고 하기보다 홈페이지나 티스토리 등에 애드센스를 달아놓고 정보성 팁 관련 글을 꾸준히 써서 광고수익을 얻으려고 한다. 결국 대치동 학원이나 이태원 맛집 같은 후기는 포털사이트에서 찾게 되며, 구글에서 해당 키워드로 검색해도 괜찮은 후기는 결국 포털사이트 블로그 포스팅이다.

여러 번 강조하다시피 포털사이트 블로그 상위 노출이 모든 마케팅의 정답은 아니지만 포털사이트 자체의 이용자 수와 검색 양이 어마어마하다보니까 많은 업종에서 효과를 보고 있는 것은 사실이다. 그래서 '네이버 상위 노출 로직을 알려준다'는 강의 몇 번을 듣고 최적화 블로그 하나를 구해다가 광고대행사를 차려서 돈을 벌다가 갑자기 로직이 바뀌어서 상위에 올려놓은 글들이 싹 뒤 페이지로 내려가면서 폐업하는 일이 실제로 발생한다.

나 역시 로직 변경으로 일희일비한 적이 많았다. 처음 광고대행사를 시작한 당시 주력상품이 포스팅 납품이었고 후에는 최적화 블로그를 통해 큰 수익을 올릴 수 있었다. 그 이후로 블로그 상위 노출 대행을 주력으로 삼았기에 블로그 자체가 죽진(업계에서는 홍보노출이 전혀 되지 않는다는 것을 '죽었다'고 표현함) 않았지만 키운 블로그가 저품질*에 빠져 죽어버리거나 블로그 자체가 죽진 않았지만 로직 변동으로 인해 상위에 올려놓은 많은 키워드가 싹 다 날아가는 등 포털사이트 로직 하면 만감이 교차하는 심정이다.

다른 사업보다 비교적 쉽게 진입할 수 있는 사업인 만큼 시작하는 사람은 많지만 몇 년 넘게 꾸준히 남아있는 분들은 몇 안 되는 시장이 바로 온라인 광고대행사다. 4차 산업혁명의 중심인 IT만큼은 아니지만 변화의 흐름이 거세고 빨라서 그 파도를 이겨내지 못하고 항구로 돌아가거나 휩쓸려 침몰하는 배가 워낙 많다. 필자가 처음 시작했을 무렵과 지금을 비교해보면 로직도, 전략도, 트렌드도 정말 많은 것들이 달라졌다.

치열한 이 업계에서 지금까지 살아남아 천천히 회사를 성장시켜나갈 수 있게 된 가장 큰 이유는 로직의 변화를 과거에서부터 몸소 겪고 살아남아본 경험이 있기 때문이다. 포털사이트의 과거를 알면 미래를 알 수 있다. 혹시 독자분들 중에서 광고대행사 창업을 고려중인 상황이라면 현재의 상황만 볼 게 아니라 작년 재작년, 3년 전 로직도 꼭 공부하라고 조언하고 싶다.

'역사를 잊은 민족에게 미래는 없다'는 명언이 있다. 이는 마케팅에도 그대로 적용되는 말이다. 물론 그렇다고 너무 이론만 연구해서는 안 되겠지만 '포털사이트 로직의 역사' 같은 강의도 필요하다고 생각한다. 그 변화의 세월을 단순히 말로만 전해들은 것이 아니라 직접 몸으로 부딪치며 체감하고 인사이트를 얻어온 경력이 있기에 지금은 로직의 변화에 일희일비하지 않게 되었다. 로직이 바뀌더라도 과거 사례를 참조하여 금방 변화된 패턴을 찾아내려고 노력하거나, '그렇게 변화된 로직들을 보면서 점점 어떠한 추세로 변화가 일어나고 있구나' 하는 것을 예측하고 그에 따른 대응방안을 세울 수 있게 되었다.

어떤 마케팅을 하던 가장 기본이 되는 포털사이트부터 요즘 가장 핫한 마케팅 채널인 페이스북과 인스타그램까지 필자가 아는 많은 노하우를 공개할 생각이다. 채널 하나하나에 대해서 구구절절 이야기하자면 끝이 없기에 일단은 큰 틀을 알 수 있도록 설명하겠다. 아무래도 포털사이트에 대해 설명하는 분량이 많은 점에 대해서는 이해해주기 바란다. 우선 책을 끝까지 읽어주시고 설명이 좀 부족하다고 생각되는 부분이 있으면 〈리더의 마케팅〉 카페를 통해 문의하시면 최대한 답변드리겠다.

단지 이 책을 읽는 것만으로 바로 마케팅의 달인이 된다고는 말씀드리지 못하겠지만 '왜 지금까지 내 마케팅이 어떤 건 괜찮았는데 어떤 건 효과가 없었으며, 내 사업에 맞는 마케팅 채널이 무엇이고 무엇부터 하면 되겠다'는 기본적인 구상은 할 수 있을 것이다.

- **블로그 저품질이란?** 모든 블로그에는 우리 눈에 보이지 않는 지수가 있는데, 이 지수가 높을수록 내가 쓴 포스팅이 상위를 잡기 쉬워진다. 그러나 이 지수는 여러 가지 요인으로 인해 깎이게 되는데, 일정 수준 이상 하락할 시 저품질에 빠져서 내 포스팅이 검색 상위에 뜨지 않고 이에 따라 일일 방문자도 확 줄어들게 된다.

- PART 4의 로직에 대한 설명은 2018년 8월 시점으로 집필되었다.

최적화 블로그만 되면
블로그 마케팅, 다 성공할까

인내는 힘이나 지성이 아닌 성공의 열쇠이다.
-라이언 콜데스

마케팅에 관심이 많아 조금이라도 포털사이트와 관련하여 정보를 찾아본 분들이라면 'C랭크'라는 말이 친숙하게 들릴 것이다. 이제는 많은 키워드에 C랭크가 적용되어서 특정 분야 전문으로 키워온 블로그가 해당 분야에 상위 노출을 잘 잡는 방식으로 바뀌었다. 하지만 2015년 10월 이전만 하더라도 단지 최적화 블로그만 있으면 분야를 가리지 않고 상위 노출을 잡아낼 수 있었다. 최적화 블로그 만드는 원리도 지금보다 훨씬 간단해서 한 달에 50~100개도 만들어냈었다. 나 같은 대행사에서 최적화 블로그를 계속 만들어내니까 포털사이트에서 제한을 걸어서 2018년 현재, 최적화 로직이 예전만큼 쉬워지지는 않았다.

C랭크가 도입되기 이전만 하더라도 최적화 블로그는 원리만 파악하면

일반인들도 만들 수 있었다. 그냥 아무 블로그나 가지고 무의미한 글을 매일 하나씩 45일간 포스팅하면 끝이었다. 45~60일 정도 운영한다면 댓글, 공감, 이웃교류 등이 전혀 없어도 최적화가 나왔다. 혹시 이 이야기를 듣고 당장 컴퓨터를 켜서 최적화 블로그를 만들겠다는 사장님이 계실까봐 하는 말인데, 지금은 사정이 많이 달라졌다. 아무 블로그나 되는 게 아니라 만드는데 조건이 생긴 것이다.

지금 자신의 블로그가 2015년도 10월 이전에 개설되어서 뭔가 활동한 히스토리가 남아있다면 최적화 블로그가 나올 수 있다. '혹시…' 하는 생각이 든다면 블로그 히스토리를 찾아보고 2015년 10월 이전에 무엇인가 남겨놓은 흔적이 있다면 앞으로 최적화가 될 가능성이 있다. 하지만 10월 이후에 개설된 블로그라면 아쉽게도 그 블로그를 최적화로 키우는 건 힘들 수 있다. 준 최적화까지는 나올 수 있을지 몰라도 완전 최적화는 거의 힘들다고 봐야 한다. 이럴 때는 인맥을 동원해서 지인들이 안 쓰는 블로그 가운데 2015년도 10월 이전 개설된 것을 찾아 쓰는 수밖에 없다.

블로거들은 아마 쪽지로 '당신의 블로그를 얼마에 사겠습니다' 하는 판매권유를 받아본 적이 있을 것이다. 옛날에는 친구들과 활발하게 블로그 카페를 많이 했다지만 요즘은 거의 카카오톡과 페이스북으로 넘어온 형편이기에 과거에 개설해놓고 지금은 거의 쓰지 않는 분들은 실제로 돈을 받고 블로그를 판매한다.

'왜 내 블로그를 사려는 걸까'하고 궁금하지 않던가? 바로 최적화 블로그만 전문으로 만들어서 판매하는 광고대행사가 널리 스팸메일을 뿌린 다음에 연락 오는 사람들 블로그를 확인하고 2015년 10월 이전 것들을 모두 사들여서 최적화한 다음에 재판매하는 것이다.

　개중에는 업자들한테 ID를 대량으로 사들여서 최적화를 뽑아내 마진을 남기기도 한다. 이 부분은 조심해야 할 것이 ID를 거래하는 사람들 가운데에는 해킹 아이디를 파는 사람도 있어서 사는 쪽도 나중에 불이익을 당할 위험이 있다. 내 지인 광고대행사 사장님도 벌금을 내고 풀려난 일이 있는데, 자칫하다 경찰서라도 가게 된다면 타격이 크다. 최적화 블로그가 많이 비싸진 지금, 하나만 제대로 걸려도 많은 돈을 벌 순 있지만 그러다 걸려서 법적 조치에 들어갈 수도 있는 것이다. 블로그를 하기 위해서라면 어찌되었든 아이디가 필요하지만 만에 하나의 사태를 막기 위해 믿을만한 업체와 거래하시기 바란다.

　대부분 이 책을 읽는 이들은 광고대행사를 설립을 위한다기 보다는 블로그를 통해 자신의 사업을 홍보하려는 목적이 강할 것이다. 따라서 2015년 10월 이전 최적화 블로그가 마련되었다면 이제 마케팅을 할 차례다. 하지만 처음부터 모든 키워드를 상위 노출 잡을 수 있는 것은 아니다. 앞서 말한 지수와 C랭크 로직 때문이다.

　만약 블로그를 이용하는 목적이 최종적으로 부동산을 홍보하고 싶다고 가정해보자. 그런데 공수한 블로그의 내역들을 보자 강아지에 대한 글들을 잔뜩 써놓았다. 그럼 이 최적화 블로그는 애견 쪽으로는 쉽게 상위를 잡지만, 부동산에 대한 글은 상위를 못 잡을 수도 있다. 이럴 땐 걱정하지 말고 지금부터라도 1~2달 정도 부동산에 대한 글을 꾸준히 써주면 C랭크가 적용되어서 부동산으로도 상위 노출을 잡을 수 있게 된다. 물론 2015년도 10월 이전 블로그에 한해서 그렇다는 의미로 처음부터 상위에 올라갈 수 있는 블로그로 만드는 것이 좀 더 유리할 것이다.

2018년 12월 기준으로 다시 포털사이트에 신규 로직이 생기면서 상위 노출과 최적화의 기준이 많이 변동할 예정이라고 한다. 로직이라는 것은 항상 바뀌기 때문에 보다 자세한 부분은 앞으로도 계속 변해갈 수 있다. 다만 이 책을 집필한 시기가 2018년 하반기이므로 이 책을 읽은 시점이 그 이후라면 최근 로직을 다시 공부할 필요가 있다. 〈리더의 마케팅〉에서는 이런 최신 업데이트 소식을 매달 세미나를 통해 전해드리고 있다.

블로그 포스팅
무한생성의 비결

만일 당신이 매일 8시간을 일하면 언젠가 한번쯤 사장이 될 수 있으며,
12시간을 일하면 매일 보스가 될 것이다.
-로버트 프로스트

어떤 분들은 광고대행사에서 포스팅을 사 갔다는 사실에 의문을 표하기도 한다. 포스팅이야 직접 쓰면 되는 거지 그걸 돈까지 내며 사서 쓸 필요가 있을까? 예전에는 최적화 블로그가 잘 나왔기 때문에 어떤 대행사는 기존에 하던 업무는 잠깐 제쳐두고 사장과 직원이 아침부터 저녁까지 온종일 블로그를 몇십 개씩 사들여다가 포스팅하여 최적화 블로그를 만들어서 판매하는 일만 전문으로 하는 곳도 있었다. 물론 직접 글을 쓸 수도 있었겠지만 차라리 돈 좀 주고 포스팅을 사다 쓰는 게 시간이 훨씬 절감되기 때문에 더 많은 최적화 블로그를 만들어내 돈을 더 벌 수 있었던 것이다.

아무렇게나 막 글을 써도 괜찮았다면 사실 포스팅을 살 필요도 없다.

그냥 인터넷 창 열어놓고 머릿속으로 떠오르는 말들을 아무렇게 쓰거나 다른 곳에서 글을 퍼와서 복사 붙여넣기 하는 방법도 있었을 테니 말이다. 하지만 포털사이트 검색엔진에는 '유사문서 정책'이라는 것이 있어서 만약 다른 데에서 퍼온 글이 있다면 최적화는커녕 저 품질에 걸려버린다.

이는 글뿐만이 아니라 사진 역시 그러하다. 그래서 글은 가급적 이미 기존에 있는 글과 최대한 겹치지 않게 써야 하고, 사진도 마우스의 오른쪽 버튼으로 저장한 이미지를 쓰기보다 직접 새롭게 카메라로 찍거나 같은 사진일 때는 캡처하고 이미지 편집 툴을 이용해 편집해주는 것이 좋다.

예전에 주부들을 대상으로 블로그 강의를 한 적이 있었다. 다른 강사님이 가르쳐주는 대로 하루에 한두 개씩 꼬박꼬박 4개월, 6개월 글을 쓰는데도 왜 최적화가 나오지 않는지 질문을 하시기에 잠깐 그분들의 블로그를 살펴 보았다. 그런데 서로 약속이라도 하셨는지 혜민 스님에 대해 적은 글, 좋은 명언이나 자기계발서에 나올 법한 글이 많았다.

생각해보자. 우리나라 국민 대다수가 이용하는 포털사이트이다. 하루에만 블로그에 몇 건의 새 글이 작성되고 있을까? 포털사이트에 쌓여있는 블로그 글들을 다 합치면 어느 정도 일지 상상할 수가 없다. 그중에 혜민 스님에 대한 글이 얼마나 많을까? 아쉽게도 중복되는 내용에 대해서는 유사문서로 취급하고 최적화를 시켜주지 않는다.

순수하게 내 머리에서 나온 글은 유사문서의 걱정은 없겠지만 그것도 한두 번이지 45~60일 동안 글을 창작하는 건 매우 고통스러운 과정이다. 그래서 대행사별로 어떻게 이 유사문서 정책과 상업적인 키워드를 건드리지 않으면서 의미 없는 글로 45일 최적화를 시킬 것인가 연구를 시작했고 대행사 사장님마다 특유의 노하우가 있다.

이중 일반인들 사이에서도 알려진 좀 유명한 방법이 해외의 뉴스기사를 퍼온 다음에 그걸 일본어 러시아어, 영어, 중국어…. 몇 번 외국어로 번역해 준 다음 마지막에 한국어로 바꾸는 방법이었다. 또한, 유명했던 방법으로 글을 가져오되 단락을 바꿔주고 단어를 바꿔 넣어서 비슷하지만 새 글을 만드는 법이 있었다. 유사문서는 기존에 있는 글과 70~80%가 겹치면 안 되기에 이렇게 글을 정리해서 재구성해 주면 피해갈 수 있다.

아마 지금도 이 2가지 방법으로 포스팅하는 분들이 많을 거라고 생각한다. 해보면 알겠지만 통상적인 방법보다 시간이 약간 빠를 뿐이지 그 당시 '블로그 공장'을 찍어내던 광고대행사는 더 빠른 방법을 필요로 하고 있었다. 필자가 거래했던 업체만 하더라도 한 달에 블로그 100개를 찍어내고 있었는데, 이 말은 하루에 포스팅 100개가 필요했단 뜻이다. 사무실에 사장과 직원 여럿이 모여서 각자 자기가 담당한 블로그에 글 하나씩 올리면서 최적화를 실현하고 있었다. 마침 나에게는 3시간에 문서 100개도 뽑아내는 '비법'이 있었기에 포스팅 납품으로 이 세계에 입문하게 되었다.

그 방법은 다음과 같다. 서점의 책을 보면 양장본이 아닌 이상 대부분이 접착제로 제본을 해 놨다. 이 부분을 재단기로 잘라내고 양면 스캔을 뜬 다음 ABBYY 라는 프로그램을 사용하면 이미지 안의 글씨를 그대로 텍스트로 변환해준다. 요즘 보면 스마트폰 카메라로 명함을 찍으면 인식하고 글로 바꿀 수 있듯이 말이다. 그런데 명함을 찍으면 그다지 정확하지 않다. 카메라는 조명이나 빛의 굴절 등의 문제가 있기 때문이다. 하지만 양면 스캐너를 이용해서 책을 스캔하면 ABBYY의 인식률이 거의 95%의 정확도를 자랑한다. ABBYY는 나름대로 북스캔 업계에서 제법 유명한 프로그램이다.

　물론 이 방법도 주의해야 할 점이 있다. 포스팅을 만든다고 하지만 최신 출간된 베스트셀러라도 사다 스캔을 떠버리면 유사문서를 빗겨나갈 수가 없다. 포털사이트에는 책을 리뷰하는 파워블로거들이 많으니까. 그래서 나는 고서점과 헌책방을 들러서 지금은 서점에서 팔지 않는 옛날 책들을 위주로 포스팅을 생산했다. 아무리 데이터가 방대한 포털사이트라 할지라도 절판된 책까지 유사문서에 걸릴 일은 거의 없다. 하지만 저작권의 문제와 만에 하나의 상황을 대비하여 문단과 단어를 수정해준다.

　필자가 스캔한 책 중에는 《1000명의 CEO 백과사전》이 있다. 말 그대로 과거부터 오늘날까지 전 세계의 유명한 CEO에 관한 이야기를 모아 놓은 것이다. 대단한 CEO가 어찌나 많은지 하루에 하나만 올려도 몇백 일이 소요될 지경이다. 중고서점에서 우연히 찾았는데 절판된 데다가 유명한 책이 아니라 조금의 수정만으로 절대 유사문서에 걸릴 일이 없다. 이처럼 자신의 사업 분야에 맞는 2000년도 이전의 책을 헌책방에서 찾아 활용하면 보다 쉽게 C랭크 블로그를 만들 수 있을 것이다.

　한 때 책 몇 권을 워드로 변환하여 직원들에게 나눠주고 변형을 가해서 각자 하루에 포스팅 100개를 생성하는 일을 한 적이 있었다. 내가 해보니 3시간 만에 가능하기에 숙달되지 못한 일반인은 한 5~6시간 정도면 가능할 듯싶었다. 이미 원본이 있고 그걸 조금씩 수정만 하는 일이니까 다들 6시간 안에 충분히 100개를 만들어냈다. 하루에 400개의 포스팅이 만들어졌고 그중 100개를 우리 회사 최적화 블로그 만드는 데 쓰고 나머지 300개는 다른 광고대행사에 납품했다.

처음에는 몇몇 광고대행사에만 포스팅을 납품하던 것이 점점 소문이 퍼져서 많은 의뢰가 들어오기 시작했다. 소개를 받고 연락하는 데 하루 200개가 필요하다면서 가능하냐고 연락해주신 분도 있었다. 이 업체에서는 거의 반년 가까이 포스팅을 구매하셨다.

이 일을 통해 벌어들인 자금으로 컴퓨터, 장비, 사무실을 업그레이드할 수 있었지만 언제까지 이 시장이 지속되리라곤 생각하지 않았다. 언제까지 최적화 블로그가 늘어나는 걸 손 놓고 구경만 할 리도 없었고 나한테 포스팅을 돈 주고서라도 사간다는 것은, 그 사장님들은 그렇게 만든 최적화 블로그로 더 큰 이득을 본다는 의미였다. 그래서 나름대로 연구를 거듭했다. 필자 또한 최적화 블로그를 자체적으로 만들어내 상위 노출을 시작하게 되었고 이후로도 시행착오를 겪어서 상품을 다각화시켜 오고 있다.

최적화 블로그와 상위 노출의 상관관계

적은 항상 당신이 바라보지 않는 방향에서 온다.
-메리 시몬스

여기까지 최적화 블로그가 무엇이며 나름의 활용법을 알았을 것이다. 앞서 설명했다시피 2015년 10월 이전 블로그만 장차 자신이 성장하고자 하는 분야에 관련된 키워드로 하루에 1~2개씩 포스팅을 1~2달 해주면 C랭크 블로그가 나온다. 물론 이 외에도 포스팅 하나하나 할 때마다 어떤 건 지켜야 하고 어떤 건 하면 안 되는지 세부적인 사항들이 많다. 이번 장에서는 이에 대해 더 자세히 설명하겠다.

먼저 가장 신경 써야 하는 것이 IP다. 우리가 쓰는 모든 인터넷에는 나름의 주소가 부여되어 있는데, 메일, 카페, 지식인은 아무런 상관이 없는데 유독 블로그는 IP에 굉장히 민감하다. 되도록 블로그 하나당 1개의 IP에서만 사용하는 것을 권장한다. 많은 분들이 노트북을 이용해 집에서

포털사이트가 사용자들의 IP를 기록하고 있음

글을 쓰다가 어떨 때는 카페에 가서 공용 WiFi로 글을 쓰고 PC방에서 글을 쓰는 등 여러 IP에서 포스팅을 하기 때문이다. 그렇게 여러 IP에서 포스팅을 하면 희한하게도 최적화가 잘 나오지 않는다. PC방까지 가서 블로그를 할 사람은 많지 않을 테고 카페가 특히 위험하다. 하루에도 엄청나게 다양한 사람들이 같은 IP를 사용하기에 포털사이트가 어뷰징으로 오인하기 딱 좋은 환경이다.

최적화에는 IP 외에도 여러 요소들이 영향을 미치기에 IP가 절대적이라고 이야기하진 않겠지만 영향이 큰 것은 분명하다. 되도록이면 한 개의 IP에서 포스팅하는 것을 추천한다.

'이동해서 쓰는 게 문제라면 사무실은 괜찮지 않나?' 하고 생각할지도 모르겠다. 아쉽게도 대부분 사무실이 인터넷이 있으면 공유기로 WiFi를 쓰기 때문에 나하고 옆자리에 앉은 직원하고 IP가 똑같다. 안전하게 블로그를 운영하려면 차라리 집에 PC를 세팅한 다음 모니터는 꺼놓고 본체는 켜놓은 다음에 사무실에서 원격으로 집에 접속하여 포스팅하는 걸 추천한다.

실제로 블로그 관리를 해드리는 몇몇 업체에 대해서 마케팅 직원을 채용하여 블로그를 운영하기 힘들기에 PC만 24시간 켜놓으라고 요청한다. 그런 다음 원격으로 접속해 포스팅한다. 이런 상황이라면 IP는 켜진 PC의 IP를 따라가기 때문에 안심하고 블로그를 할 수 있다.

블로그 관련해서 들어오는 질문 중 하나로 복사 붙여넣기를 해도 되냐는 말이 있다. 사전에 메모장, 워드, 한글 등 문서편집 프로그램에서 글을 먼저 써놓은 다음에 블로그를 켜고 붙여넣기를 해도 되느냐는 말인데, 포털사이트가 블로거들이 글쓰기 창을 켜놓은 시간을 계산해서 짧은 시간 안에 글을 등록해버리면 저품질화된다는 블로그 강의를 들은 적이 있다는 것이다. 아마도 '다른 글을 가져와서 복사 붙여넣기 하면 유사문서로 걸린다'는 말이 강사들 사이에서 잘못 전해진 모양인데, 지금 우리 회사 직원들은 전부 폴더에 사진과 텍스트 파일을 먼저 작성하여 포스팅을 하고 있다. 그런데도 이것이 원인이 되어 블로그를 날린 적은 지금까지 없다.

보통 '블로그가 죽는 이유'는 블로그 창을 켜놓고 거기다 시간을 들여 원고를 작성하지 않았다는 이유가 아니라 평소 블로그를 어떻게 운영했는지에 달려 있다. 예를 들어, IP를 고정해놓고 쓰지 않았다던가 유사문서를 피하지 않고 퍼온 글에 퍼온 이미지를 그대로 올린다거나 하면 저품질에 빠진다. 혹은 보험이나 중고차처럼 상업적인 키워드를 남발하고 블로그에 글을 짧은 간격으로 여러 개 작성하면 기계 프로그램을 이용한 고속 포스팅을 한다고 어뷰징 판정을 받아 금방 죽어버린다. 경험상 포스팅 한 건 한 건을 올릴 때 최소 2~3시간 간격을 두어 올려야 하고 홍보 글이라면 하루 2개 이상 올리지 않는 편이 블로그를 오래 운영할 수 있었다.

최적화를 시키려면 몇 가지 조건을 만족시켜야 한다. 첫째, 앞에서 말한 2015년 10월 이전 블로그를 가지고 내가 진출하고자 하는 분야 키워드로 꾸준히 한두 달 유사문서에 걸리지 않는 포스팅을 해주어 C랭크화 하는 것과 방문객들의 체류시간, 즉 트래픽이다. 포스팅은 매일 하는데 일일 방문자가 적으면 최적화가 잘 나오지 않았다. 블로그 강사들이 '서로이웃'을 강조하는 이유가 여기에 있다. 이웃 자체가 점수에 들어가서 서로이웃 관리를 해야 하는 것이 아니라 트래픽을 벌기 위해서 서로이웃이 필요했던 셈이다.

반대로 말하자면 트래픽만 벌 방법이 있으면 서로이웃에 크게 신경을 쓰지 않아도 된다는 이야기인데, 해보신 분들은 알겠지만 서로이웃은 늘어나면 늘어날수록 관리하는데 들어가는 시간이 만만치 않다. 한 번 맺는다고 끝나는 게 아니라 이웃이 새 글을 올릴 때마다 지속하여 방문하여 댓글로 인사를 남겨야 하기 때문이다. 그래서 많은 광고대행사가 서로이웃은 아예 전용 프로그램을 이용한다. 미리 무난한 댓글들을 입력해놓고 매크로를 돌리면 알아서 적절한 블로그에 이웃신청을 넣고 댓글을 남긴다.

기본적인 이웃관리만 잘 해주어도 어느 정도 고정적인 트래픽은 확보할 수 있다. 그런데 더 나아가서 폭발적으로 사람을 모을 방법이 있다면 어떨까? 서로이웃은 프로그램을 돌리고 그렇게 아낀 시간에 더 많은 방문자를 확보할 수 있을 것이다. 필자가 따로 연구하여 알아낸 방법을 지금부터 소개하겠다.

블로그로 유입하기 위한 〈중고나라〉 판매글

우리나라 최대 커뮤니티 카페 〈중고나라〉에서 제품 판매 글을 올려둔
다. 물론 진짜로 판매 글을 올릴수있겠지만 필자의 경우는 매주 다양한
가전제품을 시세보다 굉장히 저렴하게 판매한다는 글을 올려두었다.

사진에 하단 글을 보면 카페를 잘보지 못해서 블로그 주소를 남겨두는 형태를 볼 수 있을 것이다. 눈치가 빠른 분들은 '아하!' 라고 하며 무릎을 치는 분들이 계실 것이다.

그렇다 실제로 블그 유입을 위해서 카페 〈중고나라〉 글을 올리고 카페를 잘보지 못하니 블로그 주소를 남겨두고 블로그에 들어와 포스팅에 비밀댓글을 남겨달라고 하는 형태의 판매글이다.

댓글을 많이 받을수 있는 포스팅 예시

실제 블로그 포스팅에 글에도 똑같은 글이 남아 있다. 카페에서 제품 구입을 하려는 사람이 결국 블로그로 들어와서 댓글을 남기는 형태까지 오게 되는 것이다.

'이게 효과가 있을까' 라는 의문이 들 수 있다. 위에 카페 제목으로 쓴 사진 옆을 보면 하루 조회 수만 300~400건이다. 그리고 여기에서 80%가 전부 블로그로 들어오는 형태로 통계로 효과를 보았다. 당일만 댓글이 50개 정도 달리는 큰 체류 시간을 벌었다.

페이스북 용어로 '어그로 끈다'는 말이 있다. 자극적인 콘텐츠를 올리고 '좋아요' 댓글 공감을 눌러 달라고 유도하는 걸 의미하는데, 이 '어그로'의 개념은 블로그를 키우는데도 비슷하게 적용할 수 있다. 바로 일일 방문자가 많은 대형 커뮤니티를 활용하는 것이다. 잘 찾아보면 자기 사업에 관련된 대형 커뮤니티 카페가 있을 것이다. 혹은 내 사업과 연관은 없어도 타깃 고객이 모인 카페가 있을 수 있다.

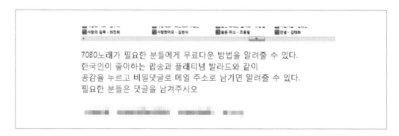

    한국인이 좋아하는 팝송, 7080 노래 무료 듣기 다운받기, 90년대 히트
곡 발라드 모음 등 실제 구하기 어려운 노래를 보내주겠다는 형식의 댓
글을 쭉 받는 형태도 굉장히 좋은 트래픽을 벌 수 있다. 보이는 것처럼 댓
글과 공감이 어마어마 하게 달리는 것을 볼 수 있다.

한국인이좋아하는팝송100개 무료다운받기 (1,608)	2016
7080노래무료듣기/다운받기 (6,912)	2015. 1.
90년대 히트곡 플래티넘 발라드 1~7집 모음 (621)	2015.
로또번호추천 사이트 사기인가? (72)	2015.
한국인이 좋아하는 팝송 200개 무료다운 받기 (2,983)	2015.

7080노래가 필요한 분들에게 무료다운 방법을 알려줄 수 있다.
한국인이 좋아하는 팝송과 플래티넘 발라드와 같이
공감을 누르고 비밀댓글로 메일 주소로 남기면 알려줄 수 있다.
필요한 분들은 댓글을 남겨주시오

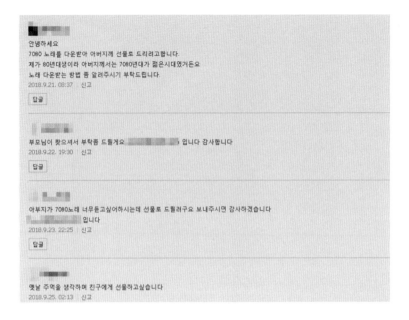

안녕하세요
7080 노래를 다운받아 아버지께 선물로 드리려고합니다.
제가 80년대생이라 아버지께서는 7080년대가 젊은시대였거든요
노래 다운받는 방법 좀 알려주시기 부탁드립니다.
2018.9.21. 08:37 | 신고

답글

부모님이 찾으셔서 부탁좀 드릴게요 ██████ 입니다 감사합니다
2018.9.22. 19:30 | 신고

답글

아부지가 7080노래 너무듣고싶어하시는데 선물로 드릴려구요 보내주시면 감사하겠습니다
██████ 입니다
2018.9.23. 22:25 | 신고

답글

옛날 추억을 생각하며 친구에게 선물하고싶습니다
2018.9.25. 02:13 | 신고

　　필자라면 마케팅 사업이니 내 사업과 직접 연관되는 커뮤니티 카페는 창업 카페 혹은 사장님들이 모인 커뮤니티가 될 수 있다. 그리고 직접적인 관련성이 있는 건 아니지만 나의 고객이 될 가능성이 높은 잠재고객이 모인 곳은 벤츠나 아우디관련 카페가 될 수 있겠다. 보통 비싼 수입차 주인이 사업하는 사장님일 가능성이 높기 때문이다. 만약 내가 퍼스널 브랜딩용 블로그를 운영한다면 블로그에 좋은 칼럼을 작성해놓고 이런 카페들에 글을 남겨서 방문자를 모을 수 있을 것이다.

　　독자분들의 경우 각자 아이템과 연관성 있는 카페를 가서 착실하게 좋은 콘텐츠를 남겨서 호응을 얻어가는 방법도 있지만 어떤 사람들은 블로그에 작성해놓고 URL을 홍보하는 독특한 방법을 쓰기도 한다. 어떤 방법을 고르던 여기서의 핵심은 꼭 블로그 안에서만 검색 혹은 이

웃을 확보하는 것이 아니라 다른 외부채널을 활용하여 많은 사람들을 블로그로 모을 수 있다는 걸 명심하고 방법을 찾아보는 것이다. 응용하다 보면 여러 아이디어가 떠오를 것이다.

예를 들어 페이스북 친구가 많다면 마찬가지로 블로그 URL을 홍보하여 사람들을 SNS로부터 내 블로그로 유입시킬 수 있다. 이처럼 유튜브나 SNS나 기타 외부 대형 커뮤니티 등 트래픽을 벌 수 있는 다양한 마케팅 채널 이용을 고민해보자.

다시 정리하자면, 최적화를 만들기 위해선 첫째가 유사문서를 피해 관련 분야 키워드로 꾸준히 포스팅을 해서 C랭크화 하는 것, 둘째로 일일 방문자와 체류시간임을 명심하고 어떻게 해야 효율적으로 작업할 수 있을지 고민하는 방법이 있다. 필자가 알려드린 팁 외에도 각자 '이렇게 하면 좋지 않을까?' 하는 아이디어가 떠오를 것이다. 그냥 생각 한 번 만으로 끝내지 마시고 꼭 실천하여 검증해보고 개선하다 보면 자신만의 노하우를 만들 수 있을 것이다.

상위 1%만 아는
블로그 마케팅 노하우

우리는 모든 것을 할 수 있다. 하지만 모든 것에 대하여 준비가 되어 있어야 한다.
-알마 말러 베르펠

최적화 블로그를 만들었다면 이제 이를 이용하여 키워드 상위 노출을 할 차례다. 여기에도 법칙이 있어서 이에 맞게 글을 써야 상위에 올라갈 확률이 높아진다. 물론 그 로직은 계속 바뀌기에 여기서 말하는 상위 노출 로직이 영원하진 않지만 큰 틀은 비교적 오래 유지되기에 잘 참고하여 활용하시길 바란다. 일단 지수가 높은 최적화 블로그가 없으면 시작조차 할 수 없는 포털사이트 마케팅이지만 그렇다고 블로그 하나로 다 되는 것도 아니다. 법칙을 지켜서 글을 제대로 작성하지 않으면 검색엔진 상위에 올라가지 않는다. 쉽게 말해 '검색 로봇이 좋아할 만한 글'을 써야 한다는 이야기다.

여기에 가장 중요한 것이 키워드이다. 사람들이 '홍대맛집'이라는 키워드로 포털사이트에 검색했을 때 내 문서가 상위에 뜨게 만들고 싶다면, 네이버 검색엔진이 내 포스팅을 홍대맛집에 관한 글이라고 인식시켜야 한다. 그러기 위해서는 홍대맛집이라는 키워드를 제목에 하나, 본문에 5개 이상, 태그에 하나씩 넣어주어야 한다. '본문에 5개 이상'이라는 것은 그 이상을 넣을 수도 있지만 공식처럼 4~5개만 사용하고 있다. 어떤 분들은 6~10개를 넣기도 하는데 상위 노출이 되긴 하지만 글에 특정 키워드가 도배가 되어 있으면 상위 노출을 하기 위해 조작한다고 판단하여 블로그가 지수가 급격히 떨어지는 수가 있다.

블로그를 오래 쓰기 위해서는 IP 관리와 포스팅 관리를 잘해야 한다는 말을 기억하는가. 그래서 가상 PC를 쓰는 것이고 하루에 홍보 포스팅을 많아봐야 2개 이상 올리지 않으며 키워드도 5개 선으로 넣어주는 것이다. 그리고 부족한 부분은 퍼가기로 올려준다. 광고대행사가 어떤 식으로 상위 노출을 잡는지 궁금한 분들은 검색창에 상업성 키워드를 검색하고 1~5등을 살펴보시기 바란다. 약속이라도 한 듯이 적정 수의 이미지 사용, 5개 이상으로 남발하지 않는 키워드, 스크랩 몇 개가 들어가 있을 것이다. 아예 퍼가기 댓글 공감만 하는 계정을 따로 둘 정도다.

일반인이 가장 하기 편한 것은 스마트폰을 사용하는 방법이다. 와이파이가 아니라 LTE 데이터를 잡아서 비행기 모드를 껐다 켜면 IP가 바뀐다. 정말로 바뀌었는지 확인하고 싶으면 포털사이트에 '내 IP 주소'라고 치면 나온다. 휴대폰 전원을 껐다 켜도 IP를 바꿀 수 있는데 그냥 비행기 모드를 온·오프(On/Off) 하는 것이 훨씬 간단하다. IP를 바꾸고 인터넷 브라우저 쿠키를 다 삭제해준 다음에 계정 하나로 로그인해서 스크랩을 넣어주고 로그아웃한 다음 다시 쿠키를 다 삭제해주고 IP를 바꾼 다음 새

로 로그인해서 스크랩을 넣어주면 된다. 알기 쉽게 요약하자면 다음과
같다.

준비물 C랭크 적용된 최적화 블로그, IP

포스팅 (1) 키워드: 제목x1, 본문x5, 태그x1

(2) 글자 수: 최소 500자 이상. 요즘은 1000~1500자 이내로 써줘야 잘 뜬다.

(3) 사진: 5장 이상

(4) 동영상: 1~5개

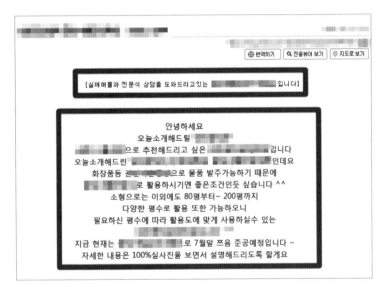

물론 유사문서에 걸리지 않게끔 사진은 다 캡처하여 이미지 편집 툴로
속성을 바꿔줘야 하며 글 역시 중복이 있어선 안 된다. 해보면 알겠지만
상위 노출을 걸기 위한 글은 신경 써야 할 요소들이 많아 쉽지가 않다. 유
사문서에 걸리지 않게 창작하면서도 글자 수도 1000자를 넘겨야 하고 그
와중에 내가 노출하려는 키워드보다 다른 키워드가 많아선 안 된다. '홍

대맛집'이라는 키워드로 상위 노출을 하고 싶은데 완성된 문서를 훑어 보자 홍대맛집 키워드는 5개 들어갔으나 레스토랑이라는 키워드가 8개 들어갔다면 포털사이트는 이 문서를 홍대맛집보다 레스토랑에 대한 문서로 착각하게 된다. 이런 경우 삭제를 하던지 문맥상 꼭 필요하다면 동음이의어로 바꿔 넣어줘야 한다. 되도록이면 다른 키워드들은 1~2개로 유지한 채 글을 쓰자. 정말 고수들은 상업성 키워드 중에서도 특히나 더 치열한 키워드조차 잡아내는데, 로직을 꿰뚫고 이를 완전히 역이용한 문서 작성법을 선보인다.

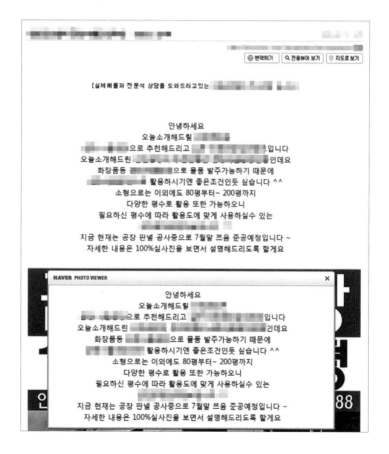

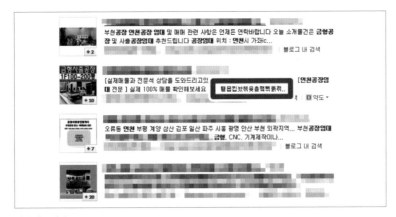

히든태그 예시

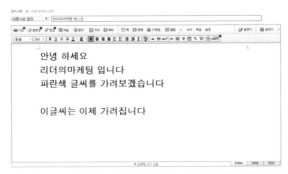

기본적으로 포스팅을 하는 영역 에디터가 아닌 오른쪽 맨 밑을 보면 HTML 에서 글 작성을 한다.

사진과 같이 HTML 영역에서 글을 가리라는 명령어를 사용하여 원하는 글을 가린다.

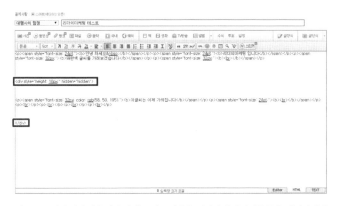

네모로 표시된 영역 가운데에 가리고 싶은 내용을 입력하면 네이버를 글을 인식하지만 일반 사용자들은 글을 확인 확인할 수 없다.

포털사이트가 좋아하는 글을 만들기 위한 예시는 다음과 같다. 잘 보시면 '퉤줴쩗'와 같은 이상한 글자들이 있는데, 클릭해서 들어가면 분명히 있었던 이상한 글자들이 하나도 보이지 않는다. 물론 사라진 건 아니고 스킬을 통해 숨긴 것이다.

발견하는 방법은 간단하다. 링크 맨 앞에 m을 붙이면 모바일 버전 네이버로 접속된다. 이 모바일 버전에서 인터넷 익스플로러 개발자 부분을 들어가 보자. 그다음 키워드를 검색해보면 이렇게 아까 그 퉤줴쩗 같은 이상한 글을 발견할 수 있다. 보시면 알겠지만 일단 상위에 걸어서 홍보는 텍스트를 넣은 이미지로 다 해놓고 본문은 적당히 이상한 글에다가 키워드를 반복해놓고 히든태그로 다 가려놓은 것이다. 이 비슷한 바리에이션으로 예전에는 글자 수를 0으로 맞추거나 글자색을 하얀색으로 바꿔서 가리는 등의 기술이 쓰였으나 다 막혀서 최근에는 이렇게 HTML을 이용하여 작업한다.

경쟁이 치열한 키워드는 솔직히 우리나라 상위 10% 광고대행사들 간의 경쟁으로 보면 된다. 개인 프리랜서나 마케팅을 어느 정도 배운 사장님이 직접 하는 경우는 거의 없다. 거의 광고대행으로만 10년 넘게 경쟁해온 고수들의 전쟁터다. 로직을 깔끔하게 지킬 건 다 지키고 하면 안 될 것들은 다 걸렀기에 정말 간발의 차로 상위를 차지하기도 하고 놓치기도 한다. 지킬만한 걸 다 지켰다면 어디서 점수를 따야 할까?

바로 유사문서다. 일반적으로 글을 쓴다면 죽었다 깨도 유사문서를 어느 정도 작성할 수밖에 없다. 처음 글을 시작하며 '안녕하세요'만 써도 이미 유사문서니까 말이다. 게다가 피부과는 피부에 관해 쓸 수밖에 없고 부동산은 부동산에 대한 단어를 쓸 수밖에 없다. 그래서 퉤쿼쫥 같은 누구도 안 쓸 것 같은 단어를 잔뜩 넣어 문서를 쓴다거나 유명하지 않은 소설 일부를 발췌하여 글자 수 분량을 채운 다음에 키워드를 반복한다. 이런 문서들은 온라인상에 돌아다니지 않는 글이기에 유사문서를 100% 피해 상위를 잡는 것이다. 다만 이렇게 해서 1등을 하면 볼 때 예쁘지가 않으니 홍보내용은 사진으로 다 해놓고 글은 가리는 것이다.

다시 한번 강조하지만 이건 돈은 얼마든지 줄 테니 상위를 잡아만 달라는 레드오션에서 광고대행사가 유사문서를 피하기 위해서 상위를 잡기 위해 쓰는 방법이다. 히든태그는 신고를 당하면 블로그 하나가 싹 날아가지만 그만큼 많은 보수를 받을 수 있기에 이런 정석을 벗어난 기형적인 방법까지 사용해 유사문서를 피한다. 그러니까 일반적으로 사업을 한다면 괜한 위험을 감수하지 말고 그냥 이런 것이 있다는 것은 알아만 두라. 그리고 정석대로 세부 키워드를 하나둘 씩 잡아서 오랜 기간 블로그를 마케팅 수단으로 사용하는 것이 더 바람직하다.

온·오프 시너지를 내는 데 최적화된 체험단 마케팅

성공은 절대 지속되지 않는다. 쥐를 잡을 수 있는 멋진 덫을 발견한 사람은 다음 세대가 되면 쥐들은 훨씬 더 영리해질 것이라는 점을 계산해야 한다.
-알버트 아인슈타인

블로그를 취미로만 사용하는 사람들은 잘 모르겠지만 비즈니스 용도로 사용하는 분들은 블로그로 1000만 원 버는 것이 꿈만은 아니다. 대다수의 광고대행사를 운영하는 사람들은 최적화 블로그를 가지고 수익을 올리고 있고, 굳이 광고대행사가 아니더라도 최적화 블로그를 이용해서 체험단이나 제휴마케팅 등으로 수익을 올리는 이들도 있다. 블로그 공장을 차려서 최적화 블로그를 한 달에 100개씩 만들어내어 유통하던 것은 다 옛날 일이다. 요즘은 최적화 로직을 안다고 하더라도 준비물부터 실전 육성까지 광고대행사급 인프라와 실력이 아니면 만들지 못한다.

필자가 생각하는 '블로그로 1000만 원 만드는 최고의 방법'은 나만의 아이템 하나에 블로그 마케팅을 더 해서 사업소득을 올리는 것이다. 나와 내 제품, 서비스를 홍보하는 브랜드 블로그를 꾸며놓고 해당 분야 관련 키워드를 조금씩 점령해보길 바란다. 경험상 일일 방문자가 500~1000명 정도만 되어도 꾸준히 문의가 들어온다.

만약에 팔 수 있는 내 아이템이 없다면? 그럴 때 가장 좋은 방법은 리뷰 전문 블로그를 만든 다음에 체험단을 하는 것이다. 주부들이 육아를 하면서 투잡으로 많이 선호하는 방법이다. 리뷰 블로그를 꾸준히 관리해서 일일 방문자가 1000명이 넘어가기 시작하면 알아서 업체나 체험단을 전문으로 하는 광고대행사에서 문의가 들어오기 시작한다. 제품을 무료로 줄 테니까 사용해보고 체험후기를 블로그에 올려달라는 의뢰도 있고, 포스팅을 통째로 줄 테니까 블로그에 업로드만 해주면 작업비를 주겠다는 의뢰도 있다. 그러면 작업비는 다 받고 받고 제품은 받아서 딱 한 번 리뷰할 만큼만 쓴 다음 다시 박스포장해서 〈중고나라〉와 같은 중고거래 업체에 판매한다. 예를 들어 30만 원짜리를 제공받아 딱 1번 쓴 다음에 20~25만 원에 팔아도 제법 쏠쏠하다.

이렇게 블로그 하나를 잘 운영하여 체험단만 계속 잘 진행하는 것으로 한 달 300~400만 원 벌어가는 주부들이 생각보다 많다. 꾸준히 오래 한 사람 가운데는 1000만 원 가까이 수익을 올리는 분도 있었다. 이런 분들 달력을 보면 언제 뭘 받아 언제까지 포스팅하고 어느 업체에 언제까지 가서 체험하고 사진을 찍어오는 등 스케줄이 꽉꽉 차 있다. 이것도 철저한 자기관리가 요구되며 쉬운 일만은 아닌 셈이다. 이 정도 고수들은 관련해서 강의까지 하는 블로그 전문 강사가 되기도 한다. 체험단으로 1000만 원을 달성하려면 당연히 상당한 기간이 필요하다. 다만 소소하게 100만, 200만 추가 수입을 만드는 건 6개월만 잘 운영해도 무난하게 벌 수 있다.

체험단 마케팅에 대해서도 한 번 다루고 넘어가도록 하겠다. 앞서 필자는 대한민국 마케팅의 함정에 대해 말하면서 상위 노출을 너무 맹신해서는 안 된다고 했다. 그렇다면 반대로 업종 불문하고 무조건 100% 효과를 볼 수 있는 마케팅은 진짜 없는 걸까? 이 질문에 대해 '절대는 없다'고 답한다. 하지만 '꼭 해야 될 준비단계'로 체험단을 권해드린다.

당신이 어떤 비즈니스를 하건 고객들은 인터넷에 후기를 검색해본다. 품질은 괜찮은지 사기 당하는 건 아닌지 다른 사람들의 체험담을 읽고 구매의사를 결정하는 것이다. 그런데 고객들이 어떤 경로를 통해서든 여러분 회사에 대한 광고를 보고 포털사이트에 검색을 해봤는데 검색결과가 하나도 잡히지 않는다거나, 악담이 몇 개 쓰여 있으면 어떻게 생각하겠는가? 기본적으로 상품의 품질이 뛰어나야 하고 포털사이트에 좋은 이용 후기가 있어야 소비자들이 신뢰하고 구매하게 된다. 그래서 어떤 사업이든 먼저 체험단을 통해 좋은 평판을 세팅하고 연관검색어를 통해 사람들 눈에 띄게 해주는 것이다. 상위 노출과 비교했을 때 다 합쳐서 한 달 지출비용이 그렇게 높지도 않다.

방금 전 일일방문객을 늘려서 블로그가 어느 정도 홍보 기능성이 생긴다면 이런저런 문의가 들어와 블로거들이 체험단을 진행하고 수익을 받는다고 했는데, 사업자 편에서 체험단 마케팅을 하는 것이 바로 방문자가 어느 정도 되는 블로거들에게 소량의 보수를 주고 포스팅을 의뢰하는 것이다. 보수는 회사의 제품을 공짜로 주는 것일 수도 있고 돈이 될 수도 있으며 의뢰 또한, C랭크로 묶인 키워드를 상위 노출 잡거나 진성후기를 받아내기 위한 목적 등 때와 상황에 따라 다르다. 대개는 소비자들이 내 사업과 브랜드 키워드를 검색했을 때 긍정적인 후기를 보게 하기 위해서 혹은 내가 못 잡는 키워드를 대신 상위 노출로 잡기 위해 청탁하는 것이다.

만약 여러분 가운데 오프라인으로 음식점을 운영한다면 체험단을 해보기 바란다. 큰 위력을 발휘할 것이다. 요즘은 많은 분들이 포털사이트나 인스타그램에 ○○맛집을 검색해서 사진과 후기를 쭉 읽어보고 찾아오기 때문에 평상시 체험단을 진행해 놓으면 포털사이트에 내 업체에 대한 호평도 누적되고 1~5위 권을 꾸준히 잡으면 항상 검색에 노출이 되어서 읽고 찾아오는 고객님들이 많아진다. 물론 이것도 지역마다 다르기 때문에 사전에 키워드를 잡아 월간 검색량을 확인해 두어야 한다. 점포가 위치한 장소에 따라 세부적인 전략은 달라질 수 있겠지만 어느 정도 입지가 된다면 체험단을 진행하는 게 좋다.

'이태원맛집, 홍대맛집, 가로수길맛집'이 우리나라에서 가장 경쟁이 치열한 대표적인 맛집 키워드이고, '강남, 압구정맛집'은 예전 보다 약간 수치가 낮아지고 있다. 이렇게 뜨고 있는 지역 맛집 키워드는 상위 노출 가격이 만만치가 않다. 업주들의 이야기를 들어보면 상위 노출을 해야 고객이 오는 게 현실이라고 한다. 그러나 가격이 한 달에 몇백만 원 정도이다 보니 부담이 되는 것도 사실이다. 광고를 안 하자니 손님이 오지 않고 광고를 하자니 너무 비싼 것이다. 이런 부분은 매장 내에서 직접 체험단을 운영하는 것을 통해서 충분히 문제를 해결할 수 있다.

해적처럼 때로는 거칠게 고객을 끌어오는 어뷰징과 카페침투

세상에서 가장 즐거운 일은, 사람들이 당신이 할 수 없을 것이라고
말하는 일을 하는 것이다.
-발터 바게호트

한때 최적화 블로그를 매달 50개씩 만든 적이 있었다. 그런데 블로그
는 1개의 IP에서 운영해야 한다고 말한 적이 있다. 어딘가 이상하지 않은
가? 사무실에 마치 PC방이나 게임머니 작업장처럼 컴퓨터가 한가득하다
는 말로 들릴 여지가 있으니 말이다. 당연히 내 사무실에 컴퓨터가 50대
설치되어 있는 건 아니다. 여기에도 최대한 PC를 줄이면서 포털사이트 계
정은 많이 관리할 방법이 있다. 앞서 이야기한 것처럼 VPN을 사용해서
1개의 PC로 IP를 계속 바꿔가며 쓰는 방법도 있겠지만 다른 방법도 있다.

최근에 로직 변화가 일어나면서 다른 광고대행사 사장님들의 최적화
블로그에 저품질 현상이 나타났다. 그런데 이상하게도 우리 회사 블로그
는 피해가 그렇게 크진 않았다. 무리해서 홍보 포스팅을 하지 않아서 그

런 점도 있겠지만 주관적인 생각이지만 IP를 깨끗하게 사용해서 그런 게 아닐까 싶다. 비결은 바로 KT 통신선과 가상 PC를 사용하는 것이다. 먼저 이 방법을 사용하려면 KT 인터넷을 사용해야 한다. 인터넷 선 하나를 컴퓨터에 연결한다고 해서 IP가 하나인 것은 아니다. 일반적으로 15개까지는 기본적으로 열려 있다. 이걸 가상 PC와 연결해주면 컴퓨터 하나에 IP가 다른 15개의 윈도우를 가동할 수 있게 된다. 윈도우 안에 또 하나의 가상 윈도우를 깔아서 운영하는 건데, CCTV의 화면 구역이 나뉘어져 있는 것을 생각하면 이해가 빠를 것이다.

이렇게 여러 IP를 가지고 다수 계정을 다룰 수 있게 된다면 많은 이점이 생긴다. 광고대행사 용어 가운데 '어뷰징(Abusing)'이 있다. 앞서 한 차례 설명했었는데, 어뷰징의 원래 의미는 한 개인이 다수의 계정을 이용하는 것을 말한다. 지금은 하도 어뷰징에 대한 말들이 많다 보니 광고대행사의 작업을 통틀어 가리키는 용어로 뜻이 확장된 것 같다. 다수 IP와 가상 PC를 활용하면 먼저 여러 개의 최적화 블로그를 활용할 수 있게 된다. <u>최적화 블로그를 오래 쓰기 위해서는 하루에 홍보성 포스팅을 많이 올리는 건 좋지 않다. 따라서 최적화 블로그를 많이 갖고 있다면 블로그를 바꿔가면서 하루에 가상PC를 통하여 여러 개의 키워드를 분산시키는 것이 좋다.</u>

블로그만이 아니라 카페침투 작업도 할 수 있게 된다. 내 상품을 사줄 만한 잠재고객이 모인 1등 커뮤니티 카페에 가서 게시판에 후기나 질문성 글을 남긴다. 그런 다음에 다른 아이디로 적절한 댓글을 여러 개 달아주면 군중심리로 인해 나도 써보고 싶다면서 연락처를 알려달라는 댓글이 달리기 시작한다. 그럼 그 댓글을 통해 쪽지로 연락처를 알려주는 식으로 DB를 따내는 것이다. 특히 대형 맘카페와 같은 대형 커뮤니티 카페를 유심히 살펴보시기 바란다. 딱 봐도 광고대행사의 작업인 게시글이 하루에도 수십 개가 올라온다. 사람이 많은 곳에는 자연스럽게 홍보, 노출을 목적으로 광고 글을 쓰러 오는 사람도 모이기에 당연한 일이다.

필자도 한 병원의 마케팅을 맡아 타깃 고객이 모인 카페에 정기적으로 후기 글을 올리고 댓글을 깔아놓는 카페 침투 대행을 한 적이 있다. 시술을 받기 전에 걱정하는 부분, 가려운 곳을 딱 긁어주는 내용의 후기 글을 쓰고 다른 사람인 척 병원 정보를 달라는 댓글 4~5개를 달아놓자 그 이후로는 다 다른 카페 회원들 중 15명 정도가 자기도 정보를 달라고 댓글을 달아 전부 쪽지를 보내드렸다. 실제 고객의 DB가 매출로 이어지게 되었고, 실적이 많이 늘게 되어 카페 침투 효과를 톡톡히 보게 되었다.

비만관련 카페 내 댓글관련 이미지

주부들을 대상으로 하는 한 설비 업체는 직원 둘이 대형 맘 카페에서 카페 침투만 계속 해서 수익을 내고 있다. 이분은 카페만으로 충분한 DB가 들어오기에 블로그는 할 시간도 없다고 한다. 물론 여러분에게 무조건 카페침투를 하라는 이야기는 아니다. 카페침투는 쉬지 않고 계속 작업을 해줘야 한다는 단점도 있고, 또 한 커뮤니티에서 오래 작업을 하면 사람들이 결국에는 다 알아차리기 때문에 브랜드 인지도가 저해되는 악영향이 있을 수 있다. 그만큼 시간이 많이 필요하기에 같은 시간 동안 블로그나 페이스북을 하는 편이 더 효율적인지 카페를 운영하는 편이 더 좋은지 자신이 아이템에 따라 잘 선택해야 한다.

플랫폼의 완성을 이끄는 확장기지, 홈페이지

만일 우리가 배우는 것을 잊지 않는다면 우리는 승리를 거둘 것이다.
-로자 룩셈부르크

군부대에는 보면 본진이 있고 더 드넓은 지역에서 작전을 수행하기 위한 확장 기지를 설치한다. 등산을 하더라도 정상을 정복하기 위해 보급과 통신의 요충지인 베이스캠프가 있고 더 높은 고도에 제2 캠프, 제3 캠프를 설치한다. 비즈니스와 마케팅 역시 이와 비슷하다. 내 사업을 한 곳에 담아둘 집이 필요한데, 대부분 스타트업은 예산이 부족하여 무료로 시작할 수 있는 블로그에 모든 사업을 담아놓고 페이스북과 인스타그램 정도를 병행한다. 그야 처음에는 블로그로 사업을 시작할 수도 있겠지만 최종적으로는 홈페이지라는 나만의 집을 짓고 블로그, 카페, 페이스북, 인스타그램 등은 확장기지로써 활용해야 한다. 이번 챕터에서는 그 이유에 대해 자세히 말씀드리겠다.

오프라인 사업을 한다면 점포 자체가 본진 역할을 해준다. 식당이나 옷가게 등을 차리면 고객들이 제품을 사기 위해선 매장을 들려야 한다. 그런데 출장설치라던가 보험처럼 사람을 만나 계약 이야기를 나눠야 한다거나 온라인 쇼핑몰처럼 주문하면 택배를 보내줘야 하는 사업 같은 경우는 온라인에 따로 본진이 필요할 수 있다. 인터넷에서 상담신청과 결제가 다 이뤄지기 때문이다. 점포형 사업이라도 식료품점처럼 온라인 판매를 병행한다거나 체육관처럼 전문성이 있다면 따로 홈페이지를 구축해서 거기에다가 사업설명, 대표소개, 고객후기 등을 모아놓을 필요가 있다.

사람이 사는데 집이 필요하듯이 사업에도 고객에게 신뢰를 줄 수 있는 여러 정보를 모아놓고 문의와 결제 등을 받을 수 있는 집이 필요하다. 우리 인생이 처음에는 월세로 시작하더라도 꾸준히 돈을 모아서 내 집 마련을 하듯이, 어떤 사업이든지 처음에는 블로그나 페이스북 등 거대 플랫폼 안에 둥지를 틀 수 있지만 최종적으로는 홈페이지나 모바일 애플리케이션 같은 나만의 집을 구축해야 한다. 그런데 이런 홈페이지가 제작비도 만만찮고 도메인과 호스팅 등 유지비도 나가기 때문에 무료로 할 수 있는 블로그만을 선호하는 분들도 계신다.

하지만 경험에서부터 비롯되는 조언을 해드리자면 결코 블로그를 맹신해서는 안 된다. 물론 블로그가 효과가 좋긴 하다. 일일 방문객이 1000명 이상만 되더라도 꾸준히 문의가 들어오기 때문에 블로그를 잘 관리해야 하는 것은 당연한 일이다. 문제는 어느 정도 블로그로 효과를 보고나면 대부분 사장님들이 '야, 이거 제법 괜찮은데? 여기다가 더 시간과 돈을 투자하면 더 잘 되겠다!' 하고 생각한다는 점이다. 여기서 '계란을 한 바구니에 담지 말라'는 명언을 떠올려야 한다.

　한참 최적화와 로직을 알 때는 방문자가 많아서 사업매출에 영향이 크지만 로직은 1년에도 최소 1~2번씩은 무조건 바뀐다. 더불어 몇 년에 한 번은 신규 로직이 추가되는 식으로 대격변이 일어난다. 그 영향으로 최적화 블로그 포스팅이 상위에서 내려가면 일일 방문자가 반 토막이 나고 아예 기본적인 이웃들을 제외하고 싹 날아가 버리는 수가 있다. 굳이 로직 변경이 아니더라도 IP 또는 유사문서로 인해서 툭하면 심심찮게 저 품질 현상이 올 정도로 블로그는 민감하다. 하루 1000명 들어오던 것이 갑자기 하루 100명도 안 들어오기 시작하고 그렇게 되면 어제까지 잘만 들어왔던 문의가 일순간에 뚝 끊기는 것이다.

　로직이 바뀌어서 여러 광고대행사가 문을 닫듯이, 블로그에 올인을 하면 이후에 로직 대란이 일어날 때 사업이 매우 힘들어진다. 이는 블로그만이 아니라 다른 플랫폼 역시 마찬가지이다. 다음이나 싸이월드의 사례를 생각해보자. 한 때는 이용자가 그렇게 많은 플랫폼이었지만 지금은 거의 쓰지 않는다. 카카오스토리가 있다. 한때 카카오스토리에서 공동구매 사업을 벌여서 엄청난 수익을 올린 업체가 있었다. 제품 하나 올리면 몇 시간 되지 않아 댓글 몇백 개 몇천 개가 달렸었고, 그걸 보고 한때 많은 이들이 '와, 이 플랫폼이 정말 좋구나!' 하고 카카오스토리에 몰려들고 카카오스토리 마케팅 강의도 성행했었다.

　그런데 지금은 아시다시피 페이스북과 인스타그램으로 이용자들이 다 분산되어서 카카오스토리를 이용하는 사람들이 많이 줄어버렸다. 마찬가지로 지금 가장 핫한 마케팅 채널인 네이버, 페이스북, 인스타그램, 유튜브도 앞으로 어떻게 될지는 아무도 모르는 일이다.

내부적으로 로직을 바꿔도 휩쓸려나갈 수밖에 없으며 외부적으로 기업이 경영이 악화된다거나 혹은 더 매력적인 플랫폼이 등장해서 사용자가 빠져나가면 자신의 사업까지 덩달아 망해버리고 만다. 혁신적인 마케팅 채널이었던 페이스북 조차 2018년 6월, 미국에서 개인정보 보호법으로 인해 주가폭락과 탈퇴물결이 이는 상황이다. 그런데 대기업이라고 안심하고 한 채널만을 너무 신뢰하다가는 큰코다치는 수가 있다.

그러니 블로그나 페이스북 등 대형 플랫폼에 입점하는 것은 월세나 전세살이 정도로 생각해놓고 자금이 모이면 나만의 홈페이지나 애플리케이션이라는 집을 짓도록 하자. 그 안에다가 내 사업과 관련된 콘텐츠를 전부 담아놓고 사람들이 많은 블로그 페이스북 등에다가 확장 기지를 차린 다음에 링크를 통해서 고객들을 본진으로 모으는 것이다. 처음부터 홈페이지를 만들고 유지할 만큼의 자금이 없다면, 블로그보다는 차라리 온라인 카페를 추천한다. 원래 카페는 커뮤니티 동호회를 만드는 목적으로 시작되었지만 요즘에는 사업 홈페이지를 대신해서도 많이 쓰이고 있다.

카페의 장점은 포털사이트에 노출이 된다는 점과 홈페이지 기능의 거의 70~80%까지 구현되면서 제작비, 유지비가 무료라는 점에 있다. 보통 홈페이지 제작 업체의 수익구조가 처음 제작은 100만 원 밑으로 저렴하게 해주는데 매달 관리비가 나간다. 또한, 새 기능을 추가할 때도 의뢰를 해야하기에 자체적으로 제작법을 모르면 계속 비용을 쓰게 된다. 제작하고 유지가 힘들 것 같다면 차라리 카페로 시작했다가, 회사의 현금흐름이 괜찮아지면 홈페이지로 넘어가는 편이 사업 초기에 예산을 아낄 수 있는 방법이다.

또한, 카페는 홈페이지에 비해 회원 확보가 쉽다는 장점이 있다. 우리는 보통 어떤 홈페이지에 회원가입 하는 건 망설이는데, 카페는 네이버 아이디로 간단하게 가입할 수 있기 때문에 외부 웹사이트보다는 진입장벽이 낮다. 그래서 상대적으로 DB를 취득하고 지속적으로 연락하기 쉽다는 이점이 있다.

〈리더의 마케팅〉 역시 지금 카페를 이용하고 있다. DB 수집에 특화되게 만들었기 때문에 마케팅에 관심이 많은 사장님들이 카페에 가입하고 세미나나 컨설팅 신청을 위해 DB를 남긴다. 상담 담당자가 DB를 통해 아웃바운드를 하자 세미나 참석, 컨설팅, 교육 및 대행 의뢰에 탁월한 효율을 보이고 있다. 이런 'DB를 활용한 마케팅이 가능하다'는 것이 카페의 또 다른 장점으로 블로그는 카페와 같은 회원제가 아니기 때문에 글을 읽고 먼저 상대방 측에서 문의하지 않는 이상 고객과의 접점을 만들어내기가 힘들다. 하지만 카페는 아까 언급한 대로 우리 쪽에서 아웃바운드를 연락을 할 수도 있고 DB를 남기지 않더라도 회원들을 대상으로 전체메일, 전체쪽지를 발송할 수 있다.

이런 장점 때문에 아마도 홈페이지 구축이 끝나더라도 카페를 완전히 접어버리진 않을 것이다. 다만 리타깃팅, 데이터 분석, 회원제 기능이 더욱 강화된 웹사이트를 주축으로 힘을 실어주고 카페는 블로그처럼 영업 채널로 사용할 생각이다. 혹은 만약 내 아이템의 시장이 크다면 앞서 말씀드린 카페침투를 하거나 아예 자체적으로 커뮤니티 카페를 만들어서 운영하는 것도 한 가지 방법이다. 이는 DB를 모으는 임시 홈페이지하고는 다르지만 내가 커뮤니티의 카페장이 됨으로 모인 고객들을 대상으로 우리 회사 아이템을 간접적으로 세일즈하여 수익을 올릴 수 있다.

예를 들어, 탈모방지 용품을 판매하고 있다면, '탈모를 극복하는 사람들의 모임' 같은 커뮤니티 카페를 만들고 카페 안에다가 꾸준히 탈모에 도움이 되는 전문지식들을 업로드해 사람을 모으는 것이다. 그다음에 공지사항과 전체메세지 등으로 자신의 제품을 팔아볼 수 있다. 이런 비즈니스가 제일 활성화된 것이 바로 자동차 관련 분야이다. 유명한 자동차 관련 카페의 경우 히스토리를 보면 알겠지만 계속해서 카페가 바뀐다. 언제는 소나타 대표카페였다가 언제는 니로였다가 아반떼로 바뀌더니 갑자기 카니발 카페가 되고…. 해마다 신차는 계속 출시가 되기에 그럴 때마다 제목을 바꿔가면서 자동차 업계 사람들을 모아서 블랙박스, 조명등, 쿠션, 자동차보험 등을 팔 수 있게끔 배너광고 자리를 임대하고 돈을 받는 것이다. 그 외에 공동구매 수수료라던가 게시판 카테고리 대여까지 포함하면 그야말로 한 달에 억대 매출 이상을 벌어들이는 중소기업과 다름없다. 시험적으로 의뢰를 해서 효과가 있다면 이런 대형 커뮤니티와 장기적인 제휴를 맺는 것도 한 가지 방법이라 하겠다.

결론을 내리자면 앞서 설명드렸던 카카오스토리와 블로그의 사례와 같이 장차 미래가 어떻게 될지는 아무도 모르는 일이기에 최종적으로는 내 웹사이트라는 집짓기를 목표로 해야 한다. 사업 초기라면 임시 아지트로 카페를 추천해 드리지만 카페 역시 언제까지나 잘 되리라곤 장담할 수 없다. 다음 카페처럼 이용자 수가 적어질 수도 있고 수시로 변하는 포털사이트의 정책변화에 영향받을 것이다.

이처럼 블로그 같은 특정 플랫폼에 자기 사업의 모든 것을 담아두는 것은 비유하자면 해변에 모래성을 짓는 것과 비슷하다. 저 품질이라는 파도가 밀려닥치면 허망하게 무너져서 새롭게 지어야 하는데 최적화 블로그를 새로 구매하는 것부터가 다 돈이다. 따로 나만의 웹사이트를 갖고 있다면 그 웹사이트로 끌어들이기 위한 여러 영업채널 중 하나가 망가지더라도 또 다른 영업채널을 세팅할 방법을 궁리하면 된다. 블로그는 한때 방문자 수가 많았던 경험이 있다 보니 '블로그 말고 다른 것도 해봐야겠다'가 아니라 저품질을 탈출할 생각만으로 시야가 협소해진다. 다시 한번 분산투자와 다각화의 교훈을 상기하자. 하나에 너무 집중하면 그것이 잘 될 때는 수익이 크지만 무너지면 그만큼 잃는 것도 많다는 사실을 말이다.

타깃팅 광고를 성공으로 이끄는 페이스북과 인스타그램

만일 내가 뭔가를 원한다면 나는 그것을 향해 도전한다.
그리고 코가 끔찍하게 부서지거나 혹은 내가 원하는 것을 얻는다.
-조디 포스터

요즘 최고로 핫한 마케팅 채널을 들라고 하면 역시 페이스북과 인스타 그램이다. 니즈가 있는 사람이 검색하는 포털사이트와는 다르게 SNS는 뉴스피드에 노출이 되는 형식이라 포털사이트와는 마케팅의 방식이 사 뭇 다르다. 내가 커피 원두를 파는 사업자라 치면 포털사이트 같은 경우 는 상위 노출을 통해 니즈를 갖고 커피원두에 대해 검색하는 사람들이 내 글을 읽고 구매한다면 페이스북은 내 커피원두에 대한 매력적인 콘텐 츠를 만들고 커피원두나 커피를 좋아할 것 같은 사람들을 타깃팅해서 노 출시키는 방식이다. 그렇기에 고객들이 혹하고 반응을 보일 영상 제작과 심도 있는 기획 등 난이도가 제법 있는 편이지만 잘만 먹히면 효과가 상 당히 좋다.

전문지식을 가지고 서비스를 한다면 타깃을 잘 잡아 적은 비용으로 광고를 집행할 수 있다. 가끔 페이스북 광고에 회의적인 시선을 보내는 사장님들이 계신다. 왜 그런지 이유를 여쭤보면 예전에 몇 번 대행을 맡겨봤는데 돈만 날리고 아무런 효과를 보지 못했다고 한다. 그래서 예전에 집행했던 광고를 분석하자 놀라울 따름이었다. 기본적인 광고 설정과 타깃팅도 제대로 잡지 않고 광고를 태운 콘텐츠 영상도 부실하기 짝이 없었다. 그렇게 엉망진창으로 돈만 많이 써봐야 매출이 일어날 리가 없었다. 이 사실을 알려드리고 예전보다 소량의 금액으로 괜찮으니 이번에는 설정을 제대로 해서 광고를 집행해보자고 제안한 결과 예산은 절반으로 줄이고도 2배 넘는 매출을 일으키는데 성공했다.

페이스북 마케팅은 타깃팅과 영상 콘텐츠를 얼마나 잘 만드느냐의 싸움이다. 여기서 영상 콘텐츠를 헐리우드 급으로 CG 그래픽을 써서 정교하게 만들어야 한다는 말이 아니라 스마트폰으로 촬영한 B급 영상이라도 고객들이 그 영상을 끝까지 읽은 다음에 행동을 취하도록 만들어야 한다는 말이다. 이건 사실 블로그 상위 노출이든 오프라인 전단이든 페이스북이든 공통적으로 적용되는 말인데, 잘 못 만들어진 전단은 사람들이 제대로 읽지도 않고 버리는 반면, 잘 만들어진 전단은 끝까지 읽고 광고주가 원하는 행동을 취한다.

페이스북 영상 제작도 이와 유사하다. 영상을 본 사람들이 당장 링크를 눌러 물건을 구매하게 만들 것인지 아니면 무료 정보라던가 샘플 혹은 쿠폰 등을 발급해서 구매로 이을 것인지, 무료 컨설팅 혹은 미끼 상품을 만든 다음에 업셀링을 할 것인지 구매 프로세스를 명확히 세운 다음에 전단을 다 읽은 고객의 행동을 유발하도록 매력적인 멘트를 구성해야 하는 것이다. 홈쇼핑을 보면 쇼호스트들이 물건을 사용하는 장면을 직접 보여주면서 수량이 한정되었고 지금 바로 전화해야만 20~30% 가격이 할인되며 사은품 및 증정품을 받을 수 있다고 말한다. 이는 고객들이 그냥 보고 끝이 아니라 바로 행동을 하게 만드는 일종의 마케팅적 장치의 일환이다. 페이스북 마케팅을 할 것이라면 이런 요소들을 잘 고려하고 적절히 배합하여 콘텐츠를 제작해야 한다.

하지만 아무리 콘텐츠를 잘 제작하더라도 타깃팅을 잘못하면 광고비만 날릴 수 있다. 앞서 말했듯이 SNS는 검색엔진과 다르게 타깃팅한 대상의 뉴스피드에 내 영상 콘텐츠가 저절로 노출되는 형식이기에 키워드

하나 잡아 상위 노출을 걸고 끝이 아니다. 내가 커피 원두를 파는데 바리스타나 카페 점장, 커피 동호회 사람들 100명에게 내 영상을 보여주면서 사달라고 말하는 것과 그런 방면으로는 관심도 없는 사람 100명에게 보여주는 것과 어느 쪽에서 매출이 더 발생할지는 쉽게 예측할 수 있다. 페이스북 마케팅은 아무리 콘텐츠를 잘 제작했더라도 보여줄 대상을 잘못 선정하면 완전히 헛수고가 되어버리고 만다.

그렇다면 어떻게 해야 타깃팅을 잘할 수 있을까? 광고를 진행할 때 설정을 잘해야 하는 부분도 있다. 내 상품이나 서비스를 가장 필요로 하고 있는 고객 페르소나를 최대한 구체적으로 설정하여 연령, 나이, 성별, 사는 지역을 최대한 한정하여 타깃팅을 해야 한다. 게다가 아까 든 예시대로 커피원두를 팔더라도 최대한 커피 동호회 사람들에게 내 영상을 노출할 방법이 있다.

아마도 광고대행사 가운데 메일 대량발송을 해주겠다며 1건당 얼마해서 10000통을 뿌려주겠다는 식의 광고를 본 적이 있을 것이다. 이렇게 추출해낸 DB는 스팸 대량발송에 쓰이거나 대행을 해주고 돈을 받거나 영업조직에 돈을 받고 넘기는 게 일반적이나 필자는 페이스북 유료광고에 주로 사용한다.

아시다시피 요즘 대부분 온라인 서비스는 이메일로 가입하는 것이 일반적이기에 페이스북도 네이버 이메일로 가입해서 쓰는 사용자가 제법 많다. 그래서 이렇게 내가 파는 상품의 잠재고객이 모인 대형 커뮤니티를 이용한 다음, 페이스북에 넣고 광고를 집행하면 커뮤니티, 동호회 사람들의 뉴스피드에 내 영상콘텐츠를 도달시키는 것이 가능해진다.

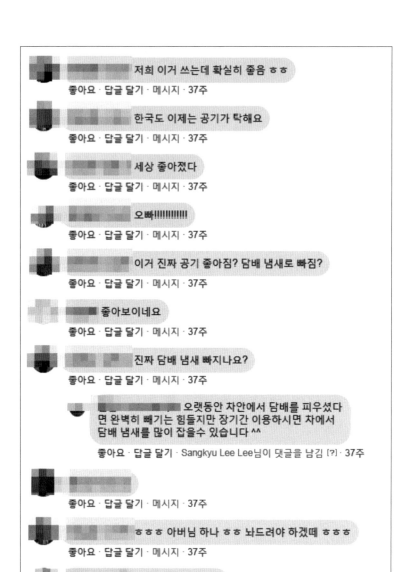

저희 이거 쓰는데 확실히 좋음 ㅎㅎ

좋아요 · 답글 달기 · 메시지 · 37주

한국도 이제는 공기가 탁해요

좋아요 · 답글 달기 · 메시지 · 37주

세상 좋아졌다

좋아요 · 답글 달기 · 메시지 · 37주

오빠!!!!!!!!!!!

좋아요 · 답글 달기 · 메시지 · 37주

이거 진짜 공기 좋아짐? 담배 냄새로 빠짐?

좋아요 · 답글 달기 · 메시지 · 37주

좋아보이네요

좋아요 · 답글 달기 · 메시지 · 37주

진짜 담배 냄새 빠지나요?

좋아요 · 답글 달기 · 메시지 · 37주

오랫동안 차안에서 담배를 피우셨다면 완벽히 빼기는 힘들지만 장기간 이용하시면 차에서 담배 냄새를 많이 잡을수 있습니다 ^^

좋아요 · 답글 달기 · Sangkyu Lee Lee님이 댓글을 남김 [?] · 37주

좋아요 · 답글 달기 · 메시지 · 37주

ㅎㅎㅎ 아버님 하나 ㅎㅎ 놔드려야 하겠떼 ㅎㅎㅎ

좋아요 · 답글 달기 · 메시지 · 37주

이걸로? 할까? ㅎㅎ

동영상으로 진정성을 담아 전달한 차량용 공기청정기 페이스북 광고

　　위의 사진은 회사의 영상 전문 직원이 편집하여 페이스북 광고를 태운 영상의 일부를 캡처해온 것이다. 마침 미세먼지 시즌을 타서 광고를 집행하자 4배 넘는 판매량을 기록했다. 얼핏 보기에도 그다지 전문적이지 않은 느낌이 물씬 풍긴다는 것을 알 수 있다. 예산이 없어서 배우들은 전부 지인의 가족들을 섭외해서 촬영했다. 여기에 나오는 한 택시기사님은 멘트를 10번 넘게 연습했는데도 도무지 연기가 나아지지 않아 그냥 넘어갔다. 하지만 이 영상이 상영되는 곳은 영화관이 아니라 페이스북이다. 오히려 사람의 진정성 있는 모습이 드러나는 B급 감성이 묻어나는 동영

상이 오히려 더 효과가 좋다.

  이렇듯 상상 예상의 수익을 거둔 것은 무엇 때문일까? 바로 차량용 공기청정기에 관심을 가질 타깃팅을 잘했기 때문이다. 페이스북에 비용을 지출하는 대신 내가 원하는 타깃에게 지속하여 바이럴 마케팅을 진행했고 클릭 1회당 7원이 빠졌다. 총 14만 8천 명이 뉴스피드에 도달되었고 그 중 8만 4천 명은 클릭하여 동영상을 봤으며 이 중 2584명이 실제로 구매에 관심을 보였다. 이렇게만 보면 간단해보이지만 그 안에는 다 나름의 기획과 전략이 바탕이 되어 있다.

  차량용 공기청정기는 10~20만 원에 판매되는 상품이다. 하지만 내 생각에 아무리 비싸다 하더라도 소중한 자녀들의 건강을 위해서라면 구매하는 사람이 많을 거라고 예상했다. 그래서 영상을 찍을 때도 무조건 아이들을 동반해서 가족단위로 촬영했고, 차도 마찬가지로 가족이 탑승하는 카니발 동호회 등에 협조신청을 하였다. 그리고 영상 안에 아이들의 솔직한 후기를 담아내자 극적인 판매량 상승이 일어난 것이다. 이처럼 어떻게 해야 니즈를 불러일으킬 수 있을까 꼼꼼한 영상기획이 필요하다.

  페이스북 마케팅은 특히 포털사이트와 병행하면 더 큰 효과를 낼 수 있다. 비록 2500명이 구매했지만 이들이 그냥 공기청정기를 샀을까? 아마 이중에도 일정 %는 '아, 내가 자식들을 위해 차량용 공기청정기를 하나 사긴 해야겠구나. 하지만 가격이 좀 비싼걸? 어디 차량용 공기청정기는 어떤 것들이 괜찮은지 검색을 좀 해볼까…' 하고 포털사이트에 차량용 공기청정기를 검색했을 것이다. 이러한 상황을 예상하고 사전에 공기청정기 체험단을 포진하였다. 안 그래도 페이스북에서 한 번 봤는데 검색결과 후기가 판매제품과 일치하니까 고객들이 더욱 신뢰를 하고 구매한 것이다.

텍스트에서 이미지로, 이미지에서 비디오로…. 고객들이 가장 생생한 후기를 읽을 수 있는 콘텐츠는 동영상이므로 앞으로 영상 중심 마케팅이 점점 더 중요해질 것이다. 향후 포털사이트와 더불어 가장 중요해질 마케팅 채널을 들라고 한다면 유튜브가 대세가 될 것으로 생각한다. 여러분이 앞으로 어떤 사업을 하게 되더라도 어떤 동영상을 기획하여 유튜브로 반응을 이끌어낼 것인지 미리 생각해두었으면 좋겠다.

유통과 쇼핑몰의 수익을
한층 끌어올리는 리 마케팅

만일 어떤 사람이 자신이 가지고 있지 않은 돈을 지불하면, 그것이 리얼리즘이다.
-만프레드 롬멜

시작은 카페로 하더라도 최종적으로는 홈페이지를 만들어야 한다고 이야 기했다. 그런데 그 이유에 대해 기억하시는가? 데이터 분석을 통해 어느 영업채널에 화력을 줄이고 어느 영업채널에 힘을 더 실어줄지 전략적 운 영이 가능하단 측면도 있지만, 또 하나 이유를 들자면 최근 트렌드로서 이 슈가 되고 있는 '리 마케팅'이 가능하다는 점도 있다. 말 그대로 다시(Re) 마케팅(Marketing)을 한다는 뜻인데, 리 마케팅의 대표 격으로 구글과 페이 스북을 이용할 수 있다. 특히 페이스북 리 마케팅이 효과가 좋다고 마케터 들 사이에서 평판이 높은데, 페이스북 픽셀을 이용하길 바란다.

내 홈페이지에 페이스북 픽셀을 연동해두면 내 웹사이트에 들어온 방 문자 가운데 페이스북을 하는 사람이 들어올 시, 내 사이트에 달아놓은

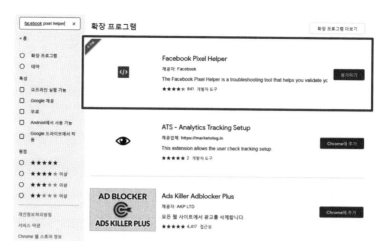

페이스북 픽셀 헬퍼

페이스북 픽셀 헬퍼로 진행하는 리 마케팅 제시 예

페이스북 픽셀이 그 방문객의 픽셀 값을 별도로 저장해둔다. 이는 동의도 없이 개인정보를 빼오는 것이 아니냐고 반문할 수 있겠는데 안심해도 좋다. 설치한 홈페이지 주인이 그 사람의 페이스북 개인정보를 열람하지는 못한다. 픽셀 수치만 저장하기 때문이다. 오늘 내 홈페이지에 방문자가 100명이었고 그중 페이스북을 하는 사람이 50명이었다고 가정하자. 그러면 그날 픽셀에 50이 저장된다. 이처럼 수치 상으로만 알려주는 것이다.

그러면 이렇게 저장된 픽셀 값으로 뭘 할 수 있을까? 이 픽셀에 저장된 데이터를 가지고 유료광고를 할 수 있다. 월요일부터 금요일까지 픽셀에 500이 저장되어 있었다면 총 500명을 대상으로 광고를 할 수 있는 것이다. 픽셀은 무료이기 때문에 웹사이트만 갖고 있다면 누구나 설치하여 사용할 수 있다. 대신 픽셀을 사용한다면 아무래도 페이스북 유료광고를 좀 더 많이 이용하게 될 수밖에 없다.

이런 리 마케팅이 무슨 효과가 있겠느냐고 생각할지도 모르겠다. 이렇게 한 번 생각해보자. 필라테스 숍을 운영하는데 사람들을 홈페이지로 유입시키기 위해 먼저 페이스북 픽셀을 깔아놓고 포털사이트 파워링크 광고를 하고 있다고 치자. 방문자가 조금씩 들어오기 시작할 것이다. 다른 경로가 아닌 파워링크를 타고 넘어왔다는 건 이 고객들은 필라테스에 대한 니즈를 갖고 있는데, 어디 필라테스가 괜찮을지 검색으로 정보를 알아보고 있다는 뜻이 된다. 이때 픽셀 값을 이용하여 페이스북 유료 광고를 하면 그 사람은 잠깐 머리 식히려 친구들과 페이스북을 하려고 켰더니 뉴스피드에서도 우리 필라테스숍을 마주치게 되는 것이다. 이때 페이스북 광고를 통해 1회 무료 체험권 쿠폰을 주거나 50% 할인 등의 혜택을 준다.

사람은 해당 브랜드가 어지간히 첫인상이 나쁘지 않은 이상 심리적으로 기존에 한 번 봤던 브랜드를 페이스북에서 다시 한번 보면 친근하게 된다고 한다. 그 상황에서 특전까지 주니 한 번 체험을 해본 다음, 정말 마음에 든다면 최종적으로 그 업체를 선택할 가능성이 매우 높아진다. 단순히 유입 분석을 하는 걸 넘어서서 데이터를 기반으로 이쪽에서 먼저 행동을 취할 수 있게 만들어주는 마케팅 기법인 셈이다. 구글 리 마케팅도 홈페이지에서 구매하지 않고 이탈하면 애드센스 등에서 아까 들렀던 사이트가 따라다닌다.

이런 리 마케팅으로 가장 효과를 보고 있는 업종이 유통과 쇼핑몰이다. 모 대형마트와 소셜커머스 업체의 경우 이 리마케팅 기법을 도입하기 이전과 이후 총매출액 차이가 4배라고 하니 위력이 어마어마하지 않은가? 이제는 쇼핑몰 사업을 하거나 회사 자체 스토어를 운영한다면 리마케팅은 필수라고 할 수 있다. 페이스북 픽셀은 방문한 사람 데이터를 모아 유료광고를 할 수도 있고, 거기서 더 나아간 고급기능도 많다. 예를 들어 장바구니에 담았는데 담아놓기만 하고 결제를 안 한 사람들만 따로 분류해서 픽셀 값을 저장해놓을 수 있다. 그러면 이들만 따로 추려서 20% 할인 쿠폰을 보내줄 수 있다. 그러면 고객은 '아 참, 장바구니에 뭐 담아뒀었는데 지금 사면 20% 더 싸게 살 수 있다고?' 하면서 나중에 살 것도 당장 사게 되는 것이다.

만약 쇼핑몰을 운영 중이라면 페이스북 픽셀을 배워서 반드시 사용해보자. 요즘 쇼핑몰 하는 사장님들이 포털사이트 쇼핑 배너광고에 몇 천만 원을 내지만 예전만큼 효과가 좋지 않다. 옛날에는 걸기만 하면 거의 무조건 구매가 이루어졌는데 요즘은 유입은 많아져도 실 구매는 생각만큼 나오지 않는다. 나만 하더라도 어떤 제품을 한 번 보면 최저가 사이트에다가 비교를 먼저 해본 다음에 가장 싼 곳에서 구매하니 말이다. 배너에 비싼 값을 내느니 차라리 리 마케팅을 꾸준히 진행하여 페이스북 유료광고를 통해 구매 의사가 있는 고객들에게 계속 프로모션을 하는 편이 매출이 더 좋을 수 있다. 심지어 배너광고도 예전에는 즉시 판매로 연결하기 위해 걸었는데 요즘은 리 마케팅을 하기 위한 데이터를 얻기 위해 배너를 거는 분들도 있다.

전문성과 퍼스널 브랜딩을 최적화하는 앱, 인스타그램

왜 당신은 당신 자신이 되고자 하지 않는가? 그렇게 해야만 당신은 멋지게 보일 수 있다. 만일 당신이 그레이하운드라면, 발바리가 될 수 없다.
-에디스 시트웰

이 책을 읽는 분들 가운데 맛집을 운영하고 계신 분도 있을 테고 쇼핑몰을 운영 중이거나 물건을 유통하거나 영업을 하는 사장님도 있을 것이다. 개중에는 퍼스널 브랜딩이 필요한 전문직이나 강사, 코치 등 교육서비스를 하는 사장님 또한 있으리라 본다. 전문성을 보여주기 위한 마케팅 채널로는 인스타그램을 강력히 추천한다. 마케팅으로 퍼스널 브랜딩을 할 수 있는 방법은 어떤 것들이 있을까? 일단 가장 먼저 떠오르는 것으로 블로그를 들 수 있다. 카페도 잘만 활용하면 브랜딩을 할 수 있고 페이스북도 소셜 네트워크니까 자신의 전문성을 어필할 수 있을 것이다.

그런데 요즘 추세를 보면 점점 빠르고 짧은 것을 선호한다. 예전에는 블로그나 카페에서 장문의 글을 읽었다면, 요즘은 페이스북으로 짧은 이미지나 동영상을 소비하는 추세이다. 하도 정보가 쏟아지는 시대이다 보니 사람들이 남에 대해 장문의 글을 읽는 걸 점점 귀찮아하는 것이다.

대신에 감각 있는 사진 한 장이 있는 걸 보면서 '아, 이 사람은 대략 어떤 일을 하겠구나' 하고 예측할 수 있게 된다. 아마도 인스타그램이 뜬 이유가 사진 하나로 나를 표현하는 간결성 때문이 아닌가 싶다. 글은 없더라도 남들 앞에서 강의하는 사진, 컨설팅 하는 사진 등을 보면서 '이 사람은 강사구나' 하는 느낌을 직감적으로 가장 빨리 보여줄 수 있다. 많은 사람들 앞에서 강의하는 사진, 공공기관에서 상을 받은 사진, 그동안 수상한 상패와 트로피, 저명한 시장님과 악수하는 사진 등을 보여주면 내가 어떤 사람인지 홍보가 될 수 있다. 글은 누구나 지어낼 수 있지만 사진은 상대적으로 위조하기가 힘들다.

페이스북이 인스타그램을 인수하고 계정 연동을 하고 나서부터 인스타그램 사용자 수가 페이스북 못지않게 많아졌다. 블로그나 카페나 페이스북도 여러 사람들 사이에서 톡톡 튀는 게 중요하지만 그중에서도 가장 나다워야 하는 채널이 인스타그램이다.

인스타그램 역시 광고기능이 있지만 나를 빼놓고 제품 설명만 해서는 큰 효과를 보기가 힘들다. 대신에 퍼스널 브랜딩을 하기에는 너무나도 좋다. 이미지로 증명할 수 있기 때문이다. 블로그나 페이스북에 '이번에 어디에 초빙을 받아서 교육을 하고 왔습니다'라고 글로 쓰는 것보다 강연하는 사진 한 장을 인스타그램에 올리면 어떤 일을 하는 사람인지 누구나 즉각적으로 알 수 있다. 그만큼 정보성보다는 소통이 강한 채널이기도 하다.

인스타그램은 내가 가진 제품을 홍보하기보다는 나라는 퍼스널 브랜드를 홍보하기 가장 적합한 채널이다. 물론 비주얼이 중시되는 사업이라면 회사 브랜드와 로고를 홍보할 수 있기도 하다. 플레이팅을 잘한 요리를 찍어 올리는 것도 반응이 나쁘지는 않다. 하지만 브랜딩 차원을 넘어서 실질적인 성과를 내기 위해서는 인스타그램 팔로워가 많은 사람에게 의뢰하여 체험단을 진행하는 편도 좋다.

혹은 요즘은 많은 사람들이 인스타그램을 하기에 자신의 매장에 찾아오는 이들에게 '해시태그를 달아 인스타그램에 올려주시면 음료수나 사이드 메뉴 등을 공짜로 드립니다' 하고 체험단 효과를 볼 수도 있다. 만약 주인이 경력 있는 셰프라면? 인스타그램을 활용해 퍼스널 브랜딩을 병행해 전문성과 이력, 요리솜씨 등을 어필하면 더욱 도움이 될 것이다.

나 자신의 인스타그램 계정에 잠재고객들이 신뢰할만한 사진 콘텐츠를 채워 넣고 퍼스널 브랜드를 만들어 가는 것도 중요하지만 인스타그램을 활용한 체험단도 효과가 괜찮다. 해시태그로 브랜드 키워드를 검색했을 때 좋은 후기가 많으면 그 사람에 대한 신뢰도가 높아지기 때문이다. '내가 스스로 잘난 사람'이라고 직접 말하는 건 아무런 소용이 없다. 궁극의 마케팅은 '남이 내 실력을 인정할 만하다고 대신 말해주는 것'이다. 자신의 제품과 서비스에 자신이 있으면 어떻게 남들이 내가 대단하다고 바이럴 마케팅을 할 수 있게 만들 것인지 고민해보는 것이 좋다. 그러다 보면 필자가 제안한 블로그, 인스타그램 체험단 등의 방법 외에 또 다른 괜찮은 아이디어가 떠오를 것이다.

인기를 넘어 대세로 자리 잡은 채널, 유튜브

습관은 사람을 늙게 만든다. 젊음을 지속하려면 변화할 준비를 하고 살아야 한다.
-아틸라 회르비거

"요즘 가장 핫 하고 성장하고 있는 채널은 무엇인가요?"

이 질문에 필자는 인스타그램과 더불어 유튜브를 반드시 든다. 물론 한참 성장하고 트렌드인 마케팅 채널이라고 해서 무조건 해야 한다는 의도로 말하는 것은 아니다. 아무리 사람이 몰리고 인기가 있더라도 결국 그 채널의 특성과 사용층이 나의 비즈니스, 내 아이템과 적합한지를 먼저 분석해봐야 한다. 그렇다면 유튜브는 어떤 특징을 가지고 있을까?

아마도 유튜브 하면 여러분 머릿속에 가장 먼저 떠오르는 것은 사업보다는 UCC와 크리에이터들이 아닐까 싶다. 사실 대한민국에서 유튜브의 시장 규모가 급격하게 확대된 계기는 1인 방송 문화의 영향이 크다. 포털 사이트든 SNS든 애플리케이션이든 하나의 플랫폼이 크게 성장하기 위해서는 이용자가 많아야 한다. 그렇게 되려면 다른 곳에서는 볼 수 없는 유익하고 재미나고 독창적인 콘텐츠가 많아야 한다.

N사가 D사를 제치고 검색엔진 순위 1등을 차지한 터닝 포인트는 바로 '지식인(지식iN)' 카테고리였다. 사람들이 자신이 궁금한 정보를 검색하여 답을 찾기 위해 인터넷을 이용한다는 점에 착안해 아예 직접 질문을 올리면 전문가가 답변하는 서비스 방식이 큰 호응을 이끌어 점점 더 많은 사람들이 플랫폼으로 유입이 되었다. 유튜브 역시 비슷하다. 요즘에야 '와, 이런 것도 다 방송으로 하네?' 싶을 정도로 다양한 주제로 영상을 제작하는 크리에이터들이 많아졌지만 개인방송 시장이 막 형성되기 시작한 초기에는 게임이라던가 캠방과 같은 1인 방송 BJ들이 대부분을 차지했다.

유튜브가 있기 이전부터 이미 ○○○○TV와 같은 방송플랫폼이 있었고 몇몇 BJ들이 방송한 것을 녹화하고 편집해서 언제든지 시청자들이 다시 볼 수 있도록 유튜브에 업로드하기 시작했다. 영상 플랫폼으로 적격인 이유도 있었지만 유튜브는 다른 플랫폼과 다르게 조회 수가 많은 영상을 올리는 크리에이터들에게 수익을 배분해주기 때문에 어느덧 팬과 구독자가 많은 BJ들 중에서는 엄청난 규모는 아니더라도 유튜브 광고로 제법 쏠쏠한 수익을 올리는 사람들이 등장했다. 시청자들의 후원 외에도 꾸준히 방송을 하고 유튜브에 올리는 것으로 또 하나의 수익원이 되자 다른 BJ들도 앞 다투어 유튜브 채널을 개설해 영상을 업로드하기 시작했고 그 결과 지식인을 도입해 콘텐츠가 풍성해진 사례처럼 유튜브도 점차 매력적인 플랫폼이 되어 자연스럽게 많은 사람들이 유튜브로 몰려들기 시작했다.

게다가 근래에 소위 말해 '갑질 논란'이 일어나면서 100만 팔로워를 보유한 인플루언서들이 ○○○○TV에서 유튜브로 대거 이동하였고, 예전에는 ○○○○TV로 BJ를 하려는 사람이 많았는데, 요즘은 바로 유튜브를 통해 크리에이터를 하려는 이들이 많아지고 있다. 게다가 점점 콘텐츠가 연구되고 새로운 시도를 하는 크리에이터들이 많아지면서 이제는 게임과 캠방 외에도 먹방, 요리, 뷰티, ASMR, 일상, 리뷰, 키즈, 코미디, 인터넷 강의 등 다양한 장르가 생겨나고 있다.

이처럼 콘텐츠의 수준이 올라간 점도 있지만, 점점 사람들이 반응하는 콘텐츠가 기존의 텍스트와 이미지에서 동영상으로 옮겨가는 사회적인 추세도 유튜브가 성장하는 이유 중 하나이다. 워낙 다양한 주제로 양질의 콘텐츠가 올라오다 보니 요즘 10~20대들은 궁금한 게 있고 알아보고 싶은 정보가 있으면 포털사이트에서 검색하는 게 아니라 유튜브에 검색한다. 귀찮게 스마트폰 화면을 밑으로 내리면서 글과 이미지를 보기보다 그냥 재생 버튼 한 번 눌러서 짤막한 시간 안에 간편하게 정보를 습득하는 편을 더욱 선호하는 것이다. 특히 제품 리뷰는 이제는 많은 소비자들이 기존 블로그의 사진과 텍스트 방식보다 동영상을 통해 생생한 언박싱 과정(Unboxing, 상자를 연다는 뜻으로, 구매한 상품의 상자를 개봉하는 과정을 일컬음)을 지켜보는 것을 선호한다. 리뷰 유튜버의 경우 팔로워들이 많아지면 기업에서 협찬을 받아 수익을 내기도 한다.

만약 유튜브를 공략할 생각이 있다면 2가지 방향이 있다. 첫째는 본인의 제품, 매장, 서비스 등을 홍보할 수 있는 채널을 생성해 직접 동영상 콘텐츠를 제작해서 올리는 것이다. 텍스트 위주의 블로그와 이미지 위주의 인스타그램보다 더 힘들 것이다. 글이랑 사진은 1~2시간 안에 쓰고 편집하고 업로드까지 할 수 있지만 동영상은 찍고 난 후에 불필요한 장면들을 잘라내고 다양한 각도에서 찍은 영상을 이어 붙여 자막을 입히는 등 편집시간이 제법 걸린다.

예를 들어 어디 맛집이나 관광지에 대해 포스팅을 한다면 블로그는 굳이 내가 직접 가지 않더라도 원고를 받거나 이미 포털사이트에 퍼져있는 다양한 정보를 큐레이션하여 포스팅할 수 있다. 하지만 유튜브는 내가 직접 가서 촬영하고 그 원본을 가지고 편집하는 등 노력과 시간을 보다 더 투자해야 한다. 물론 그렇기 때문에 다른 콘텐츠보다 상대적으로 더 진실성이 있으며 대중이 점차 이미지와 글보다 동영상을 더 선호하는 이유이기도 할 것이다.

만약에 너무 바빠서 따로 채널을 운영할 시간이 도무지 나지 않는다고 한다면, 이미 기존에 채널을 잘 키워놔서 많은 구독자를 확보한 인플루언서들과 제휴를 맺는 것도 한 가지 방법이다. 우리가 방문자가 많은 블로거들이나 팔로워가 많은 인스타그램 사용자들에게 체험단 의뢰를 하듯이 유튜브 역시 구독자가 많은 크리에이터들에게 협찬과 홍보를 의뢰할 수 있다. 아마도 구독자 수에 따라 달라질 텐데 적게는 200~300만 원에서 인지도가 있는 메이저급 인플루언서들은 1000만 원 정도의 비용이 필요하다.

요즘은 제품이나 매장 말고도 전문가 그룹이 유튜브에 진출하고 있다. 어떻게 보면 인스타그램과 마찬가지로 자신의 전문성을 가지고 사업하는 사람들이 큰 효과를 볼 수 있는 게 유튜브 채널이다. 사교육 강사들이 인터넷 강의 사이트에 수업을 동영상으로 촬영하여 올리듯이 전문가들은 자기 분야에 대해 사람들이 알면 좋은 유익한 정보를 콘텐츠로 만들어서 꾸준히 업로드할 수 있기 때문이다. 그래서 기업 강사, 병원 원장님들, 변호사, 회계사, 세무사 등의 전문직들이 유튜브에 고급 정보와 팁을 풀면서 고객들의 반응을 얻고 있다.

온라인 마케팅을 잘하시는 원장님들은 마케팅도 따로 직원을 채용하여 전담하게 하듯이 영상편집도 전담직원을 따로 두고 유튜브를 운영하신다. 유튜브의 파급력이 크다 보니 한 고객분은 2명에서 3명 정도의 PD가 고화질에 구성 및 편집까지 품질 높은 콘텐츠를 제작한다. 〈리더의 마케팅〉의 고객이신 한 원장님도 최근 경쟁업체에서 유튜브로 수익화를 올린 것이 확인되어서 새롭게 전문 인력을 구성하여 유튜브 마케팅을 시작하려고 준비하고 있다.

물론 누구나 유튜브를 시작할 수 있다. 유튜브가 지금처럼 확장된 이유 중 하나는 이제 누구나 스마트폰을 활용하여 쉽게 영상을 촬영하고 편집할 수 있게 되었기 때문이다. 물론 좋은 장비와 프로그램과 전문직원이 있으면 더 좋겠지만 처음에는 간단하게 스마트폰과 쉬운 프로그램으로 편집하면서 수익이 나기 시작하면 하나 둘 씩 시스템을 업그레이드하면 된다.

정리하자면 요즘 소비자들이 반응하는 콘텐츠는 텍스트, 이미지에서 점점 동영상으로 넘어가고 있기에 지금도 급성장하는 플랫폼인 유튜브를 선점하는 것은 매우 중요하다. 그럼에도 많은 사람들이 인플루언서와 협찬하는 것이 아닌 직접 유튜브 채널을 운영할 생각을 못 하는 이유는 꼬박꼬박 영상을 올려야 하는데 그 콘텐츠를 일일이 기획하고 제작하며 편집해서 구독자를 모으는 것이 너무나 어렵다고 느끼기 때문이다. 편집도 직원을 채용한다고 가정했을 때 결국 발목을 잡는 것은 콘텐츠 기획이다.

　그러나 대체 어떤 콘텐츠를 올려야 하는지에 대해 너무 걱정하고 깊이 생각할 필요는 없다. 내 업종에 있는 모든 것을 보여준다고 생각하면 된다. 사실 이 부분도 나만의 차별화 전략이 없기 때문에 '이미 내가 생각한 걸 그대로 하는 사람들이 많은데…' 하고 망설여지기 때문이다. 어떤 마케팅을 하든지 가장 기본은 차별화 전략이기에 그것을 먼저 만든 다음에 차례대로 영상을 제작해나가면 된다.

　예를 들어 내가 카페를 운영한다면 커피 하나만 가지고도 다양한 아이디어를 생각할 수 있다. 커피가 만들어지는 과정을 생생한 비주얼로 전달하는 영상, 커피를 예쁘게 만드는 라떼아트 영상, 일반인들도 맛있는 아이스 아메리카노를 만드는 방법, 새로운 커피 메뉴를 만들어서 카페에 온 고객님들을 대상으로 시음회를 여는 영상, 시음한 고객들의 피드백을 듣고 커피를 개선하는 영상, 현직 바리스타가 말해주는 커피의 역사, 바리스타가 말해주는 좋은 원두 고르는 법, 일반인들이 오해하는 커피의 진실…. 이렇게 막상 생각해보면 영상을 만들 소재는 정말 무궁무진하다.

　대행사를 하면서 앞서 언급한 여러 사례들처럼 영상을 제작하여 그 영상으로 페이스북 광고를 하는 일이 많았다. 이처럼 페이스북을 이용한 영상 마케팅을 시리즈로 기획해서 1탄, 2탄, 3탄, 4탄을 유튜브에 꾸준히 업로드만 하더라도 어느 정도 효과를 볼 수 있을 것이다. 물론 고객들의 반응을 이끌어낼 수 있는 콘텐츠를 제작하기 위한 사전 기획이 필수적이다.

　마지막으로 유튜브를 본격적으로 시작할 마음이 든 사장님들을 위해

영상담당 직원을 채용하는 방법에 대해 말씀드리겠다. 만약 영상을 가끔 가다 한 번 제작할 것이라면 그때그때 외주를 주는 편이 좋지만 정기적으로 유튜브에 동영상을 업로드하면서 채널을 확장할 거라면 아예 영상편집 직원을 한 명 채용하는 편이 장기적으로는 이득이다. 강남 일대만 잘 살펴봐도 영상편집을 교육하는 컴퓨터 학원이 제법 많은 것을 알 수 있다. 그런 학원의 담당자 연락을 하면 교육과정을 다 수료해서 기본적인 영상 정도는 제작할 수 있는 교육생을 섭외할 수 있을 것이다. 컴퓨터 학원의 담당자들도 교육생들에게는 입사의 기회가 되기 때문에 적극적으로 협조해준다.

1   채널을 공부할 때 현재의 로직만이 아니라 과거의 로직까지 알아두면 미래의 로직이 어떻게 바뀌어나갈 것인지도 예측할 수 있다.

2   C랭크 로직으로 인해 최근 블로그는 나와 관련이 있는 업종 키워드로 꾸준히 글을 쓰는 기간이 필요하다. 매일 글 쓰는 것이 힘들다면 기존에 만들어진 콘텐츠들을 재가공해보자.

3   소비자들은 바로 구매하지 않고 포털사이트에 검색해보고 결정한다. 따라서 체험단을 통해서 긍정적인 후기를 많이 확보하는 것이 좋다.

4   블로그만이 아니라 타깃 고객들이 모인 카페에도 바이럴 효과를 내면 좋으나 브랜드 이미지가 저하될 위험 또한 있으니 신중히 진행해야 한다.

5   처음에는 블로그나 SNS 등으로 사업을 시작할 수 있어도 나중에는 플랫폼 회사의 정책에 흔들리지 않는 홈페이지가 하나는 있어야 한다.

6   페이스북 광고의 이점은 세밀한 타깃팅이 가능하다는 것이며 최근에는 픽셀을 통해 더욱 정교한 리타게팅이 가능해졌다.

온라인 마케팅으로 소비자 판매를 유도해 낸 ○○ 피부과

피부과를 운영하는 한 병원 원장님이 문의하셔서 마케팅 전반에 대해 컨설팅해 드렸던 적이 있다. 피부가 매끈매끈해지는 좋은 제품을 하나 가지고 계셨는데, 이걸 활용해 직접 시술도 진행하면서 제품만 따로 동종업계인 피부과에 B2B로 납품까지 하고 계셨다. 계속 제품을 쓰다 보니 일반 소비자들을 대상으로 판매해도 괜찮겠다는 생각이 드셨다고 한다. 그래서 B2C 판로를 개척하기 위해 온라인 마케팅에 관심을 가지고 알아보다가 〈리더의 마케팅〉을 알게 되신 것이다.

어떤 마케팅 방법이 가장 적합할까 같이 고민해보며 상담한 끝에 전략을 설계해드렸고 대표님도 동의하셔서 그대로 진행하여 좋은 결과를 만들어 내었다. 제품에 대한 이야기를 들어보니 품질이 아주 괜찮아서 포털사이트에 입소문만 잘 내더라도 충분히 B2C가 가능하겠다는 생각이 들었다.

먼저 화장품 판매를 목적으로 최적화 블로그를 생성하기 시작해 뷰티, 미용, 화장품 관련 포스팅을 꾸준히 넣어주자 잠재수요를 가진 고객들이 유입되기 시작했고, 꾸준히 글을 쓰자 일일 방문자가 점차 증가하기 시작하여 조금씩 문의전화가 들어오기 시작했다고 한다. 말했다시피 고객들은 정말 마음에 드는 제품 하나를 발견하더라도 그 자리에서 바로 결제하지 않고 검색해보고 최종적인 의사결정을 한다. 따라서 블로그와 동시에 체험단 마케팅도 진행하였다.

좋은 후기 체험담이 하나 둘 씩 생겨나기 시작하자 탄력을 받아 매출이 일어나기 시작했고 여기서 한 걸음 더 나아가 미용이나 화장품 관련 커뮤니티 카페에 자사 제품을 알려서 더욱 더 바이럴 활동을 진행했다. 어느 정도 제품의 품질이 보증된 상태에서 포털사이트 전 영역에 걸쳐 바이럴을 진행하니 문의와 판매량이 마케팅 하기 전과 비교해 다달이 증가하고 있다고 한다.

성공 사례 ⑦

지역 타깃 마케팅으로 성과를 거둔 ○○○ 필라테스

한 필라테스 업체 대표님도 세미나를 계기로 〈리더의 마케팅〉 정규교육 과정에 등록하셔서 오랫동안 인연을 이어오고 있다. 자꾸 다른 광고대행사로부터 아웃바운드 전화가 걸려 와서 온라인 마케팅에 대해 잘 알지도 못하는 상태에서 효과가 있다는 말을 듣고 몇 번 계약하셨는데 실망이 크셨다고 했다. 광고비를 지출하면 그만큼 돌아오는 보상이 있어야 하는데 돈은 돈대로 지출하고 큰 효과를 본 적이 없다는 것이다.

온라인 마케팅을 하긴 해야 하는데 광고대행업계와 시장에 대해서 잘 모르니까 계속해서 마케팅 효과를 보지 못하는 것 같아서 광고는 내부 마케팅 직원을 따로 두지는 않고 우리에게 대행을 맡기면서 아예 종합 마케팅 교육까지 들으셨다. 지금은 사업에 적합한 마케팅이 어느 것인지 정확히 알기에 대행사에 휘둘리는 일도 없다고 하신다. 추천해 드렸던 것은 상위 노출과 파워링크였는데 다행히 지역과 아이템이 잘 맞아떨어져서 꾸준히 문의가 들어오고 매출도 높아졌다.

필라테스 같은 서비스는 1회 무료 체험 쿠폰 등이 좋은 미끼 상품이 되기에 페이스북도 한 번 추천해 드렸다. 그런데 원장님이 모든 마케팅 채널 가운데 페이스북을 제일 불신하기에 이유를 여쭤보았다. 예전에 페이스북 마케팅 대행을 한 번 맡겨본 적이 있는데 광고를 했는데도 고객이 단 한 사람도 오지 않았다는 것이다. 신청자가 '단 한 명도' 없었다고? 페이스북에서 충분히 통하는 아이템인데 어떻게 그게 가능하나 싶어서 예전 광고를 한 번 분석해보자 너무나도 심각한 수준이었다.

지역 광고 설정을 청담동 일대로 해야 하는데 전국으로 잡질 않았나, 연령과 성별도 주로 여성에 20대 초·중반에서 후반 안팎으로 잡아야 하는데 성별 무관 16세부터 65세까지로 설정을 해놓은 걸 보고 경악을 금치 못했다. 이는 시중의 페이스북 관련 책 2~3권만 읽거나 페이스북 강의 몇 개만 들어봐도 누구나 알 수 있는 초보적인 내용이다. 아무리 이 업계가 진입장벽이 낮다지만 이 수준으로 광고대행사라고 일을 하다니…. 이렇게 광고를 집행해놓고 진행비를 받았으니 원장님이 페이스북을 활용한 마케팅에 대해 불신하실 수밖에 없었다. 매출이 안 오른다고 항의하자 그 대행사는 미안하다는 말 한 마디로 계약을 끊어버렸다고 한다. 아마도 또 다른 고객을 찾아 계속해서 복불복 마케팅을 진행하고 있을지도 모른다.

후기 마케팅으로 재구매율을 높인 뷰티 제품

해외에서 머릿결을 좋게 해주는 뷰티 미용용품의 총판매권을 취득하여 국내로 들여온 분이 계셨다. 이 사장님은 온라인을 통해 한 번 팔아보고자 하는 마음에 대표인 자신이 직접 여러 광고대행사를 물색하면서 제대로 된 업체를 선별하고자 노력하신 끝에 〈리더의 마케팅〉과 인연이 닿았다.

많은 대행사를 미팅하고 대행을 의뢰했었는데, 결국 사장님이 마케팅은 직접 하진 않더라도 자신이 어느 정도는 알고 있어야 한다는 것이었다. 첫 한 달간 마케팅 실무교육 수업을 받으셨고 두 달째부터 마케팅 광고대행이 시작되면서 매출이 상승하기 시작했다.

이 제품은 품질은 좋으면서 가격 면에서도 비싸지 않았기에 충분히 경쟁력이 있었다. 포털사이트든 페이스북이든 홍보만 열심히 해주면 판매가 잘 될 것 같았다. 역시나 가장 먼저 해야 할 일은 이렇게 품질이 좋다는 것을 널리 퍼뜨리는 것이었다. 먼저 뷰티 쪽으로 일일 방문자가 높은 블로거들을 대상으로 체험단을 열심히 진행하여 양질의 후기를 확보했다.

체험단 신청자 중에는 지수가 괜찮은 블로거도 있었기에 관련 키워드로 상위 노출이 이루어지자 이것만으로도 매출이 많이 올랐다. 하지만 여기서 끝내지 않고 우리나라에 대표적인 화장품, 미용 관련 커뮤니티 카페를 물색하여 열심히 블로그의 후기를 퍼뜨리기 시작했다. 미용용품으로 고민하는 사람들이 대략 검색할만한 곳들에 긍정적인 후기를 많이 남기자 아무런 홍보를 하지 않을 때는 한 달에 30개 정도 팔리던 것이 한 달에 500개 넘게 팔리기 시작했다. 좋은 제품이라면 후기 마케팅이 필수가 되어야 한다.

들어온 제품이 성능이 탁월해 방송에도 출연한 경력이 있어서 그 방송내용 영상의 일부를 편집하여 페이스북으로도 광고하자 바로 반응이 왔다. 이처럼 후기를 기반으로 포털과 SNS를 적극 동원하여 높은 매출을 발생시켰다.

MARKETING'S TRAP

PART 5

사장을 사장답게
일하게 해주는 비결

1인 기업이라도 막노동꾼이 아니라 경영자답게 일하라

모든 사람은 자신이 주인인 곳에서 기본원칙을 만든다.
-리하르트 폰 사우칼

어떻게 해야 매출이 상승하고 사업이 성공할 수 있을까? 지금까지 이 근본적인 문제를 해결하기 위해 광고대행사 대표로서 마케팅에 대한 다양한 이야기를 하였다. 그런데 사실 여러분은 이 책을 읽기 전부터 이 문제에 대한 해답을 이미 알고 있을 것이다. 사업을 성공시키기 위해서는 먼저 나 자신이 지금보다 더 훌륭한 리더가 되어야 한다는 게 정답이다. 마케팅이 중요하긴 하지만 사실 그보다 더 중요한 것은 경영이다. 그래서 리더는 항상 경영자의 자질을 나날이 높여나가야 한다.

사업을 잘하는 회사에는 어김없이 유능한 대표가 있다. 재미있는 사실은 대표의 성향에 따라 회사가 운영되는 방식과 느낌이 확실히 다르다. 영업 출신이 이끄는 회사가 다르고 마케터 출신, 디자인 출신의 방식이 또 다르다. 필자는 영업과 마케팅을 중점적으로 배웠고 성과도 올려봤기에 경영의 다른 요소들에 비해 마케팅과 세일즈를 유독 강조하는 것일지도 모르겠다. 하지만 '목적과 수단이 바뀌어선 안 된다'는 말이 있듯이, 대표는 대표이지 마케터가 아니라는 사실을 항상 명심해야 한다.

당신은 대표이지 마케터가 아니다. 또한, 막노동꾼 역시 아니다. 마케팅을 잘하는 게 목적이 아니라 마케팅을 통해서 영업 순이익을 높이고 회사를 성공시키는 것이 최우선이다. 너무 마케팅 하나만 바라보거나 브랜드 인지도를 높이겠다고 광고와 프로모션에만 몰입하다가 예산을 모두 써버리고 매출은 부진하게 되어 경영난에 빠질 수도 있다. 대표가 직접 마케팅을 할 줄 알고, 직원 한 명 월급은 줄 수 있겠다 싶을 정도의 매출이 나오면 사람을 채용하여 위임하는 것이 가장 좋다고 생각하지만, 그렇다고 반드시 대표가 마케팅 고수가 되어야만 한다고 여기지는 않는다.

혼자서 모든 걸 다 처리하는 것이 아니라 계속 직원을 채용하면서 업무를 분담하고 적재적소에 인재를 영업하여 전반적인 업무가 잘 진행되도록 경영을 해야 한다. 품질 좋은 제품과 서비스를 필요한 고객에게 적정가에 유통해야 하며 일자리를 만들어 고용 창출을 하고 직원들을 이끌면서 월급을 주어야 하는 의무가 있다.

그런데 리더가 사업은 하지 않고 잠을 줄여가면서 직접 블로그를 운영하고 페이스북을 하는 등 경영자가 아니라 마케터로 일하는 일도 있다. 더 심한 경우 다른 잡무까지 전부 혼자서 하는 막노동꾼처럼 일하는 것이었다. 물론 1인 기업 프리랜서로 시작했다면 시작은 혼자 오만가지 일을 다 해야겠지만 점점 사업이 안정화되고 성장한다면 반드시 직원을 채용하여 경영자다운 일을 해야 한다. 지금까지는 리더라면 반드시 알아야 할 마케팅에 대해 말씀드렸다면 이번 파트에서는 리더십과 경영에 대해 광고대행사를 운영하면서 깨달은 점 몇 가지를 전해드리겠다.

막노동꾼에서 경영자가 되기 위해서 리더는 무엇인가 한 가지를 특별하게 잘하는 스페셜리스트보다는 비즈니스 전반을 두루두루 아는 제너럴리스트가 되는 게 더 유리하다. 잘할 줄 아는 게 아무것도 없는 무능한 상태보다는 마케팅이라던가 영업이라던가 제조라던가 뭔가 한 가지라도 뛰어나게 잘하는 스페셜리스트가 좋을 것이다. 하지만 그렇다고 영업 하나만 한다거나 마케팅 하나에만 집중하면 리더가 아니라 세일즈맨 혹은 마케터가 되어버릴 확률이 높다.

필자를 찾아오는 대부분의 사장님들은 제품과 서비스를 만드는 생산은 잘하는데 영업이 잘 안 되서서 대표가 세일즈맨이나 마케터라면 얼마나 좋을까 하시는데 꼭 그렇지만도 않다. 광고대행사를 하다 보니 다른 대행사 사장님들도 여러분 알고 지내고 있고 그 외에도 프리랜서 마케터들과도 친분이 있지만 훌륭한 마케터가 무조건 사업을 잘하는 것도 아니었다. 오히려 그 사람의 능력을 살릴 수 있는 회사에 들어가 서로 가진 능력으로 시너지를 일으켰을 때 사람도 회사도 성장하는 모습을 볼 수 있었다.

광고대행사를 하다보면 스타트업 창업자, 소상공인 자영업자들을 비롯하여 여러 회사의 대표들을 만나게 된다. 개중에 자기 사업체를 잘 이끌어나가는 리더들의 공통점이 있었다. 바로 생산, 회계, 마케팅, 영업 등 특정 분야 하나하나에 대해서 수준급으로 알고 있지는 않았지만 각 분야에 대해 기본은 알고 있었기에 담당자들과 의사소통이 원활하다는 것이었다. 이를 모르고 직원을 채용하면 일은 제대로 잘하는 건지 알 수가 없기에 리더십 발휘에 어려움이 따를 수 있다.

따라서 필자가 추천하는 것은 대표가 직접 마케팅을 배워서 내 회사에 딱 필요한 마케팅 매뉴얼과 타임테이블까지만 마련하는 것이다. 그리고 상황을 봐서 자금에 여유가 없으면 대표가 직접 세세한 마케팅까지 진행하여 매출을 만든 다음에 직원을 채용하는 것이고, 자금에 여유가 있으면 일 잘하는 마케터를 고용하거나 믿을만한 대행사에 필요한 부분만 외주를 주면 된다. 이렇게 기준을 세우고 나면 훗날 대행을 맡기거나 마케팅 직원을 세팅할 때 참고할 표준이 있기에 낭비를 최소화하면서 효율은 극대화할 수 있게 된다.

효율을 올리기 좋은 또 하나의 방법은 나와 내 회사를 도와줄 수 있는 협력업체를 만드는 것이다. 마케터들은 다른 마케터들과 '공동마케팅'을 하기도 한다. '품앗이'라고도 부르는데 마케터들끼리 그룹을 만들어서 서로가 서로의 홍보를 도와주고, 블로그나 페이스북을 할 때도 공감, 댓글, 좋아요 등을 눌러주고 팔로워 구독자 회원 수를 늘려주는 등 서로 돕는 것이다.

사업 역시 마찬가지이다. 리더는 아웃소싱을 적극적으로 활용할 줄 알아야 한다. 나와 내 회사의 강점과 약점을 정확하게 파악하여 한정된 시간과 에너지를 강점에 집중하고, 아무리 해봐도 잘 안 되는 약한 부분은 과감하게 잘하는 곳에 외주로 업무를 의뢰하고 수익을 배분할 줄도 알아야 한다. 혹은 혼자서 미처 처리하지 못하는 일이 들어왔을 때 협력업체와 나눠서 처리할 수도 있어야 한다.

혹시 친척 형님과 KT 통신사 일을 했던 에피소드가 기억나실지 모르겠다. 형님은 도대체 무슨 배짱으로 지금 회사 규모로는 도무지 감당해

내지 못할 것 같은 일을 능청스럽게 맡겨만 달라고 말했을까? 어딘가 믿는 구석이 있어서 그랬을 것이다. 그때 형님은 평소 친분을 쌓아뒀던 동종업계 사장님들에게 전화를 한 번씩 거시더니 연합군을 결성해 큰 계약을 무사히 소화해냈다.

필자 역시 마찬가지이다. 고객들에게 하나라도 더 많은 도움이 되기 위해서 협력업체를 만들어나가고 있다. 예를 들어, '이 고객님은 유튜브를 시작하면 좋을 것 같다' 싶으면 영상제작을 전문으로 하는 믿을만한 스튜디오와 연결을 해드리고, '이분은 책을 한 권 쓰셔야 할 것 같다' 싶으면 출판사 사장님을 소개해드리는 식이다. 매출 규모가 큰 의뢰가 들어올 때는 다른 광고대행사 사장님들과 협업하여 처리하고 수익배분을 하기도 한다.

이처럼 리더는 사업을 더 가치 있게 성장시키기 위해 꾸준히 협력업체를 만들어 나가야 한다. 나중에 조직의 규모가 엄청 커진 다음에는 해당 분야에 대해 하나씩 부서를 만들어야 하겠지만 말이다.

사기를 당해 입은 피해를 다시 복구하고 재기한 지 얼마 되지 않았을 때의 일이다. 나름대로의 내공은 생겼지만 혼자로서는 아무래도 한계가 있으니까 다른 광고대행사 하시는 분들과 커뮤니티를 만들어야겠다는 생각이 들었다. 마케팅에도 여러 분야가 있기 때문에 각 분야 전문가들이 서로 정보교환을 하고 인연을 맺어두면 서로 도와가며 시너지를 낼 수 있지 않을까 싶었다.

첫 모임을 열자 총 6명이 모였다. 각자 자기 분야에서 나름의 내공이 있었다. 필자가 모임의 대표인만큼 먼저 광고대행사를 하면서 알게 된 노하우를 아낌없이 말씀드렸다. 거기에는 포털사이트의 최신 로직에 대한 이야기도 있었고 어떻게 한 때 다른 광고대행사에 포스팅을 납품할 수 있었는지 필자만 아는 비법도 포함되어 있었다. 자기가 가진 많은 비법들 중 한 가지만 공유하더라도 큰 도움이 될 것 같다는 생각에서 한 일인데 어떤 분은 감동했다고까지 말씀하셨다. 자신이 이런 마케터들 모임에 많이 참석해 보았지만 다들 자기 아는 건 알려주지 않으면서 남의 노하우만 얻으려는 사람들뿐이었는데 이 대표는 어쩜 이렇게 아낌없이 알려줄 수가 있냐고 하셨다. '이렇게 좋은 정보 많이 들었으니 자신도 고급정보를 몇 개 드려야겠다고 하시면서 좋은 분위기가 조성되어서 서로에게 유익한 자리가 되었다.

그 후로도 인연이 계속되어 지금까지 모임이 지속되고 있다. 한 달에 한 번 정기적으로 모여서 최신 정보도 공유하고 마케팅 트렌드에 대한 이야기도 나누면서 교류해오고 있다. 참 신기한 것이 한 명 한 명으로는 부족한 점이 많을 수 있어도 어떻게 된 게 6명이 서로 겹치는 분야가 단 하나도 없어서 이 6명이 모이면 거의 마케팅의 모든 것을 해결할 수 있을 정도의 어벤져스 팀이 구성되었다. 자기 일만 하다 보면 마케팅 업계의 큰 흐름을 놓치고 우물 안 개구리처럼 시야가 좁아지기 쉬운데, 달마다 정기적으로 네트워킹을 하니까 서로의 분야에서 빨리 성장할 수 있었던 것 같다.

그렇게 도와드릴 수 있는 부분은 도와드리고 도움받을 수 있는 부분은 받으면서 여러 사장님들, 직원들 그리고 필자의 능력이 모이자 마케팅에 니즈가 있는데 뭘 어디서부터 어떻게 해야 할지 몰라 답답한 사장님 한 분 한 분 깊이 있게 상담해드리고 그분에게 맞는 최적화된 전략을 세워드린다. 더불어 교육 및 대행을 하며 성과를 만들고 있으니 평상시에 나부터 시작하여 주위의 인연들을 잘 경영해나가는 것이 대표의 책임이라는 것을 절실히 느끼고 있다.

당신이 마케팅 담당 직원을 고용해야 하는 3가지 이유

개성은 착각이다. 매일의 경험을 통해 알 수 있는 사실은,
우리의 창조주는 인간을 개인별로 창조하지 않고 그룹으로 창조했다는 점이다.
-요한 네스트로이

〈리더의 마케팅〉 교육과정 수강생 한 분 가운데 부동산 중개업을 하는 분이 계셨다. 낙성대 쪽에 사무실을 내고 온라인 마케팅을 직접 배우셔서 블로그를 통해 모객이 되기 시작하고 문의도 많이 들어오면서 계약이 나오기 시작했다. 매출은 괜찮은 편이었지만 직원 없이 혼자서 사업을 꾸려나가다 보니까 그만큼 체력이 필요하다는 단점이 있었다. 이 사장님의 경우 중개업과 블로그 마케팅까지 모든 실무 프로세스를 훤히 알고 계셨기에 블로그 마케팅 부분만 따로 마케팅 직원을 채용하여 대신 포스팅을 의뢰하고 그렇게 하여 들어오는 문의에만 집중하면 피로도도 절감되면서 효율도 좋았을 것이다.

그런데 이렇게 혼자서 모든 일 처리를 하고자 고집하는 사장님들이 의

외로 계신다. 이유를 들어보면 보통 2가지를 주로 말씀하시는데, 첫째는 여러분도 짐작하셨다시피 인건비의 문제다. 자금이 넉넉한데도 직원을 채용하지 않은 사장님은 한 명도 없다. 회사의 현금흐름표를 살펴보면 지출 항목에서 사무실 임대료와 더불어 가장 높은 비중을 차지하는 것이 인건비다. 그래서 내가 직접 할 수 있는 일이라면 내가 다 해버리고 인건비를 벌겠다는 목적으로 직원을 안 쓴다. 두 번째 이유는 심리적인 문제인데 이 일에 대해 나만큼 잘 아는 사람이 없고 업무를 알려준다 하더라도 주인의식을 가지고 책임감 있게 일할 것 같지가 않아 다른 사람을 채용하여 맡기기가 불안하다는 것이다.

물론 틀린 말은 아니며 필자도 한때 그렇게 생각했던 적이 있었다. 하지만 그럼에도 불구하고 왜 현재 직원 5~6명과 함께 일을 하고 있을까? 직원을 두고 일할 때의 장점이 직원 없이 일하는 것의 장점을 초월하기 때문이다. 방금 전에는 직원을 채용했을 때의 단점에 대해 이야기했는데, 그렇다면 장점으로는 어떤 것들이 있을까? 여기에는 다양한 이유가 있겠지만 일단 3가지를 들 수 있다.

첫째, 문의와 매출의 균형이 잡힌다. 업종을 불문하고 많은 사장님들이 호소하는 문제 중 하나가 바로 이 둘 간의 조화이다. 마케팅을 잘하면 문의가 들어오고 계약이 체결되어 매출이 발생하기 시작한다. 그런데 마케팅이 너무 잘 되어도 문제인 게 시도 때도 없이 전화가 걸려 와서 다른 업무는 도저히 못 보는 상황에 빠지기도 한다. 그렇다고 마케팅을 안 할 수도 없는 노릇이다. 종일 상담과 일 처리만 하면 마케팅 활동을 못하게 되기에 금방 다시 문의가 끊기니까 말이다.

그렇다면 어떻게 해야 할까? TM 업무를 잘하는 직원을 채용하여 상담을 위임하거나 아니면 마케팅 직원에게 매일 해야 하는 고정적인 마케팅 업무를 위임하면 된다. 회사가 잘 운영되기 위해서 내가 해야 하는 일들을 나열해보면, 자신이 하지 않아도 되는 일이 있고, 절대 자신이 빠져서는 안 될 일이 보일 것이다. 어떤 것을 위임하고 어떤 것을 직접 해야 가장 성과가 좋은지도 보일 것이다. 이를 잘 분석한 다음 업무마다 매뉴얼과 타임테이블을 작성하고 적합한 인재를 채용하여 위임하면 된다.

심지어 보험설계사나 자동차딜러도 지점 판매왕 급이 되면 관리하는 고객 수가 너무 많아 따로 직원을 채용한다. 영업왕을 만나보면 알겠지만 정말 몸 하나로는 부족하다. 시도 때도 없이 기존 고객들과 신규 고객들로부터 전화가 걸려오기에 개인비서를 두는 건 필수다. 아예 회사에서 비서를 두고 일하라고 비서 급여나 판매왕이 타고 다닐 자동차 등을 지원해주기도 한다.

둘째, 요즘은 지속적인 성장 없이는 살아남기도 힘든 시대이다. 특정 지점에서 안주하면 고인 물이 썩는다고 세상은 점점 바뀌고 있는데, 내 콘텐츠는 여전히 제자리걸음이기에 몇 년 만 지나면 시장에서 외면받을 확률이 높다. 사람을 채용하여 그 사람이 나 대신 6~7시간 일을 해주어서 확보된 나만의 시간 동안 리더는 무엇을 해야 할까? 제품과 서비스를 보다 더 발전시키고 다른 마케팅 채널도 연구하면서 업데이트하는 시간을 가져야 한다. 그런데 사람을 쓰지 않아 계속 문의전화를 받고 당장 눈앞에 닥친 일감만 해결하느라 개인정비 시간을 갖지 못한다면?

일단 일이 들어오고 그것을 통해 수익이 나기 때문에 '내가 지금 정말 열심히 살고 있구나' 하고 뿌듯한 마음이 들 수는 있다. 사업으로 점점 성공하기 힘들어지는 이 세상에 어떻게 보면 날 찾는 사람이 많다는 것 자체가 잘 된다는 뜻이니 행복한 고민일 수도 있지만, 가끔은 멈춰서 주변을 둘러보고 에너지를 충전할 시간 역시 필요하다.

사람은 몸이 하나이기에 모든 걸 혼자서 다 할 수는 없다. 대표는 회사의 최고 리더이기에 하루 업무 외에 따로 상품과 서비스의 품질을 높이기 위한 연구까지 병행해야 한다. 따라서 한 시간, 한 시간이 소중하다.

그래서 필요한 것이 업무에 대한 매뉴얼과 타임테이블 작성이다. 〈리더의 마케팅〉에서는 모든 광고대행을 직원들이 진행한다. 대표는 전반적인 관리 및 감독만 해주고 직원들이 막히거나 모르는 부분을 짚어주는 역할을 해주어야 한다. 그 결과 직원들은 그들의 업무에 필요한 인프라만 세팅해주면 알아서 온라인 광고를 척척 해내고 있다. 성실한 직원들을 제대로 교육만 해주면 예상 보다 훨씬 잠재력을 발휘한다. 일 잘하는 직원을 구하려 애쓰기보다 일 잘하는 직원으로 성장하도록 지원하고 잠재력을 키울 수 있도록 대표가 사내교육을 잘해주어야 한다.

셋째, 장기적으로 훨씬 더 비용을 아낄 수 있다. 처음에는 혼자서 다 할 수 있더라도 사업이 확장되면 결국 부서가 생겨나고, 각 부서를 책임질 담당자들이 필요해진다. 인력이 필요하긴 한데 바로 직원을 채용하긴 애매한 상황이라면 대행을 맡기게 된다. 대행사를 써본 분들은 아시다시피 대행비도 만만치가 않다. 결국 회사 안에 마케팅 부서를 직접 만들고 월급을 주는 게 대행료보다 훨씬 저렴하고 효율적이다.

예를 들어, 〈리더의 마케팅〉을 애용하는 한 고객분은 원래 키워드 상위 노출 대행을 월 400~500만 원에 진행하고 계셨다. 진단을 해보자 차라리 최적화 블로그를 직접 구하고 직원을 고용하여 자체적으로 상위 노출을 진행하면 월 고정 지출을 4분의 1로 줄이면서 똑같은 효과를 누릴 수 있다는 것을 알아냈다. 이 사실을 말씀드리자 그 대표님은 바로 실행에 옮기셨고 매출은 늘면서 지출은 감소했으니 웃음이 떠나지를 않으셨다.

또한, 인건비 외의 이점도 있다. 대행사에 의뢰하면 대행사의 직원이 마케팅을 집행할 텐데 대행사 직원은 마케팅에 대해서는 잘 알지만 대표만큼 그 사업을 잘 알지는 못한다. 반면에 자체적으로 채용한 마케팅 직원은 항상 출퇴근하면서 회사 안에 상주하니까 피드백과 소통도 즉각적으로 이루어져 발 빠른 대처가 가능하고 마케팅을 통해 들어오는 일에 대해서 문의 상담까지 즉시 처리할 수 있다.

한 가지 문제시되는 부분은 플랫폼의 로직이 바뀌었을 때 대처할 수 없다는 점인데 이는 마케팅에 능숙한 팀장급 인재를 채용하면 된다. 필자는 로직이 바뀌면 사후관리 차원에서 변경된 사항에 대해 재교육을 해드리고 있다. 그래서 고객분들이 한 번 마케팅 직원 시스템을 세팅하면 중도에 크게 문제되는 일 없이 원활하게 운영된다.

MARKETING'S TRAP

리더의 인사관리,
이렇게 달라야 한다

분명하게 보기 위해서는 보는 방향만 바꾸는 것으로도 충분한 경우가 많다.
-페터 알텐베르크

1인 기업의 형태로 영업을 하는 분이 있고 다수의 직원을 관리해 시스템으로 매출을 일으키는 경영자가 있다. 사람마다 가치관이 다르기에 어느 쪽이 더 좋다 감히 말할 수는 없겠지만 여러분은 이왕이면 세일즈맨을 넘어서 경영자에 도전을 해보셨으면 좋겠다. 지금 당장은 경험이 없어서 고민이 되겠지만 뭐든지 겪어봐야 어떤 것이 나에게 맞고 내가 무엇을 잘할 수 있는가를 알게 되는 법이다. 실제로 고객분들 중에서도 자기한테는 경영자의 자질이 없는 것 같다고 말씀하신 한 분이 직원 채용을 고민하셨는데 이 부분을 앞서 직원 채용을 겪어본 입장에서 문제해결에 도움을 드렸다. 지금은 어엿한 경영자로 직원 여러 명과 같이 일하고 계신다.

마케팅은 회사의 현재 상황과 가지고 있는 예산에 따라 다르게 진행된다. 이처럼 직원 채용 목적도 없이 갑자기 하는 게 아니라 계획을 세워 차례대로 해나가야 한다. 일단 여기서는 1인 기업이라고 가정해 보겠다. 이제 막 시작한 스타트업은 예산이 넉넉하지 않기에 예산이 만족스럽지 못할 것이다. 이럴 때는 우선 제품부터 구색을 갖춰서 대표가 블로그, 체험단, 페이스북 등 광고비를 최대한 적게 쓰면서 효과를 볼 수 있는 채널부터 마케팅해야 한다. 매출이 나기 시작하면 그 다음부터가 본격적인 경영의 시작이다.

'매출이 발생한다'는 이야기는 다름 아니라 '제품이나 서비스가 팔린다'는 뜻이다. 그리고 어떤 상품을 취급하든 간에 상담과 A/S 정책은 필수이다. 대기업이 자체적으로든 아웃소싱이든 콜센터를 운영하듯이 말이다. 처음에는 회사의 매출 자체가 그리 높지 않기에 대표 혼자서 광고와 판매와 상담과 CS까지 다 할 수 있겠지만, 점점 고객이 하나 둘 늘어나기 시작하면 그만큼 문의나 상담이 많아지기에 혼자 다 처리하기 힘들어진다. 나 역시 온종일 상담하고 문의에 대응하느라 정작 마케팅하고 제품이나 서비스를 전달할 시간이 부족한 적도 있었다.

그만큼 바빠졌다는 의미는 충분한 수익이 일어나고 있다는 의미이므로 이런 상황이라면 직원 한 명을 채용할 수 있는 여력이 생긴 것이다. 만약에 대표가 A(상품 개발), B(마케팅), C(영업), D(상담 및 CS), E(회계 및 세무) 이렇게 5가지 일을 한다고 생각해보자. 직접 마케팅을 해서 수익이 발생했으니 세무와 같은 일들은 전문가에게 대행을 맡길 수 있을 것이다. 그렇다면 E가 사라지고 A, B, C, D가 남게 된다. 그러면 이제 마케팅(B)과 상담 및 CS(D)에 대해 매뉴얼과 타임테이블을 작성한다. 매뉴얼이란 하루에 어떤 업무를 어떻게 해야 하는지 A to Z를 정리한 것이고, 타임테이블은 그 업무 하나하나 당 평균 어느 정도의 시간이 소요되는지를 정리한 것이다.

매뉴얼과 타임테이블이 만들어지면 대표 대신 각 채널을 관리해줄 마케팅 직원과 대표 대신 문의 전화를 받아주고 사무업무를 맡아줄 상담 담당자를 채용하여 매뉴얼과 타임테이블에 의거하여 체계적으로 교육하여 B와 D 업무를 위임한다. 이렇게 되면 A, B, C, D, E 가운데 총 B, D, E가 사라져서 대표가 해야 할 일은 A(상품 개발)와 C(영업)이 남게 된다. 5가지의 업무 가운데 3가지를 위임해 2가지가 남았기에 대표가 쓸 수 있는 시간은 훨씬 많아졌다. 하지만 원래라면 자신이 하던 5가지를 두 사람과 한 업체가 각자 하나씩 도맡아서 하니까 여전히 회사는 잘 운영되고 인건비를 제외하고도 대표가 가져가는 수익도 있다. 지금 든 예시는 어디까지나 예시로 어떤 업무를 외주로 진행하고 어떤 업무를 직원에게 위임할지는 회사마다 다 다르겠지만 대략 어떤 상황이 될지는 예상할 수 있을 것이다.

이제는 이 시스템을 더욱 확장해야 한다. 예를 들어, 아까는 마케팅 전반을 B라고 뭉뚱그려서 말했는데 사실 알고 보면 자신의 사업에 필요한 마케팅 채널은 한두 개가 아닐 것이다. 블로그, 카페, 페이스북, 인스타그램, 유튜브를 해야 한다고 치면 B-1(블로그), B-2(카페), B-3(페이스북), B-4(인스타그램), B-5(유튜브)가 있는 셈이다. 그렇다면 다시 아까 예시로 돌아가서 일단 대표가 블로그를 배워서 이 B-1을 마케팅 직원 ①에게 위임했다고 치자. 그 외에도 상담과 세무를 위임했으니 대표에게 비교적 많은 시간이 남았다. 그렇다면 이제 매출을 더욱 상승시키기 위해 대표가 카페, 페이스북, 인스타그램에 대해 배워서 결과를 만들고 매뉴얼과 타임테이블을 작성한다. 그다음에 마케팅 직원 ①에게 카페 업무도 가르쳐서 포털사이트 마케팅 업무 전반을 처리하게끔 하고 마케팅 직원 ②를 채용한 다음에 페이스북과 인스타그램을 가르쳐서 SNS 마케팅 업무 전반을 처리하게끔 한다. 마케팅 직원 ①②가 포털과 SNS 마케팅을 매일같이 하므로 회사의 전체적인 순수익은 더욱 증가하고 그렇게 낸 수익으로 영상 편집을 전문으로 하는 마케팅 직원 ③을 채용하는 것이다.

이런 식으로 점점 조직이 커지다보면 B-1, B-2, B-3, B-4, B-5만이 아니라 A, C, D, E도 점점 -1, -2, -3이 생겨날 것이다. 그럴 때는 예를 들어 상담 실장 1명으로 시작했던 D파트가 나중에는 일종의 TM 조직 콜센터로 성장할 수도 있는 것이고 대표가 직접 영업했던 C도 영업실장, 영업팀장을 위시로 한 세일즈 조직이 만들어질 수 있으며, A 역시 개발자들을 더 영입하여 따로 개발부서를 만들 수 있게 된다. 이렇게 인원들이 많아지면 E 파트 역시 회사에 상주하는 회계 담당자 따로 채용해야 할 것이며 인사와 감사업무를 봐줄 새로운 F 파트도 만들어야 한다.

다시 한번 말하지만 <u>모든 업무를 혼자서 다 할 필요도 없고 혼자서 다 할 수도 없다. 당신은 대표이지 마케터가 아니며 개인은 절대로 팀을 이길 수가 없다.</u> 나는 사업, 영업, 자영업 하는 모든 사람들의 사무실과 매장에 마케팅 전담직원이 한 명 이상 있어야 한다고 생각한다. 상담실장이 CS를 전담해주고 대표가 알려준 대로 각 채널에다 마케팅하는 직원이 있으니 많은 부분이 반자동화되어서 회사의 핵심역량 강화에 집중할 수 있다. 온라인 마케팅은 변화가 빠른 업종이기에 필자도 끊임없이 공부하지 않으면 도태될 수 있다. 처음엔 블로그 상위 노출만 하다가 체험단, 카페, 페이스북, 인스타그램, 리 마케팅 등으로 늘려나

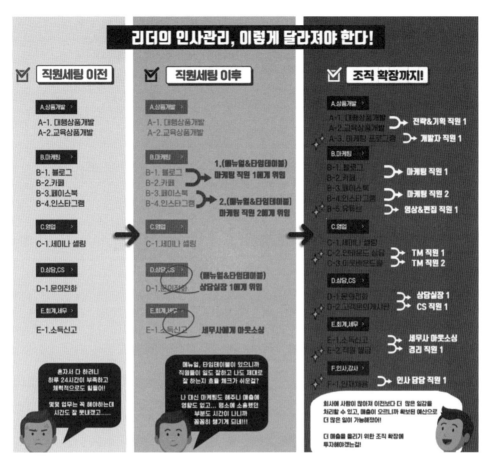

업무효율화를 위한 효과적인 업무 위임 및 배분 방법

갔듯이 효과가 좋다는 광고가 있다면 배우고 실습을 통해 체득해야 성장
하는 온라인 광고대행사가 될 수 있다.

만약에 필자가 A, B, C, D, E의 일을 혼자 도맡아서 제할 걸 다 제하고
도 순수익이 1000만 원 이상 남는다면 매뉴얼과 타임테이블을 작성하고
직원을 채용하여 A, B, C, D, E를 조금씩 위임하기 바란다. 그리고 보다

더 세분되는 A-1, A-2, A-3, B-1, B-2, B-3…. 역시 직원을 채용하여 위임하고 더 나아가 G, H, I를 만든 다음에 다시 사람을 채용하여 위임하는 것이다. 물론 매출 대비 순수익이 어느 정도 되어야 직원을 채용해야 하는 기준은 업종별로 다를 것이다.

1인 기업으로도 일해 봤고 직원과 함께 일해보기도 했다. 경험상 인건비를 아끼려는 건 회사 발전에 큰 도움이 되지 않는다. 당장은 많은 돈을 가져가는 것 같지만 그만큼 성장이 멈추기에 더 큰 돈을 벌 기회를 놓치게 된다. 필자가 단순 업무를 안 하게 되어 조금 더 효율적이고 창조적인 시간을 갖게 되었다. 그것이 결국에는 회사의 새로운 매출에 큰 도움이 되었다.

마케팅 컨설턴트로서 전하는 경영 노하우

교육의 목표는 아이가 선생 없이도 잘 해나갈 수 있도록 하는 데에 있다.
-버트런드 러셀

지금 〈리더의 마케팅〉이 다른 광고대행사와 차별화되는 부분이자 가장 고객들에게 호평을 받은 대표적인 서비스가 이 '마케팅 직원 세팅하기(마케팅을 담당하는 인력이 해당 조직 내에서 상주하여 업무를 진행할 수 있도록 지원하는 과정)'이다.

물론 창업 처음부터 필자가 마케팅 직원 세팅하기를 도와드렸던 아니다. 앞서 보았듯이 포스팅 납부와 광고대행으로 시작해서 사기를 당하고 쫄딱 망해본 다음에 1인 기업으로 최적화 블로그 판매 및 블로그 상위 노출로 재기하고 나서도 한동안 광고대행만 계속 해왔다. 교육은 한 달에 한두 번 주말에 진행했던 원데이 특강밖에 없었다. 이마저도 하루 4~5시간 가지고는 마케팅의 모든 걸 전수할 여력이 없었기에, 사장님들이 다른 광고대행사에 불합리한 계약을 하지 않도록 반드시 알아야 하는 최소한의 정보만을 교육했다.

즉, 교육상품은 메인조차 아니었다는 말이다. 그런데 계속 원데이 클래스를 운영하다보니 수강하는 사장님들이 조금 더 자세히 배우고 싶다고 정규과정을 개설해달라고 요청하셨다. 비용을 더 낼 테니 좀 더 정식으로 시간을 내서 배우겠다는 열의에 보답하고자 4~5주 1달 동안 마케팅 모든 채널을 알려드리는 교육과정을 만들게 되었다. 기본 교육을 들은 다음에 각자 자신의 사업에 맞게 적용하여 결과를 만들 수 있도록 꾸준히 사후관리 컨설팅도 해드렸는데 결국 필자가 쓰는 방법들, 즉 현직 광고대행사가 사용하는 기법을 모두 알려드리다 보니 자연스럽게 수강생분들의 매출이 상승할 수밖에 없었다.

그런데 한 가지 안타까운 점이 있었다. 안 그래도 사업체를 경영하느라 교육도 주말에 시간 내서 오시는 분들이 마케팅도 병행하다 보니까 너무 시간에 쫓겨서 사시는 것이다. 그만큼 매출이 오르니까 괜찮다는 대표님들도 있었지만, 일단 필자의 마음이 편하지가 않았고 장기적인 관점으로 봤을 때는 오히려 성장에 해가 된다고 판단하여 차기 정규 프로그램을 기획하게 된 것이 바로 '마케팅 직원 세팅하기'이다.

마케팅이 잘 될수록 가게와 사무실은 바빠진다. 계속 고객이 방문하고 문의가 들어오기 때문이다. 처음에는 대표 혼자서 할 수 있겠지만 점점 그 업무량이 늘어나면 결국 일을 대신하여 해줄 직원이 필요하다. 대기업이 콜센터를 갖춰놓듯이 어떤 제품이나 서비스를 팔던 고객 상담을 빼먹을 순 없기 때문이다. 나 또한, 같이 일하는 직원들 외에 상담실장을 따로 채용하여 문의와 상담에 대응하고 있다. 처음에는 상담도 직접 했지만 회사의 규모가 커질수록 건수가 늘어나서 상담만 하느라 정작 마케팅 할 시간이 없어서 불가피한 선택이었다.

교육을 들으신 사장님에게 이를 제안하자 어떤 사장님은 1인 기업으로 시작해서 여태껏 직원을 채용해본 적도 없고 사람 다루는 법도 잘 모르겠다고 문의하셔서 먼저 직원을 채용해본 입장에서 '직원 인사관리까지 같이 알려드려야겠구나'하고 마음먹게 되었다. 그렇게 해서 만들어진 마케팅 직원 세팅 프로그램은 먼저 대표에게 〈리더의 마케팅〉 정규과정 교육을 다 마친 후 자사에 효과적인 마케팅 매뉴얼과 타임 테이블을 만든 다음, 직원을 채용하여 이를 위임하기까지 내가 책임지고 지원하는 방식으로 출발하게 되었다.

연세가 좀 있으셔서 익숙하지 않은 디지털에 대한 마케팅을 배워서 직접 마케팅 하는 건 익숙하지 않은 분들에게는 일부 광고대행사에 속지 않게끔 이론적인 부분을 알기 쉽게 설명해 드리고, 사장님이 직원을 채용하시면 그 직원의 교육을 담당했다. 사장이 마케팅에 대해 이론적인 부분을 이해하며 구체적인 실무는 직원 분이 직접 하니 온라인 마케팅에 익숙하지 않은 분들도 성과가 나기 시작했다.

마케팅 직원을 도입하기 전과 후를 비교해서 들어오는 매출과 빠지는 비용 절감까지 경영혁신이 일어났다고 너무나 감사하다는 사장님을 보면서 '〈리더의 마케팅〉 교육은 이렇게 최종적으로 마케팅 전담직원 세팅까지 가야겠구나!' 하는 확신을 가질 수 있었다. 일부 단골 사장님들은 이렇게 다 알려주어도 되느냐고, 이렇게 내부적으로 마케팅 직원을 세팅하고 사후관리까지 해주면 〈리더의 마케팅〉에 대행을 맡기지 않으니 제 손으로 돈 벌 기회를 포기하는 거 아니냐고 걱정해주시는 분들도 계신다.

거래처를 이렇게 걱정해주시니 이런 말씀을 해주실 때마다 정말 감사하다.

이분들 말씀이 물론 틀린 건 아니다. 마케팅 직원 세팅 교육을 없애고 차라리 몇 달 더 대행을 받으면 나로서는 그게 더 큰 수익이 된다. 하지만 가뜩이나 나를 만나기 이전에 몇몇 광고대행사에 속아서 비용만 들이고 그런데도 온라인 마케팅은 필요하니까 여기저기 알아본 끝에 필자를 찾아오신 고객님들에게 나마저 사실을 감추고 진심으로 대하지 않는다면 그게 과연 올바른 사업가의 태도일까? 아시는 분들도 있겠지만 필자는 원데이 클래스나 정규과정 교육할 때나 현직 광고대행사의 비법을 남김없이 공개하기로 유명하다.

언제는 세미나를 마치고 귀가하는데 멀리서 "야, 저렇게 다 밝혀버리면 우린 뭐 먹고 살라는 말이냐?"라는 다소 격앙된 목소리를 들어본 적도 있다. 아마 같은 광고대행사에서 정찰 차원으로 세미나를 수강하러 오신 모양이었다. 만약에 〈리더의 마케팅〉을 알게 되어 몇 달 동안 다수의 키워드를 상위 노출 대행을 맡기는 업체가 있다면 조심스럽게 제안한다. 지금처럼 계속 대행을 맡기면 키워드 하나 당 몇 십씩이니 4~5개만 잡아도 월마다 몇 백만 원이 드는데, 차라리 교육을 좀 들으시고 직접 상위 노출을 하시면 훨씬 저렴한 비용에 마케팅 효과를 누릴 수 있다고 말이다. 그러면 고객들이 오히려 놀란다. 그렇게 먼저 말하지 않으면 더 많은 돈을 벌 수 있는데 왜 남 좋은 일만 하느냐고….

그래도 마음을 다하자 이런 점을 조금씩 알아주시기 시작하여 요즘은 충분히 보답을 받고 있다. 광고대행사를 창업한 지 어언 5년 차. 〈리더의 마케팅〉이 지금까지 꾸준히 성장하고 있는 건 다 필자를 믿고 계속 의뢰하고 다른 고객을 소개해주시는 분들 덕분이다.

처음 창업했을 때부터 지금 이 순간까지 필자의 꿈은 기획과 실행을 두루 섭렵하여 고객들의 매출을 실질적으로 증대시켜 그들의 사업번창을 지원하는 진정한 마케팅 컨설턴트가 되는 것이었다. 당연한 말이지만 이런 나 역시 바로 이전 챕터에서 말한 차별화 전략을 끊임없이 고민하고 있다. 다른 건 몰라도 마케팅 하나만큼은 내공과 실력이 어디 가도 견줄 수 있다고 생각하지만 나조차 한 수 접고 들어가는 달인과 고수들이 가득한 시장이기 때문이다.

우리나라에는 이미 〈리더의 마케팅〉을 제외하고라도 온라인 광고대행사들이 즐비하다. 그렇다면 이들과 차별화를 위해서는 어떻게 해야 할까? 제품, 서비스, 사람 이 3가지 측면에서 변화를 도모해야 한다. 그래서 처음부터 광고대행을 하되 블로그 상위 노출만이 아니라 기타 다양한 대행을 하기로 했다.

그런데 과연 이것으로 충분할까? 막 시작한 신규업체가 아닌 이상 규모가 어느 정도 있는 업체들은 이 정도의 종합대행 서비스는 다 하고 있었다. 그래서 이에 더해 교육도 하는 광고대행사 사장이 되기로 결심했다. 확실히 여기까지 하는 대행사 사장님은 썩 많지 않았지만, 개중에는 교육과 대행을 동시에 하는 정말 실력 있는 광고대행사 사장님들이 있었다. 이분들과 겨루어서 이기려면 어떻게 해야 할까? 한 단계 더 차별화에 들어가 고객분들의 사업체에 마케팅 전담부서와 직원까지 세팅해 주는 광고대행사 사장이 되기로 한 것이다.

여기까지 업무를 확장하자 제품, 서비스, 사람 모든 면에서 차별화가 이루어지며 고객들 반응도 열렬했고 나름의 전문성과 포지셔닝을 구축할 수 있었다. 하지만 방심하고 여기에서 멈출 수는 없다. 탁월한 마케팅 컨설턴트가 되어서 더욱더 고객들을 돕기 위해선 끝없이 공부해야 한다. 지금 이 단계에서 또다시 한 걸음 나아간 기획을 지금 구상 중이니 몇 년 후 반드시 결과를 만들어서 다음 저서에서 자랑스럽게 공개하도록 노력 하겠다.

1 마케팅은 물론 중요하지만 리더는 마케터도, 막노동꾼도 되어서는 안된다. 적당한 시기가 되면 반드시 직원을 채용하여 조직의 규모를 키워나가야 한다.

2 직원 채용의 핵심은 회사의 업무를 나눠 매뉴얼과 타임테이블을 작성하고 하나씩 업무를 교육 및 위임해나가는 것이다.

3 제품, 서비스, 사람이라는 3가지 측면에서 나의 비즈니스를 차별화하면 고객들의 선택을 받게 된다.

4 진정 고객을 위한 마케팅 컨설팅은 고객사에 마케팅 부서와 직원이 생겨 운영할 수 있게 지원하는 것이다.

마케터 상주로 역대 최대 매출을 올린 홍대맛집

여기에서는 체험단과 마케팅 직원 세팅으로 엄청난 매출상승을 일으킨 홍대맛집 사장님의 이야기를 하겠다. 이분은 식당을 운영하는 만큼 광고대행사와의 컨택이 잦아 블로그 상위 노출을 의뢰한 적도 있었고 워낙 지역 입지와 검색량이 좋다보니까 실제로 매출이 오르긴 올랐었다고 한다. 하지만 들인 비용에 비해서는 썩 만족스럽지 않다고 하셨다. 하지만 안 하는 것보다는 확실히 좋았기에 계속 비싼 광고료를 내야 하는 점이 스트레스였다.

주변에 마케팅 잘하는 믿을만한 사람도 없어서 고민하던 차에 세미나를 듣고 정규교육까지 받으셨다. 매출도 많이 늘었지만 중요한 건 마케팅의 큰 흐름을 대표가 직접 알게 되자 여러 채널들 가운데 내 점포를 홍보하기 위해서 어디서 뭘 해야 하는지 생각하여 실행할 수 있게 되었다는 것이다. 상위 노출도 중요하지만 일단 맛집은 포털사이트에 긍정적인 후기를 많이 받아 놓는 것이 핵심이기에 체험단을 계속 진행하는 것을 추천했다. 그래서 아예 레스토랑 내부에 마케팅 직원을 한 명 상주하게 했다.

일일방문자가 많은 블로그에 계속 체험단을 진행하니 마케팅 직원 한 명이 대략 한 달에 30~40팀 정도를 모집하고 전화 연락과 예약까지 다 할 수 있었다. 게다가 개중에는 지수가 높은 블로거도 있어서 합정맛집이나 홍대맛집 키워드로 상위 노출이 되기 시작하자 매출이 오르기 시작했다.

개인적으로 업종을 불문하고 모든 회사에 마케팅 담당 직원이 한 명 이상은 꼭 필요하다는 신념을 갖게 된 계기이기도 하다. 보통 식당하면 홀서빙과 주방직원만 고용해서 운영하는데, 이 업체는 특이하게 그와는 별개로 매장 구석에 마련된 컴퓨터로 마케팅 직원이 출근해서 체험단을 모집하고 이들이 포스팅을 제대로 하는지 점검하며 예약을 잡아주고 공지하는 일을 한다. 보통 프랜차이즈가 아닌 개인매장에 자체적인 마케팅 부서까지 갖춰놓는 일은 흔치 않다. 담당자가 있더라도 여러 잡일과 겸업하기에 신경이 분산되어서 본업인 마케팅도 제대로 못하는 경우가 태반이었다.

마케팅 전담 직원 한 명을 채용하는 이 시스템은 어떤 점이 좋을까? 매달 대행을 맡기지 않고 직원에게 줄 월급 한 번 만으로 모든 광고를 매장 자체에서 알아서 진행하니 광고비가 절감되어 그만큼 매장의 수익으로 돌아올 수밖에 없었다.

체험단 외에도 효과를 본 매체는 페이스북이다. 아시다시피 맛집은 페이스북과 인스타그램으로도 괜찮은 효과를 볼 수 있다. 맛있는 음식영상을 촬영한 다음에 사람들이 배고플 시간대에 광고를 집행했는데, 이때 당연히 DB를 취득하기 위한 미끼 상품을 하나 만들었다. 신청자들에게 무료 샐러드 쿠폰을 나눠준다고 한 것이다. 샐러드를 먹고 싶은 사람이 이름과 연락처를 남기면 그 DB를 보고 직원이 전화를 걸어서 다음과 같은 멘트를 한다.

"안녕하세요. 홍대맛집 ○○○입니다. 무료 샐러드 쿠폰 신청하신 ○○

셀러드라는 미끼 상품을 효과를 더 했던 페이스북 이벤트

○고객님 맞으시죠? 다름 아니라 저희가 꼭 매장에 방문하셔서 샐러드를
드실 분들에게만 쿠폰을 드리고 있습니다. 무턱대고 아무에게나 드리지
않는데요. 가까운 시일 내에 예약 한 번 잡아주셔야 저희가 샐러드를 무료
로 드리는데 언제가 편하신지요?"

　이렇게 해서 예약을 잡으면 그날 이 테이블은 샐러드를 무료로 드리기로
한다. 그런데 잘 생각해보자. 샐러드가 공짜인거지 모든 메뉴가 공짜는 아

니다. 보통 예약까지 잡으면 친구라도 몇 명 함께 가기 여럿이서 샐러드 하나만 먹을 일은 없을테니 뭐라도 메뉴를 주문할 것이다. 공짜로 뭘 준다니 손해보는 것 같지만 사실상 샐러드를 미끼 상품으로 내걸어 원래 올 예정이 없었던 고객들을 유인하여 매출을 올리는 셈이다.

이렇게 홍대맛집은 2017년 12월, 레스토랑 오픈 이래 역대 최고 매출을 올리게 되었고 2018년 1월, 가게 사장님께 감사의 전화를 받게 되었다. 필자 덕분에 그동안 상위 노출만이 방법인 줄 알았는데 새로운 마케팅 플랜을 통해 지출은 줄이면서 매출은 역대 최고점을 갱신했다는 인사를 하셨다.

B급 카드뉴스로 고객의 관심을
최대로 모은 ○○시 치과

○○치과는 마케팅 직원 세팅으로 큰 효과를 본 사례 중 하나이다. 가급적이면 일단 대표가 먼저 마케팅에 대해 배운 다음에 직원을 고용해 위임하는 것이 가장 좋다고 생각하나 고객마다 상황과 환경이 각자 다르기에 어떤 경우는 직원(마케팅 담당자)을 보내주시면 직원을 교육해드리기도 한다. 어느 정도 직원 수도 많고 규모가 있는 회사라던가 혹은 대표님이 연세가 좀 있으시거나 해서 온라인에 익숙하지 않다면 마케팅 담당 직원을 보내서 대신 교육하게 되는 상황이 많았다.

특히 병원 원장님이라면 환자 진료와 치료에 집중해야 하기에 규모가 아주 작은 개인병원이 아닌 이상 상담실장이나 마케팅 부서가 따로 있던가 아니면 대행사에 정기적으로 외주를 맡기는 편이다. 그래서 치과에서 마케팅을 담당하는 한 이사님에게 종합적인 바이럴 마케팅 교육을 해드렸다. 연세가 결코 젊으시진 않았지만 마인드가 긍정적이셨고 온라인이라는 새로운 것을 받아들이는 것에 대해 호의적이어서 정말 열심히 배우고 실천하셨다.

게다가 보통 많은 수강생들이 하나를 알려주면 그것만 딱 하는데, 이분은 알려드릴 때마다 응용력을 발휘하여 여러 시도를 하는 점에서 아이디어맨이기도 하셨다. 최적화 블로그 교육도 해드렸는데 꼬박꼬박 성실하게 포스팅하여 본인이 직접 2개나 최적화 블로그를 만들어서 치과 광고를 하셨다.

　여러분이 병원 원장의 입장이라면 어떨까? 최적화 블로그를 가지고 있는 대행사에 키워드 하나당 고정비를 내가면서 계속 의뢰하는 것과 병원 내부에 최적화 블로그를 만들고 광고까지 할 수 있는 마케팅 직원이 있어서 월급 한 번만 주고 꾸준히 상위 노출을 할 수 있다면? 대행할 때와 똑같은 효과를 내면서도 광고비는 훨씬 감소하니 자금순환에 큰 도움이 될 것이다.

　다만 그 직원이 그만둘 때를 대비하여 매뉴얼과 가이드 등으로 시스템이 잡혀 있어야 한다. 온라인에 익숙한 직원이라면 누구라도 교육을 통해서 바로 작업을 이어서 할 수 있게끔 말이다. 포털사이트로 효과를 보자 페이스북 광고도 한 번 도와드린 적이 있었다. 교정 시술을 받을 DB가 없다고 하셔서 한 번 카드뉴스 콘텐츠를 제작해서 DB를 입수해보기로 했다.

　그 당시 기획했던 카드뉴스의 제목이 '치아 교정 후 인생 역전한 스타 톱 5'였다. 사람들은 유명한 연예인이나 영화배우 등에 관심이 많기 때문에 대중교통 등에서 심심풀이로 가볍게 읽을 수 있는 무난한 콘텐츠를 만들었다. 하지만 이 카드뉴스에는 마지막 반전이 있었으니…. 맨 마지막 치과 마케팅 부서 친구들이 일하는 사진을 찍어서 넣고, 사실 광고라고 이 카드뉴스 콘텐츠 생각하느라고 머리도 쥐어짜고 힘들었다며 하지만 앞서 언급한 스타들이 치아 교정을 한 건 다 사실이고 교정을 미리 해두면 이미지 메이킹에도 좋으니까 우리를 한 번 믿어달라고 병원도 정말 좋고 이벤트도 하

타사가 진행했던 정보전달 형태의 효율성이 낮은 홍보물

자사가 진행했던 기획 콘텐츠 형태의 효율성이 높은 홍보물

고 있다는 식으로 살짝 B급 느낌에 정직한 콘셉트로 밀어붙였다.

사람들이 긍정적으로 봐준 덕분인지 읽어준 많은 사람들 가운데 '평상시 교정을 해야 하긴 하는데…' 하고 생각했던 이들이 꽤 많이 신청했다. 나름대로 구매의 벽이 높은 교정 수술에 단 한 번의 카드뉴스 광고만으로 DB를 상당히 얻게 되는 긍정적인 결과가 나왔다. 물론 광고비 이상의 수익을 올리셨다.

MARKETING'S TRAP

PART 6

월 1억 버는 리더,
이런 점이 다르다

사람을 통해 배우고
멘토를 통해 성장한다

미래를 읽고 싶은 자는 과거를 하나씩 넘겨봐야 한다.
-앙드레 말로

필자는 운이 좋은 사람이라 생각한다. 특히 여러 직장에서 훌륭한 멘토들을 만난 덕분에 많은 이들에게 도움을 줄 수 있는 전문가로 성장할 수 있었기 때문이다. 몇 년째 광고대행사를 운영하다보니 아무래도 대표 분을 고객으로 만나다 보니 정말 다양한 리더들을 대할 수 있었다. 개중에는 지금도 이미 충분한 성공을 이루셨고 잘 나가지만 안주하지 않고 한층 더 도약하기 위해 나를 찾아오는 분도 계셨고, 고군분투하면서도 온라인 마케팅을 계기로 터닝포인트를 만들고자 노력하는 분들도 계셨다. 이번 챕터에서는 그동안 대행사를 하면서 경험해 온 성공하는 CEO와 실패하는 CEO의 특징에 대해 나름의 통찰을 정리해보았다.

혼히 사업으로 성공한 사람들의 인터뷰를 보면 '운이 좋았다.' '사람을 잘 만났다. 그 사람을 내가 만나지 못했다면 절대 성공할 수 없었을 것이다.'와 같은 표현이 자주 등장한다.

미디어에 나오는 대단한 사람들만큼 필자가 성공한 건 아니지만 요즘은 그들이 하는 말이 내심 이해가 되고 있다. 아마도 이미지 메이킹 차원이 아니라 진심으로 그렇게 생각하지 않을까? 나만 하더라도 여러 멘토들에게 영업과 비즈니스를 배우지 않았더라면 지금처럼 사업체를 운영하는 리더가 되지는 못했을 것이다. 자기계발서에 흔히 나오는 '당신 주변에 어떤 사람이 있느냐가 당신의 운명을 결정한다.'는 말은 어느 정도 일리가 있다.

인맥이 그만큼 중요하다는 말인데, 나와 가까운 사람들이 평범한 직장인밖에 없다면 그 이상의 세계를 보지 못할 가능성도 커진다. 그런데 내 주변에 있는 사람들이 나름 자기 사업을 이끌어서 성과를 내고 있는 리더라면 그들의 이야기를 들으면서 '어? 저 사람들은 저런 식으로 사업을 성장시키고 있구나? 나도 이렇게 응용하면 가능하지 않을까?' 하는 의식이 싹트기 시작한다.

그러나 좋은 멘토는 당신에 대해 크게 신경 쓰지 못한다. 훌륭한 멘토들은 만나자는 사람들도 많고 지금 이 순간에도 비즈니스를 성장하고자 노력하기에 일 분 일 초가 소중한 이들이기 때문이다. 괜찮은 인맥을 만들고 더 나아가 지속하여 유지하기 위해서 성공한 리더들은 어떻게 했을까? 그들은 먼저 나 자신이 어느 분야에서라도 최고까지는 아니더라도 상위급의 전문가가 되어서 상대방이 나에게 흥미를 갖게끔 했다. 먼저 그들에게 제공할 것이 없는데 받기만을 바라는 건 상대방에 대한 크나큰 실례이다.

요즘 사업가 모임을 가보면 '자신이 스타트업을 한다'면서 현란하게 자신을 포장하는 사람들이 있다. 언변이 너무 탁월하여 흥미가 생겨서 이것저것 물어보고 깊이 좀 알아보면 정작 내실은 없는 이들이 많다. 이런 사태를 피하고 싶어서 나는 창업하고 이제는 내가 온라인 마케팅과 세일즈에 대해서 다른 이들에게 확실한 도움을 줄 수 있겠다 싶은 자신감이 생기기 이전까지는 일부러 인맥을 만들기 위한 모임에 나가지 않았고 어디에 가서도 광고대행사를 운영한다고 밝히지도 않았다.

그 시간에 온라인 마케팅 고수들을 찾아다녔다. 그런데 초창기에는 나 또한 그다지 대단한 전문성은 없었다. 단지 나보다 1~2가지라도 더 아는 사람이 있으면 열심히 찾아다니면서 내 진정성과 열정을 어필했다. 조금이라도 뭔가를 배울 수 있겠다 싶으면 어디라도 찾아갔다. 대전이나 대구처럼 가는 데만 몇 시간 걸리더라도 정작 그 사람이 나에게 내준 시간은 고작 1~2시간이더라도 무조건 찾아갔다. 광고대행사 사장님 명함이라도 한 장 받으면 "나중에 한 번 놀러가도 될까요?"라고 허락을 구한 다음에 직원 수를 물은 다음 인원 수에 맞춰 커피를 사 들고 방문했다. 아이스 아메리카노 15잔을 사서 간 적도 있었는데 직원들 마실 거나 간식거리를 챙겨가는 데 싫어하는 대표님은 한 분도 없었다.

관계를 쌓다 보니 자연스럽게 점심이나 저녁도 한 번씩 대접하게 되었고 그때 포털사이트의 로직이라던가 온라인 마케팅에 대해 많은 것을 묻고 배울 수 있었다. 비록 지금 당장은 아무것도 없지만 열심히 노력하는 그 적극성을 높이 사서 원래는 영업비밀인 고급정보들도 알려주셨다. 물론 개중에는 보수적으로 경계의 눈초리를 보내셨던 분들도 있었지만 젊은 친구가 배우려고 참 열심히 한다고 좋게 봐주시는 분들도 있었던 것이다. 열심히 경청하고 메모한 비법들은 그날 바로 대입해보고 테스트하며, 결과를 피드백하여 새 가설을 세우고 또 테스트하고…. 그러다가 '어? 이건 차라리 이 방법으로 하는 게 더 좋지 않나?' 하는 번뜩이는 아이디어를 통해 나만의 비법을 만들기도 했다.

다시 한번 말하지만 좋은 멘토는 당신에게 관심을 두지 않는다. 즉, 가만히 앉아서 귀인이 자신을 찾아오기를 하염없이 기다리는 게 아니라 내가 적극적으로 발 벗고 스승을 찾아나서야 한다는 말이다. 그렇다고 무작정 들이닥쳐서 관심을 끌기 위해 행동하라는 건 아니다. 예의를 갖춰서 용건을 말하고 당장 큰 무언가를 해드리진 못하더라도 하다못해 작은 선물이라도 건네면서 미래의 가망성과 열정을 보여주면 '저 친구 뭘 시켜도 대충은 안 하겠는걸!' 하고 생각지도 못한 러브콜이 들어올 수도 있다.

목이 마른 사람이 우물을 판다고 내가 절실하면 '왜 저 사람은 날 좋게 안 봐주지?' 하고 세월을 탓하여 기회가 오지 않는 걸 탓할 게 아니라 내가 적극적으로 기회를 만들어야 한다. 이때는 고생하여 발품을 팔았지만 그 덕분에 오랜 기간 함께 할 수 있는 훌륭한 마케팅 업체 대표님들과 원활한 소통이 이루어져서 예전처럼 혼자서 모든 걸 다 하는 게 아니라 서로 협조하고 도와가며 시시각각 바뀌는 온라인 마케팅의 큰 변화와 트렌드에 대해 많은 정보와 팁을 공유하고 있다.

배움이 멈추면 성장도 멈춘다

겸손은 그 무엇보다 다른 사람들에게서 높이 인정받는 덕목이다.
- 라 로슈푸코

만약 독립하여 사업을 막 시작한 리더라면 특히 배우는 일에 힘써야 한다. 자신이 판매할 아이템에 대한 상품지식은 물론이고 세일즈의 방법과 온라인 마케팅, 인사관리까지 사업을 운영하기 위해 필요한 모든 요소들을 배워야 한다. 이런 업종을 불문하고 공통으로 필요한 기본기 이외에도 사업 분야마다 각기 다른 경영요소 역시 끝없이 배워서 자신만의 매뉴얼을 구축할 수 있어야 한다. 예를 들어, 식당을 운영한다면 상권분석부터 시작하여 동선을 짜는 방법, 매장 분위기를 좋게 만드는 인테리어, 서비스와 서빙, 위생 관리, 식자재 유통 등, 깊이 있게 파고들면 요리 외에도 알아야 할 것들이 한두 가지가 아닐 것이다.

　문제는 사업이 잘 안 되는 많은 사장님들이 사업장 혹은 회사를 운영하기 위한 가장 기본적인 요소에 대해 세세하게 점검하지 않는다거나, 사고를 더욱 확장하여 마케팅까지 배워서 실천하는 분은 지극히 드물다는 것이다. 영업의 세계에서는 '기본만 지켜도 반은 간다'는 말이 있다. 특성상 회사에 소속이 되어 있고 위로 팀장, 지점장, 본부장 등 서열이 있긴 하지만 사실상 개인 프리랜서에 가깝기 때문에 자기관리가 안 되는 세일즈맨과 기본을 제대로 지키는 세일즈맨 사이의 격차는 클 수밖에 없다.

하루하루를 나태하게 보내는 세일즈맨과 달리 일찍 사무실에 출근하여 플래너를 작성하면서 1. ○○, ○○등에게 메일을 보낸다. 2. 최소 30통의 전화를 건다. 3. PT 자료를 준비해서 점심, 오후, 저녁 미팅을 한다. 이런 식으로 체계적으로 계획을 세워놓고 하루를 시작하는 세일즈맨은 월말정산을 할 때 실적이 좋을 수밖에 없다.

지금은 프로의식을 가지고 전문가가 되지 않으면 살아남을 수 없는 시대이다. 어느 시장이나 수요 보다 공급이 넘쳐나고 있고 인터넷과 스마트폰을 통해 후기를 검색하면서 소비자가 이전보다 더 많은 정보를 알고 어떨 때는 사장보다 더 다양한 지식을 가지고 있는 경우도 있다.

PC방을 하나 차려도 어떤 곳은 손님이 문전성시를 이루는데 어떤 PC방은 장사가 안된다. 똑같은 보험을 파는 보험설계사라도 누구는 소개가 줄을 잇는데 누구는 고객이 계약 하나 해주지 않는다. 돈가스 전문점을 개업해도 어디는 파리를 날리는데 어디는 손님들이 1시간 줄을 서가면서까지 먹는다. 심지어 고시에 합격해 자격증을 따서 전문직이 되어도 어떤 병원이나 회계사 사무실에는 상담을 받겠다는 DB가 1달 치 정도 밀려 있는데, 어떤 곳은 아무도 찾아주지 않는다. '많은 사람들이 일단 점포를 개업하면 기본적으로 동네에 사는 사람들이 지나가다 들러주겠지?', '자격증만 따면 잘 풀리겠지?'라는 희망으로 개업하지만 개업 발이라는 희망적인 시기가 지나고 난 다음에는 세상에는 자신 말고도 같은 일을 더 잘하는 사람이 훨씬 많다는 냉혹한 현실을 직시하게 된다.

〈리더의 마케팅〉과 오랜 시간 거래하고 있는 치과를 운영하는 나이 지긋하신 원장님이 계시는데, 지금보다 병원을 더 좋게 이끌어 나가고자 하는 의지와 배우려는 열정은 결코 젊은 분들에 뒤처지지 않았다. 컨설팅 결과, 블로그 상위 노출을 추천해 드렸는데 최적화 블로그에 과감히 투자하셔서, 자신의 소유 블로그에 직접 키워드 상위 노출을 하기 시작했고 큰 성과를 내셨다. 투자금액 대비 수익을 내신 건 당연지사이다.

무언가 자신의 비즈니스에 꼭 필요하다 싶으면 과감히 돈과 시간을 투자할 줄 알아야 한다. 자신에게 익숙하지 않은 분야더라도 최신 트렌드를 따라잡기 위해 열심히 공부해야 한다. 만약 나의 사업이 블로그와 페이스북을 이용하여 고객 문의 DB를 많이 확보할 수 있다면? 그렇다면 그 분야의 전문가를 찾아가 교육을 듣는 것이 좋다. 공부를 통해 자세히 알고 나면 나중에 자신이 직접 하지 않더라도 마케팅을 직원을 채용하여 위임하거나 광고대행사에 자신이나 자사에 반드시 필요한 부분만을 외주로 위임하면 되기 때문이다.

이처럼 '배움의 길이 끝이 없다'는 말을 계속 실천해야 한다. 자신의 잠재력을 잘 발휘할 수 있는 아이템을 선정하는 것도 중요하지만 그 못지않게 중요한 건 어떤 아이템을 잡아도 성공시킬 수 있는 '실력'이다. '어떻게 전략을 세워서 마케팅과 홍보를 하고 그렇게 유입된 고객들을 대상으로 영업과 CRM을 하여 단골을 확보해나갈 것인가'를 늘 고민해야 한다. 이렇듯 어떤 사업을 하더라도 공통되게 필요한 리더의 덕목을 갈고 닦는 것이 필수다.

고정관념, 잘 나가던 시절이라는 철옹성을 없애라

경험을 하려면 사람들은 대가를 비싸게 지불해야 한다.
그럼에도 불구하고 누군가 경험을 선물하고자 하면 아무도 받으려 하지 않는다.
-루트비히 뵈르네

컨설팅 업체에서 일하던 시절부터 지금 운영 중인 〈리더의 마케팅〉에 이르기까지 다양한 분야의 사장님들과 인연이 닿았다. 컨설팅을 진행했던 횟수나 지금까지 만났던 사장님이 몇 분이었는지를 정확하게 세어본 적은 없지만 5년간 일해 왔으니, 대략 몇백 회가 넘는 컨설팅과 그만큼의 사장님을 만나온 것이다. 여러 다양한 분야에서 활동하시는 사장님들을 만나왔는데 개중에는 정말 열심히 하셔서 성과를 내시는 분도 계셨고, 아무리 현상에 관해 이야기를 해드려도 끝내 자신의 주관대로 일을 진행하시다가 현상유지에 머무르거나 오히려 경영을 악화시키는 분들도 있었다.

　논리적으로 설명해 드리고 실제 성공사례와 통계를 보여드리며 잘 말

쓸 드려도 '그거는 절대 안 돼! 이건 이래서 안 돼! 저건 저래서 안 돼!' 하시면서 갖가지 이유를 들면서 새로운 시도는 전혀 하지 않으셨던 것이다. 분명히 지금 하는 방식대로는 잘 안 되니까 필자를 찾아왔을 텐데 같이 문제를 해결하고 매출을 높이기 위해 열심히 머리를 짜내서 상책, 중책, 하책을 모두 건의 드려도 핑계를 대며 거절만 하시는 것이다. 오히려 "막 사업을 시작해서 마케팅과 세일즈에 대해서는 잘 모르니까 전문가인 이상규 대표가 알려주는 대로 한번 다 해보겠습니다."라는 분들이 무엇이건 실천하고 매출을 올리는 일이 대부분이었다.

무조건 필자의 말을 듣는 사람이 성공한다는 이야기가 아니다. 영업이든 장사든 사업이든 뭘 해도 되는 사람의 기본적인 성향에 대해 말하는 것이다. 이들은 일단 한 분야에서 전문가라고 하는 사람이 하는 말을 끝까지 경청해본다. 여러 각도에서 분석해 봐도 타당하고 합리적이라는 생각이 들면 그 의견을 받아들일 줄 안다. 필자 역시 제안을 드릴 때 "이렇게만 하면 100% 수익이 생깁니다."는 말은 절대 하지 않는다. 마케팅에서 100% 절대란 없기 때문이다. 다만 현재의 트렌드와 시장의 상황, 마케팅의 정석, 과거의 성공사례를 혼합하여 최대한 매출을 효과적으로 올릴 수 있을 가이드를 설명하는 것뿐이다.

광고를 집행하여 성공했을 때 얻을 수 있는 효과와 만약에 실패했을 시 짊어지게 되는 리스크를 물어보시고, 필자가 답변해드리면 잠시 머릿속을 정리한 다음 가장 리스크가 없는 마케팅부터 하나하나씩 차근차근 실행에 옮겨나간다. 무턱대고 비용이 많이 들고 리스크가 높은 마케팅부터 하기보다는 소위 말해서 '밑져봐야 본전이다'는 마인드로 리스크를 감수할 수 있는 광고부터 실천하시는 것이다. 그 후 지속하여 피드백과 사후관리를 거쳐 성과를 만들어내면 그렇게 생긴 자금으로 다음 단계의 마케팅에 도전하여 더욱 더 큰 성과를 얻어낸다. 그에 반해 사업이 항상 제자리걸음인 사장님들은 아무리 고급 정보를 알려드려도 혼자 머릿속으로 시뮬레이션을 해본 다음에 "그건 안 될 게 뻔해!"라고 섣불리 판단을 내리고 기존에 하던 그대로의 방법으로 돌아간다.

자존심과 고집을 부리는 분들을 일반화할 생각은 없지만, 한 가지 공통점은 들 수 있다. 바로 자신의 업계에서 오랜 기간 사업을 했고, 한때 굉장히 잘나가던 시절이 있었다는 점을 들 수 있다. 그러니까 나름 장인정신은 갖고 계시지만, 그에 반해 소위 말하는 '과거의 영광'에서 벗어나지 못하고 계신다는 점이다. 자기 나름의 기준과 원칙을 갖고 일한다는 점은 물론 좋은 것이다. '우리 가게는 절대 화학조미료를 쓰지 않아!' '우리 학원은 이거 하나만큼은 반드시 보장하겠어!'와 같이 상품이나 서비스 품질에 관련된 장인정신은 그 업체만의 콘셉트를 돋보이게 만들고 경쟁우위를 만들어내기에 꼭 필요하다.

그런데 그런 장인정신이 '우리는 무조건 여태까지 하던 대로만 영업할 거야! 바꿀 생각은 절대 없어!'와 같이 같은 이상한 방향으로 변질되면 안 된다는 말이다. 그분들이 보기에는 필자가 마케팅과 세일즈만 잘하지 정작 현장에 대해서 무엇을 알겠느냐고 생각할지도 모르겠지만, 한 가지 분명한 것은 세상이 변하는 속도가 점차 빨라지고 있고 오늘날의 소비자는 과거의 소비자와는 다르다는 사실이다.

당장 커피 하나만 놓고 생각을 해보자. 옛날의 다방문화 하고 오늘날의 스타벅스를 비교하면 큰 차이가 있지 않은가? 트렌드는 계속 변하고 있고 거기에 맞는 새로운 전략과 마케팅 방법이 생겨나고 있는데 이런 상황에서 발 빠르게 선점하지 않으면 점점 도태될 뿐이다.

다시 말해 품질과 서비스에 대한 나름의 고집과 장인정신을 지키는 것도 물론 중요하지만, 그렇더라도 '온고지신(溫故知新)'을 하여 좋은 점은 그대로 이어가되 새로운 것들도 받아들여서 더 폭넓게 발전할 줄도 알아야 한다. 하지만 안타깝게도 많은 사장님들이 잘 모르는 미지에 도전하기를 두려워하고 그동안 내가 쌓아온 노력과 해온 방식이 부정당하는 것을 인정하기 싫어서 본인만의 방식을 고수하려 드신다.

시대가 변하면서 사회와 트렌드도 변하고 고객의 성향도 달라지며 가치관의 변화로 선호하는 제품들도 변하고 있다. 경영과 마케팅의 역사를 전부 통틀어 봐도 지금처럼 고객들이 가성비를 따지며 손해 보지 않고 최소의 돈으로 최대의 만족을 얻기 위해 인터넷으로 꼼꼼히 후기와 리뷰를 비교해본 다음 구매한 적은 없었다. 이 현실을 그대로 받아들이고 인정할 건 인정하면서 더욱더 디테일을 추구하고 고객의 소중한 후기를 모아야 하는데, 옛 시절의 방식만을 고집하면 일부 예외적인 소수 업종 말고는 성장에 한계가 있을 수밖에 없다.

물론 당장은 최신 마케팅 비법을 배우는 것이 어려울 수도 있다. 젊은 사람들조차 블로그나 SNS를 친구들과 수다 떠는 게 아닌 '마케팅 용도'로 활용하는 법을 배우는 것을 어려워하는데 연세가 있으신 분들은 오죽할까?

하지만 그 어려운 벽을 한 번만 넘어서 도가 트이면 그다음부터는 일사천리다. 올바른 방법으로만 한다면 노력을 배신하지 않을 것이다. 만약 해봤는데도 아무런 효과가 없으면 다시 잘 생각해보자. 여러분과 같은 업종에서 그 채널을 활용하여 수익을 내는 사람이 진정 단 한 명도 없을까? 그 사람과 나의 차이는 무엇일까? 왜 나는 안 되는지 전문가를 찾아가 한 번 조언을 들어보고 피드백을 받아 다시 한번 도전해보면 어떨까?

예전에 한 가게를 하는 운영하시는 사장님이 자기 주변 사람들은 페이스북으로 그렇게 효과를 봤다는데 본인은 아무리 해봐도 안 된다며 나를 찾아오신 적이 있었다. 광고비를 쓸 만큼 썼는데, 매출은 한 푼도 내지 못했으니 돈만 날렸다며 페이스북은 무조건 안 되는 방법이라며 마음의 문을 닫으셨다. 그래서 대체 어떤 식으로 광고를 하셨길래 '단 한 사람도' 안 찾아올 수 있을까 싶어서 조사를 해봤더니 엉망진창을 넘어서 총체적 난국이었다.

광고하기 위해 만든 이미지와 동영상은 어설프기 짝이 없었고 가격 설정도 이상했으며 그 상품에 전혀 관심을 보이지 않을 타깃을 잡고 노출하고 있었다. 페이스북 광고를 좀 잘한다는 이들 입장에서 봤을 때 당연히 팔릴 리가 없었다. 그래서 필자와 직원이 콘텐츠를 새롭게 제작하고 이번에는 타깃팅도 확실히 잡아서 광고를 집행했다. 결과는 대성공이었다. 그전과 비교하여 훨씬 적은 비용을 들였음에도 불구하고 평상시 매출의 3배가 나오는 것을 보고 그분은 입을 다물지 못했다.

지나친 자존심과 고집을 세우는 것은 광고대행사를 운영 중인 필자 또한 경계하고 있는 일이다. IT 기술의 발달과 4차 산업혁명의 영향으로 마케팅 분야도 변하는 속도가 점차 빨라지고 있다. 요 몇 년 사이에 광고의 채널이 많이 바뀌었고 전통적인 매스미디어가 하락세를 보이고 페이스북과 인스타그램 같은 SNS가 대세가 되었다. 한때 페이스북 못지않게 잘 나가던 카카오스토리의 이용자 수가 반 이하로 줄어드는 등 지금 자신이 알고 있는 방법만 고집해서는 이 시장에서 절대 살아남을 수가 없다. 필자가 교육에만 전념하지 않고 대행을 손에서 놓지 않는 가장 큰 이유이기도 하다.

직접 대행을 하지 않으면 금방 광고기획 현장의 감을 잃어버려 시대에 뒤떨어진 방법으로 강의하는 강사가 될 우려가 있기 때문이다. 강한 자가 살아남는 것이 아니라 환경에 적응해 스스로를 변화시켜 살아남은 자가 강자이다. 비즈니스의 세계는 '적자생존'이라는 사실을 늘 기억하면서 항상 최신정보와 트렌드의 변화를 감지하는 데 힘쓰고 있다.

위기가 곧 기회라는
진부한 표현은 절대로 옳다

경험은 유일하게 진정한 재화이다. 왜냐하면 사람들은
그것을 잃어버리지 않으며, 나누어줄 수 있기 때문이다.
-한스 하베

'위기는 곧 기회'라는 말이 있다. 몇 년째 사업을 하면서 절실하게 깨달은 한 가지는 '리더는 위기에 강한 사람이 되어야 한다'는 점이다. 만약 식당을 개업했는데 갑작스럽게 제 2의 메르스 사태가 터지지 않으리란 보장은 어디에도 없다. 이런 위기에서 어떻게 살아남을 것인가? 광고대행사역시 마찬가지이다. 현재 운영 중인 〈리더의 마케팅〉 매출의 상당부분이 포털사이트와 SNS에서 나오기 때문에 이런 플랫폼에서 새로운 정책을 발표한다거나 로직을 바꾼다면 큰 타격을 입을 수밖에 없다.

2018년 올해도 한 번 로직파동이 있어서 마케터들 사이에서 소동이 벌어진 적이 있었다. 그동안 열심히 작업해서 상위 노출 올려놓은 키워드가 하루 이틀 사이에 다 하위로 내려가 버렸으니 말이다. 마케터들의 커뮤니티에서도 포털사이트사를 욕하는 글이 하루에 몇 십 개 씩 올라오곤 했다. 친분이 있는 광고대행사 사장님 중 한 분은 최적화 블로그만 몇 십 개를 가지고 계셔서 직원 8~10명과 함께 상위 노출을 잡아드리고 있었다. 그런데 예기치 않은 로직 변화가 오면서 상위 노출이 다 사라지자 광고주들에게 클레임 전화가 빗발치기 시작했다.

여기까지야 사정을 잘 말씀드리고 최대한 빨리 변화한 로직을 잡아낸 다음에 빠진 기간만큼 서비스를 해드리겠다고 약속하면 되는 일인데, 설상가상으로 회사가 보유하고 있던 최적화 블로그가 조금씩 죽기 시작하더니 2달 후에는 거의 반은 죽고 반만 남았다고 한다.

온라인 마케팅만 4~5년을 해왔기에 나 역시 이 같은 상황을 자주 겪었다. 경험 상 대형 플랫폼이 예고도 없이 로직을 바꾸는 일이 1년에 적어도 1~2번은 꼭 있었다. 뜨거운 주전자를 만져본 아이가 불의 위험성을 알게 되듯이, 몇 번 로직파동에 데어보니까 나름의 통찰이 생겨서 '마케팅과 광고대행은 절대 포털사이트 하나에 전적으로 의존하면 안 된다'는 깨달음을 얻을 수 있었다.

흔히 경영학에서는 회사의 재무구조를 분석할 때 '매출선 다각화'를 중요시한다. 쉽게 말해서 회사에 자금이 들어오는 통로가 다양해야 한다는 말인데, 만약에 한 가지 상품이 그 회사가 벌어들이는 총매출의 70~80%를 책임진다면 그 회사는 재무구조가 썩 좋은 편이 아니라는 의미이다. 어느 업계나 호황일 때가 있으면 불황일 때도 있기 마련이다. 만약 한 상품이 총매출의 50% 이상을 차지한다면 그 상품이 상황이 나빠져 안 팔리게 된다면 회사 매출의 대다수가 사라지는 것과 다를 바가 없고 결국 회사의 존속도 위협을 받게 된다.

이미 몇 년 전부터 이런 구조를 알고 있었기에 난 최대한 매출선 다각화를 위해 상품을 다변화했다. 로직이 바뀌더라도 여러 수익의 파이프라인 가운데 하나가 끊겼을 뿐이지 여전히 마케팅 교육, 카페, 체험단, 페이스북, 인스타그램, 유튜브 대행 등을 통해 꾸준히 수입이 들어오니 예전처럼 직원을 내보내고 사무실을 이전하는 극단적인 상황에까지 내몰리지는 않게 되었다.

바이럴 마케팅사의 이런 생리를 잘 알고 있던 한 직원은 다들 로직 바뀌어서 마케팅을 하는데 정작 우리는 별일도 아닌 것처럼 담담하게 지나간다고 놀란 적이 있었다. 한 직원은 회식자리에서 얘기하길, 하도 인터넷에서 야단법석이기에 우리 회사도 조만간 망하는 게 아닌가 싶어서 가슴을 졸였다고 이야기했다.

그렇다면 어떻게 해야 위기극복 능력을 기를 수 있을까? '급할수록 돌아가라'는 속담이 있다. 위기상황일수록 진정하고 위기 안에 포함된 기회를 찾으려는 시도가 중요하다. 하늘이 무너져도 솟아날 구멍이 있다고 하지 않은가? 나 또한 앞서 얘기했듯, 어리석은 판단으로 사기를 당하고 차를 팔아 직원들 월급을 나눠주고 원룸 사무실에서 노트북 한 대로 재출발할 수밖에 없었다. 답이 안 보이는 상황이었지만 냉정함을 되찾자 한 가지 기회가 보였다. 다른 광고대행사 사장님들은 도대체 왜 나와 거래를 했을까? 최적화 블로그가 잘 되면 그걸 이용하여 더 많은 돈을 벌 수 있기에 나에게서 최적화 블로그를 키울 수 있는 포스팅을 사간 것이다.

그렇다면 포스팅을 납품만 할 게 아니라 어차피 포스팅을 대량으로 만드는 방법은 이미 알고 있으니 내가 최적화 블로그를 직접 만들어서 수익화를 할 수 있지 않을까? 회생의 기회가 딱 보이기 시작하자 그날부터 전력을 다해 일하기 시작했다. 하루에 잠을 3~4시간 자가면서 최적화 블로그 만드는 연구와 실험을 시작한 것이다.

궁지에 몰려본 경험이 있는 분들이라면 잘 알 테지만 사람이 위기에 처하면 그런 생활이 정말로 가능해진다. 당장 지금 떠올린 이 기획을 어떻게 해서든지 성공시키지 못하면 월세도 못 내고 컵라면 하나 사먹지 못할 형편이 되어버릴 상황이 되니 잠이 오질 않았다. 게다가 마침 사기를 당했을 때인지라 속에서 복수심이 부글부글 끓어올라 제대로 잠도 오지 않았었다.

사기 친 상대를 어떻게 해보겠다는 의미에서의 복수심이 아니라 어떻게 해서든 이전의 나를 넘어서 보겠다는 각오였다. 직원들의 마지막 월급으로 무참히 나에게서 떠나간 차량보다 더 좋은 차를 사고야 말겠다고 결심했다. 평소에 생각만 해두었다가 정작 실천하지는 않았던 아이디어들을 모조리 다 테스트했다. 많은 시행착오 끝에 드디어 직접 최적화 블로그를 만들어내기 시작했고 다행히 지금은 압구정동에 새롭게 사무실을 마련하여 직원들과 함께 다시 즐겁게 일하고 있다.

그래서일까? 요즘은 오히려 나에게 사기를 친 그 업체가 고맙다는 생각마저 들고 있다. 그때 그 위기만큼 극약처방이 없었기 때문이다. 위기가 닥치기 전에는 기존에 해왔던 방식대로만 하니까 평소의 좁은 틀에만 갇혀있었고 새로운 기회가 오지 않았는데, 위기 상황에서 평상시에는 해보지 않았던 것들을 해내고 나니 한 단계 성장하게 되었다. 한편 이 경험을 통해 '살기 위해서라면 이런 저력을 낼 수 있구나' 하는 나 자신도 몰랐던 면을 알게 되었다. 앞으로 위기가 닥쳐도 이런 나라면 잘 헤쳐나갈 수 있겠다는 자신감을 얻을 수 있었다.

태풍이 온다고 해도 고요한 태풍의 눈으로 피할 수 있다. 이런 지혜들도 결국엔 다 '이미 경험해보았기 때문에' 알게 되고 대비책을 만든 덕분이다. 앞으로도 사업하면서 새로운 문제에 부딪히고 그것을 해결하기 위해 고군분투하는 과정을 계속 거치게 될 것이다. 위기가 왔다고 그대로 주저앉으면 안 된다. 관점을 바꿔서 그것을 전화위복의 계기로 삼으면 된다. 한 번 두 번 위기를 기회로 바꾸는 경험을 하면 할수록 점점 자신감이 생기고 노련한 리더가 될 것이다.

끄적거리고 기록하는 습관을 무시하지 말 것

글쓰기는 스스로 자신을 읽는 것이다.
-막스 프리쉬

'리더는 배움에 모든 것을 걸어야 한다.'

이는 나의 신조이다. 그런데 배운다고 하더라도 정보를 습득만 계속하고 이를 구체적으로 사용하지 않으면 그다지 의미가 없다. 좋은 정보를 들었다면 그것을 실천하여 결과를 지켜보고 피드백을 해보아야 한다. 또한, 사람들을 만나서 귀중한 깨달음을 얻거나 책을 읽으면서 중요한 대목을 만나면 이를 메모해두는 것이 좋다. 사람의 뇌는 컴퓨터와 달리 메모리에 파일을 영구보존하는 것이 아니라 일부만 장기 기억으로 전환되고 나머지는 망각하기에 더욱더 그러하다.

특히 나처럼 지식 서비스 업종에 종사하고 있다면 공부하고 이를 메모와 기록 등으로 정리하는 습관이 더욱 중요하다. 늘 업무에 치이다 보면 매일 해야 할 일을 리스트화(To Do List)해서 스마트폰으로 점검하고, 독서를 통해 얻은 유용한 지식들을 나만의 방법으로 디지털화하여 기록해 둔다. 우리 회사 직원들도 아침에 출근하자마자 내가 미리 만들어놓은 양식의 기입란을 채우는 것으로 일과를 시작한다. '지금부터 퇴근할 때까지 이런 일들을 해야 하는구나'라고 정리된 상태에서 업무하는 것과 무작정 컴퓨터를 켜고 일을 시작하는 것과는 업무효율에 큰 차이가 난다.

이 해야할 일 리스트에는 타임 테이블도 포함되어 있는데, 만약 한 직원이 오늘 총 5가지의 일을 해야 한다고 가정해보면, 먼저 내가 그 5가지 업무를 해보고 하나의 업무에 얼마가 걸리는지 시간을 측정한다. 그리고 직원에게 일하는 법을 알려준 다음에 이 시간 안에 끝내기를 장려하는 것이다.

물론 신입 직원은 광고대행만 몇 년 째인 나만큼 속도가 빠르지 못하기에 그것까지 고려하여 시간을 책정한다. 예를 들어 내가 30분 만에 끝낼 수 있는 일이라면 직원은 50~60분으로 잡아두는 것이다. 그렇게 타임 테이블을 세팅하고 만약 그 시간 안에 끝내지 못한다면 내가 한 번 봐주면서 어디를 어려워하는지, 어떻게 하면 그 문제를 해결할 수 있을지 노하우를 알려준다.

'직원들에게 일을 위임한다. 단 무조건 내가 해보고 지시한다.'

이것이 나의 신조이다. 먼저 나부터 어떻게 하는지도 모르면 이 일이 얼마의 시간이 소요되는지 타임 테이블을 모르기에 직원이 지금 잘하는 건지 비효율적인 건지 생산효율을 알 수가 없게 되어버린다. 게다가 되물었을 때 나조차 모르면 직원이 뭘 믿고 그 리더를 따르겠는가?

지금껏 만나본 자기 사업을 잘하는 리더들 역시 메모와 기록을 잘 활용할 뿐이지, 한 번 보고 모든 것을 암기하는 천재들은 단 한 명도 없었다. 아마 그런 천재도 내가 못 만나봤을 뿐이지 어딘가에는 있으리라 생각하지만 그렇더라도 극소수가 아닐까 싶다.

대부분 성공하는 리더들은 스케줄부터 지식까지 철저하게 관리하는 자기경영에 능숙한 이들이었다. 자기경영에는 비전관리, 시간관리, 지식관리 등이 포함되는데 이 자기경영이야말로 업종을 불문하고 모든 사장, 대표, 리더의 기본이라 생각한다. 특히 그들의 공통된 습관이 하나 있었는데 인생의 목표를 가이드라인처럼 잡아놓고 매일 하루 10~20분 시간을 내어 그 목표를 되뇌거나 더 나아가 종이에 적곤 했다.

나 역시 이를 본받아 나만의 비전을 만든 다음에 손으로 적었고 목표한 시간 안에 그 비전을 달성하기 위해 하루하루 시간을 관리할 필요성을 느꼈다. 처음에는 시중에 나온 플래너를 사용하다가 무거운 플래너를 항상 들고 다니기도 힘들어서 지금은 24시간 항상 내 근처에 있는 스마트폰 애플리케이션을 이용해 고유한 시간관리 모델을 만들어서 쓰고 있다.

꿈을 이루기 위해선 무엇보다 나 자신이 능력이 있어야 하고 능력 개발을 위해서는 독서가 필수다. 현재 필자가 품고 있는 고민은 내가 최초로 한 고민이 아니다. 나 이전에 이미 역사적으로 수많은 이들이 같은 고민을 하였고 감사하게도 그에 대한 해결책을 책으로 남겨놓았다. 그래서 책 속에 많은 해답이 있다. 단지 읽고 책장을 덮는 거로 끝내서는 안 된다. 소감을 메모해야 하고 내 문제를 해결하는 데 도움이 되는 지식을 말하는 부분은 밑줄을 쳐놓고 다시 읽으면서 실천해야 한다. 이미 언급했듯이 미리 '이건 절대 안 돼!' 하고 단정 짓는 게 아니라 '밑져봐야 본전'이라는 마인드로 어찌되었건 간에 실천해보고 판단해야 한다.

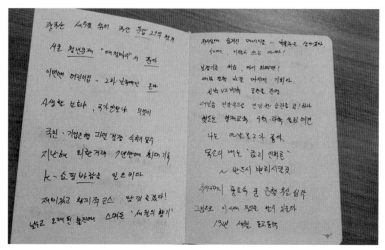

카피 실력을 기르기 위한 헤드라인 수집 오프라인 구 버전

2018-10-01 오후 12:52

오늘의 신문카피 10선
① 사모펀드 경영참여 쉬워지는데… 기업들은 '경영권 방패' 없어 초비상
② 내달부터 7만 가구 분양하는 검단 '발동동' … "2기 신도시 두번 죽이나"
③ 내년까지 금리 4차례 더 올리겠다는 美 … 고민 깊어진 이주열(한은 총재)
④ "영화 라라랜드 키스장면 찾아줘" SKT, AI 미디어 추천 기술 개발
⑤ 신규 공공택지 개발, 예정지 주민, 환경단체 반발 '변수'
⑥ "머리 앞 '가상의 벽' … 잡생각 밀어내고 '똑바로 샷' 가져오는 묘약"
⑦ 천재 예술가의 불꽃같은 삶 실화 담은 두 영화 '女心 저격'
⑧ 신데렐라가 기절초풍, 190억원짜리 구두
⑨ 中 게임업체, 만리장성서 뺨 맞고 한강서 화풀이
⑩ 방사선 치료비 OK, 면역력 강화비 NO

카피 실력을 기르기 위한 헤드라인 수집 온라인 현재 버전

대한민국 리더들이 모르는 온라인 마케팅의 함정

필자는 마케팅 관련 독서와 더불어 매일 아침 30분 정도 뉴스 구독을 했었다. 세상 돌아가는 걸 파악하기 위함도 있었지만 카피라이팅을 배우기 위해서였다. 그날 신문을 보면서 옆에 노트를 따로 펼쳐놓고 대표적인 뉴스의 헤드카피를 따라 적었다. 구독자들이야 기사 하나를 몇 분도 되지 않아 다 읽어버리지만, 편집하는 입장에서는 하나하나 심혈을 기울여서 만든다는 사실을 말이다.

헤드카피는 딱 한 줄의 슬로건으로 기사내용 전체를 단박에 알 수 있도록 축약하면서 독자들이 기사 내용에 흥미를 가지게끔 유도까지 해야 하기에 카피라이팅의 교재로 적격이다. 이렇게 쌓아놓은 메모 기록은 나중에 광고 집행을 할 때 마음에 쏙쏙 꽂히는 광고 멘트를 만드는데 큰 도움이 되었다. 마땅한 아이디어가 떠오르지 않을 때 나만의 마케팅 카피 모음집을 쭉 훑어보면 기가 막힌 멘트가 떠오르곤 했다.

그렇게 나만의 여러 가지 체계적인 자기경영 시스템이 만들어지기 시작하면 그 후부터는 업무 간소화를 시작한다. 쓸데없는 일에 들어가는 시간과 에너지를 최대한 아껴서 나와 내 사업의 성과를 높일 수 있는 핵심 업무에 최대한 집중할 수 있도록 만들기 위해서다. 감사하게도 이전 회사 대표님을 비롯한 자기 사업을 하는 리더들과 자주 교류해왔고, 그들로부터 여러 가지 이야기와 조언을 들어왔기에, 내심 이런 자기경영이 필요하고 가장 기초가 된다는 사실을 알고 실천할 수 있었다.

아마도 지금까지 제시한 이런 방법에 대해 거부감을 느끼는 사람도 있으리라 생각된다. 애초에 성격이 꼼꼼한 사람이 있고 일일이 메모하고 기록하고 정리하지 않더라도 직관적으로 파악하는 이들도 있다. 내가 여태껏 봐온 리더들도 그랬다. 누가 시키지 않아도 알아서 금욕적으로 자기관리를 하는 사람이 있는가 하면, 자기는 아무리 노력해도 그게 잘 안 되더라 하는 리더도 있었다.

성공한 리더들은 다 자기관리가 철두철미한 줄 알았는데 그렇지만도 않았다. 그런데도 자기경영이 성공의 기초라고 내가 말하는 이유는, 그런 분들조차 나름의 방식으로 자기관리를 실천하고 있었기 때문이다. 돈을 써서 프로그램에 가입하거나 혹은 비서를 고용해서 스케줄 관리를 하는 등 다들 '보험'처럼 플랜B를 마련해두고 있었다. 책을 읽어야 하는 데 독서를 너무 싫어하는 어떤 사장님은 일부러 독서 모임에 가입해 정기적으로 참석해서 읽은 책을 남들에게 설명하지 않으면 벌금을 내는 방법으로 배수의 진을 치기도 했다. 결국 자력으로 하느냐 아니면 뭔가 안전장치를 걸어두냐의 차이지 다들 열심히 자기경영, 자기관리를 하고 있는 셈이다.

물론 세상만사에 예외가 아예 없을 수는 없겠지만 통계적으로 메모하고 기록하며 실천하는 자기경영 습관을 게을리하면서 성공한 사장님은 적어도 볼 수 없었다. 여태까지의 경험에 의하면 자기관리가 철두철미할수록 더 성공했으며, 그런 사람에게는 항상 긍정적인 기운이 강하게 뿜어져 나와서 주변 이들까지 감화시키는 인간적인 매력이 있었다. 나 또한 요즘도 좀 더 성장하기 위해 사업하는 지인들과 함께 모임을 만들어 자기관리에 애쓰고 있다.

복잡하고 빠른 시대,
새로운 시각만이 살길이다

목표는 있지만 길은 없다. 우리가 길이라고 부르는 것은 사실 머뭇거림이다.
-프란츠 카프카

수학 문제 풀이라면 식의 답은 하나겠지만 우리 인생 대부분의 문제는 답이 하나가 아니다. 이는 사업과 경영 역시 마찬가지라서 부진한 매출을 끌어올리는 방법, 영업과 마케팅을 잘하는 방법 또한 답은 여러 가지다. 그런데 우리는 세간의 통념이나 선배 혹은 상사의 조언, 자신이 가지고 있는 업계의 고정관념에 사로잡혀서 한 가지 답에 집착하게 되는 일이 많다. 인생을 너무 수식처럼 바라보지 말고 문제가 있으면 빈 종이를 꺼내서 브레인스토밍을 해보자. 명쾌한 해결안이 항상 떠오르진 않겠지만 적어도 시도하면 좋겠다는 아이디어 정도는 떠오를 것이다. 사업에 있어 끊임없이 혼자 생각을 많이 하는 것은 필수 덕목이다.

앞서 필자가 사용했었던 명함사격장을 더욱 더 업그레이드하여 그 노하우를 접목한 수강생이 보험설계사 말단에서 부매니저로 고속승진에 성공했다고 말했다. 이를 보며 '세상에는 각자에게 맞는 여러 정답이 있으며 반드시 하나의 정답이 있는 건 아니다'라는 사실을 알게 되었다. 그 정답을 발견해내기 위해서는 먼저 고정관념을 내려놓고 유연한 발상을 해야 한다.

특정 아이템에 대해 컨설팅을 할 때도 그렇다. 이 세상에 완벽히 새로운 일은 없기에 누구나 경쟁자로 인해 고민한다. 같이 머리를 맞대어 차별화 전략을 수립하는 것을 도와주는 입장에서 사장님들의 말을 들어보면 업계 자체에 이런 문제가 있기에 나 또한 잘 될 수가 없다는 편견을 가진 분들이 많다. 그런데 신기하게도 듣다 보면 '내가 아는 다른 업종과 서로 연결하면 나름 새로운 시장을 개척할 수 있겠는데?' 하는 아이디어가 떠오른다. 그걸 제안하고 예상되는 효과라던가 그 아이디어에 딱 맞는 마케팅 방법과 브랜딩 방향까지 설명해드리면 다소 근심이 풀린 얼굴을 하신다.

지인들은 내가 자나 깨나 마케팅 하나만 붙잡고 계속 공부하고 연구하는 줄 알지만 요즘은 오히려 다른 관련 없는 분야에 대한 안목을 넓히는 일에 주력하고 있다. 웬만한 마케팅 책도 읽지만 내가 잘 모르는 분야에서 성공을 거둔 CEO들의 책을 읽으며 '다른 분야는 이렇구나' 하면서 공부하기도 하고, 인문학에 대한 책을 읽거나 건축 디자인 잡지를 읽기도 한다. 또한, 정기적으로 컨설팅을 하면서 마케팅 전략 수립을 도와 드리는 과정에서 많은 사장님들에게 업종의 생태계에 대한 이야기를 듣기 때문에 간접적으로 그 업종에 대해 잘 알 수 있는 기회가 많이 생긴다.

혹시 자신의 업무가 그런 응용력이 필요한 분야라면 이를 기르기 위해 추천하는 방법은 크게 2가지다. 첫 번째가 자기계발서를 읽는 것이다. 자기계발서도 종류가 여러 가지가 있는데 그 중 특정 분야에서 성공한 사람이 자기의 체험과 경험담을 메인으로 성공의 법칙과 동기부여에 대해 말하는 책들이 있다. 그런 분야를 중점적으로 읽으면 내가 모르는 많은 분야에 대해서 알 수 있고 왜 이 사람은 동종업계 다른 경쟁자들을 제치고 성과를 올릴 수 있었는가 힌트를 얻을 수 있다.

자기계발서는 기승전결 자기 자랑이고 결국 남의 이야기라고 기피하는 사람도 있지만, 섣불리 분야와 상황이 다르니까 나에게는 적용할 필요가 없다고 생각하기보다는 '이 사람은 이런 아이디어로 곤경을 돌파했구나. 내 분야에는 이런 식으로 응용할 수 있겠는데?' 하면서 열린 마음으로 독서하고 실천하면 응용력이 좋아지고 다양한 해결책을 얻을 수 있다.

두 번째는 인맥을 넓혀서 내가 평소에 잘 접할 일이 없는 분야에서 일하는 사람을 만나 다른 분야의 생태계와 현장에 대한 이야기를 들으면서 견문을 넓히는 것이다. 이왕이면 자기 분야에서 성과를 내는 사람들을 만나 이야기를 들으면 특히 도움이 될 것이다. 만약에 일 대 일로 만나는 것이 힘들다면 강연이나 세미나를 가는 것도 한 가지 방법이고 요즘에는 유튜브를 통해서도 편하게 정보를 습득할 수 있다.

한 분야를 깊게 아는 것도 필수지만 너무 하나만 파다 보면 한 우물에 갇히게 된다. 물론 특정 사업에서는 외길을 고집해야 할 필요도 있다. 광고대행사 시장에서 가장 이용 고객층이 많은 분야 중 하나가 병원이다. 그러다 보니 아예 사업 자체를 병원 전문 광고대행사로 콘셉트를 잡아 병원 원장님들만 고객으로 받는 대행사도 있다. 이런 상황이라면 사업 특성에 맞게 병원 마케팅이라는 한 분야의 스페셜리스트가 되도록 노력해야 할 것이다.

　기획력을 기르는 방법은 다른 게 아니라 시야를 보다 더 확장하는 것이다. 내 시선이 한 업종에만 갇혀있으면 답이 보이지 않는데 더욱 더 넓게 바라보면 돌파구가 보이기도 한다. 문제에 부딪혔을 때 여러 해답을 잘 만드는 사람들이 있다. 이들은 물론 자기 분야에 대해 일정 수준 이상의 전문성을 가지고 있지만 그 외에도 연계 및 확장되는 다양한 지식을 가졌다는 특징이 있다. 속된 말로 '잡기에 능한 이들'이다. 한 분야의 엄청난 스페셜리스트보다는 나름대로 우수한 한 분야에 두루두루 잘 아는 제너럴리스트가 확장력과 응용력이 있다. 당신도 자신의 분야에서는 스페셜리스트가 되어 넓은 시각을 가진 제너럴리스트가 되기 위해 노력하다 보면 능력 있는 리더가 될 수 있을 것이다.

머리보다 손,
생각 보다 실천이 늘 이긴다

손에 총을 들고 있지는 않지만 쏘겠다고 결심하는 것이,
우물쭈물 망설이는 손에 총이 쥐여진 것보다 더 낫다.
- 알프레드 폴가

어떤 지식이든지 지식으로만 알고 있는 것과 실천하는 것은 천지 차이다. 필자는 매달 매주 꾸준히 마케팅 교육을 하고 있다. 〈리더의 마케팅〉에서 진행하는 정규과정과 수강생 보충수업도 있지만 외부 강사 초빙으로 마케팅 강의를 할 기회가 많다. 이때 항상 강조하는 것은 좋은 정보를 접했다면 당장 자신의 상황에 맞게 적용하여 실천할 수 있는 실행계획을 세워서 그대로 이행하라는 것이다.

필자도 한때 전문성을 쌓기 위해 열심히 책과 강의를 섭렵하고 다닌 적이 있었다. 계속 공부하면서 느낀 점은 '결국 실천을 통해 나의 것으로 만들어야지 듣기만 해서는 아무런 소용이 없다'는 점이었다.

무슨 일을 하든 항상 아이디어로 끝내지 않고 실천하기 위해 노력했다.

앞서 언급했듯이, 일단 아이디어가 떠오르면 역시 메모해두는 것이 중요하다. 좋은 아이디어라는 게 필요할 때마다 생각나지 않고 예기치 못할 때에 불쑥 떠오르기에 그 순간을 놓치면 휘발되어서 좀처럼 다시 발상이 안 된다. 그래서 항상 스마트폰을 들고 다니면서 좋은 것들은 메모하고 아이디어를 리스트업 해두었다가 여유가 있을 때 하나씩 검토하면서 실천하고 있다. 혹시 지금까지 이 책을 읽으면서 '와! 이거 참 괜찮은 아이디어네.' '어? 이건 이렇게 조금 수정하면 내 사업에도 충분히 적용할 수 있겠는걸…' 하는 부분들이 있었다면 메모를 해두고 꼭 실천하였으면 좋겠다.

퍼스널 브랜딩이 필요한 수강생 분들에게 보충 교육을 하면서 매출을 더 올리기 위한 새로운 채널로 무엇을 시작하면 좋겠냐는 질문에는 유튜브를 적극적으로 추천한다. 점점 동영상이 중요해지고 있는 시대에 아직 진출할 시장이 많이 남아있는 유튜브 채널을 먼저 공략해 트렌드를 선점하면 효과가 확실할 것이 분명하기 때문이다. 그런데 많은 분들에게 유튜브를 하라고 권해도 좀처럼 실천하는 분들이 많지 않다. 물론 이해는 한다. 블로그나 페이스북에 글과 사진을 올리는 것과 유튜브로 불특정 다수에게 자신의 얼굴과 목소리가 완전히 공개되는 동영상을 올리는 것은 부담감이 다르니까 말이다. 하지만 자신의 상품과 콘텐츠에 자신감이 있고 매출을 올리고 싶다면 당장 유튜브를 실천하는 것이 맞다.

식당 하나를 하더라도 유튜브를 활용할 수 있다. 콘텐츠도 기획하기에 따라서 무한정으로 만들어낼 수 있다. 독자와 소통하는 과정에서 생겨나기 때문이다. 예를 들어, 고깃집을 운영한다면 처음에는 현업 고깃집 사장님이 알려주는 맛있는 고기 부위 강좌, 고기 맛있게 굽는 꿀팁 등을 찍어서 올리고 신메뉴를 개발하여 품평회를 연 다음, 동영상으로 솔직한 소감을 남겨주면 음료 2잔을 서비스해준다고 한다. 맛이 없다는 이야기가 나와도 약속대로 음료 2잔을 공짜로 주는 장면을 보여주고 다음 영상에는 고객들의 피드백을 받아 혹평을 받은 신메뉴를 개선해봤다는 내용으로 영상을 또 올린다. 계속 생각만 하는 것보다 일단 꾸준히 실천하고 그다음에 아이디어를 떠올리면 이렇게 활로가 트이기도 한다.

일단 '밑져야 본전'이라고 생각하고 무엇이라도 실천해보자! 설령 원하는 결과가 나오지 않더라도 '왜 의도대로 되지 않았을까?' 하고 분석하면서 '아, 이렇게 좀 개선하여 하면 되겠다.' '이건 이래서 안 되는구나. 다음부터는 조심해야겠다.' 이런 식으로 얻는 것이 생기기에 실천하여 손해 볼 일은 없다. 혹시 여러분 가운데 필자가 생각한 아이디어를 누군가가 똑같이 했는데 잘 나가서 분한 적이 있을지 모르겠다. 필자 역시 몇 번 그런 경험이 있다.

'저것 내 아이디어인데 하면서 말이다!' 그런데 사실 이런 게 가장 쓸데없는 생각이 아닌가 싶다. 그것에 대해 저작권이라도 주장할 수 있을까? 내가 딱히 특허를 낸 것도 아니고 그저 생각을 했을 뿐인데 말이다. 결국 먼저 용기를 내어 실천한 사람일 것이다. 세상에 아이디어가 넘치는 사람은 많고 누구나 말로 그냥 아이디어를 던지는 것은 할 수 있다. 결국 세상이 인정하는 것은 그 아이디어를 현실화하는 이들이다.

누군가가 이미 성과를 만든 길을 따라가는 것은 검증이 되었으니까 안심이 되지만 새로운 아이디어를 실천하는 데에는 당연히 위험이 따른다. 자신이 익숙해져 있는 업무와 사업 범위에서 벗어나서 새로운 일을 벌리는 셈이니까. 하지만 앞서 말했듯이 리스크가 낮은 것부터 조금씩 실천하고 결과를 제대로 피드백을 한다면 성과가 난 것이 도움이 되는 것은 물론이고 성과가 나지 않은 것도 이득이 된다. 사람은 항상 시행착오를 겪으면서 점점 현명해지기 때문이다. 그렇게 되는 방법이 조금씩 누적되어서 자금이 마련된다면 그다음부터는 한 단계 더 리스크가 따르는 아이디어에도 도전할 수 있게 된다. 그런 식으로 선순환을 만들어나가야 한다.

이런저런 강의를 듣고 자기계발서 독서를 습관적으로 하는데 읽고 듣는 그 순간에는 의욕도 생기고 감정도 고양되는데, 끝나고 강의실에서 나오거나 책장을 덮고 나서는 아무것도 실천하지 않아 전과 별반 다를 것 없는 삶이 계속되는 분들도 있을 것이다. 어떻게 해야 지금보다 더 잘 실천할 수 있을까? 사람마다 여러 방법이 있겠지만 필자와 주변 사장님들의 사례를 관찰하고 취합한 결과, 사람은 절박하면 실천하게 된다. 필자는 특히 위기가 닥칠 때마다 평상시보다 훨씬 실천력이 강해진다.

그 이전에도 조금씩은 연구하고 실행하는 것들이 있었지만 그때만큼 간절하지가 않다보니 메모장에 실천해볼 아이디어 목록은 쌓이는데 그걸 실천하고 목록을 지워나가는 일에는 게을렀다. 하지만 위기가 닥쳤을 때 어떻게든 엄청난 성공까지는 아니더라도 최소한 예전 수준만큼 사업을 원상복귀 해야 한다는 일념으로 평상시 쌓아뒀던 그때그때 떠오르는 모든 아이디어들을 정말 전부 다 실행에 옮겼었다. 뒤로 미루는 것은 하나도 없었다. '이것도 해보고 저것도 하면 뭐라도 하나 걸리지 않겠냐'는 마음이었다. '언젠가 한 번 만나 뵈어야겠다'하고 마음만 먹었었던 사람들도 이 시기에 한 번씩 다 찾아갔으며 마케팅 모임도 이 시기에 결성했었다.

요즘 들어서 다시 그때만 한 실행력이 나오지 않는 것 같아 고민하고 있다. 그래서 일부러라도 나를 좀 간절하게 만들 만한 장치를 설정해야겠다고 생각하고 있는데…. 그 장치로 뭐가 있을까 생각을 해보니까 역시 사업가들에겐 자금만큼 절실함을 자극하는 장치도 없는 것 같다. 그래서 시도하는 방법 중 하나가 월말이 되면 다른 통장으로 돈을 다 이체해버려서 항상 잔액을 0원으로 유지하고 그 비상 자금 통장에 대해서는 잊어버리는 것이다.

한 단계 나가서 매일 통장에 100만 원씩 적금이 빠지게끔 장치를 만들어두는 대표님도 계신다. 사업을 오래 해오니 적금통장에 상당한 돈이 쌓였겠지만 비상금이 필요할 때가 아니라면 얼마가 있는지 일부러 확인도 안 하고 지내신다. 그 금액을 상세히 알고 있으면 '아, 내가 한 이 정도는 사업을 안 해도 버틸 자금이 있네?' 하고 안일한 생각을 하게 되기 때문이라고 한다. 물론 이런 고육지책을 권하는 건 아니다. 단지 사람마다 각자 실천하게 만드는 동기부여 요인이 다를 테니 그것을 찾아내 장치를 만들어두면 좋다는 것이다. 지인들에게 공약을 한 다음 지켰을 때 자신에게 상을 준다거나 하는 포상을 하는 것도 괜찮다.

한 번에 대박이 나는 성공은 없다. 언론을 통해 접하는 성공스토리도 뛰어난 아이디어 하나, 뛰어난 제품 하나, 애플리케이션 하나, 쇼핑몰 하나 등으로 대박을 내어 상장을 통해 단숨에 억만장자가 된 것처럼 보이지만 그렇게 되기까지 치열한 시행착오의 과정이 다들 있었다. 무엇이든지 조금씩 실천해보고 피드백을 통해 수정해가면서 작은 성과가 하나씩 쌓여 큰 성공이 되는 것이다. 그 테스트 과정에서는 당연히 실패 또한 있을 수밖에 없다. 정말 열심히 사는 것 같은데 특별히 성장이나 발전은 없는 것 같다면 현재 어떤 것들을 실천하고 있는지 한 번쯤 점검해보기 바란다.

1 먼저 나 자신이 남들을 도울 수 있는 인재가 되어라.

2 내 분야에서 성공하기 위해 어떤 역량이 필요한지 파악하고 이를 전부 익혀라.

3 논리적으로 타당한 조언은 수용할 줄 알아야 한다.

4 하늘이 무너져도 솟아날 구멍은 있으니 위기관리 능력을 길러라.

5 자기경영, 자기관리 없이는 성공도 멀어질 수밖에 없다.

6 한 가지를 깊게 아는 것도 필요하지만 여러 가지를 얕게 아는 것도 필요하다.

7 아무리 좋은 아이디어도 실천하지 않으면 무용지물이다. 늘 실천을 통해 현장감을 익히고 노하우를 쌓아가라.

늘 실천을 우선으로 하는 회사, 〈리더의 마케팅〉의 바람

'언 러닝 컴퍼니(Unlearning Company)'

이는 처음 창업했을 당시의 상호명입니다. 뜻풀이를 하자면, '배우지 않는 회사'로 사고의 틀을 깨고 뇌를 자극하는 혁신적인 회사를 세우겠다는 취지에서 지은 이름입니다.

이렇게 한 데에는 특별한 이유가 있습니다. 그동안 들어왔던 많은 강연과 세미나가 대부분 듣는 그 순간에는 뭔가 고급정보를 얻은 느낌이었지만 너무 원론적이고 교과서적인 내용이 많아서 이걸 도대체 어떻게 실전과 접목시켜 결과를 만들 수 있을지 답답함을 느낀 적이 한두 번이 아니었습니다. 그래서 직접 마케팅 회사를 차리게 되는 상황이 되자 '나는 교과서적인 회사가 아니라 실전지향적인 회사를 만들어야겠다.'라는 마음으로 언 러닝 컴퍼니라고 이름을 지었던 것입니다. 어딘가 고정적인 사고의 틀을 깨고, 너무 틀에 갇히지 않는 회사를 창업하고 싶었습니다.

창업 후 한 분 두 분 씩 저만의 콘텐츠에 공감을 해주시면서 단골 거래처, 사장님이 늘어나자 '내가 어떻게 해야 이분들을 더 도와드릴 수 있을까?' 하는 데 많은 생각을 하게 되더군요. 사실 사업 초기에도 고객 입장에서 많은 생각을 했었습니다. 앞서 이야기했듯, 언러닝 컴퍼니의 최초

고객들은 다름 아닌 다 지인들이었거든요. 유통업 하는 선배님, 영업을 하는 아는 형 누나들, 장사하거나 개인 사업을 하는 지인들…. 다 얼굴을 알고 술 한 잔도 하는 관계이다 보니 이왕 진행하는 것, 제대로 확실히 효과를 보게 해줘야 하지 싶었습니다. 오히려 생판 처음 보는 남이었다면 "죄송합니다. 잘 안 되네요." 하고 발을 뺄 수 있었을 텐데, 의리와 신뢰 때문이었는지 더욱 집요하게 이유를 찾아내 다른 전략을 써서 기어코 매출을 올려놨던 것 같습니다.

처음에는 매출 문제만 해결해드리면 지인들이 아무 걱정 없이 지낼 수 있을 줄로만 알았습니다. 그런데 사업과 경영이라는 것이 마케팅을 통해 매출이 오르니까 거기서부터 또 문제가 생기고 걱정거리가 생기더군요. '아, 온라인 광고를 하더라도 무식하게 돈이나 양으로 밀어붙여 결과적으로 본전 이상으로 벌기만 하면 다가 아니구나. 같은 광고를 하더라도 지출을 최소화하면서 최대 효과를 내야겠구나' 하는 걸 깨달았습니다. 그래서 영업할 때 활용했던 기법들을 온라인에 함께 적용할 길을 모색하기 시작했고, 동시에 광고비를 최대한 아끼는 방법을 교육하기 시작했습니다.

광고비를 최대한 줄이면서 효과를 볼 수 있는 방법은 대표가 직접 마케팅을 배워서 회사에 마케팅 전담부서를 만든 다음 직원을 고용하는 것입니다. 광고대행으로 인해 수익이 더욱 창출될 수 있지만 고객 입장에서 본다면 광고비용을 저렴하게 사용할 수 있는 방법은 직원을 고용하는 것입니다. 그런 편이 회사의 자금순환에도 이득이고 마케팅과 세일즈의 측면에서도 더욱 성과를 많이 낼 수 있는 기회가 열려 있습니다. 그 대가로 광고대행비에 손실이 생기더라도 광고대행사의 현황을 솔직하게 알려드렸고 직원 세팅까지 도와드렸습니다.

물론 '내 손으로 내 밥줄을 틀어막은 길이 아닌가' 하는 생각도 들었지만 먼저 손해를 보면서까지 정직하게 교육과 컨설팅을 해드리자 이후에도 마케팅 관련해서 문제가 있으면 저에게 문의와 의뢰가 들어왔고, 주변에 온라인 마케팅으로 고민하는 사장님이 있으면 제 연락처를 알려주시기도 했습니다. 너무나 고마운 일이라 보충 강의 등 할 수 있는 사후관리도 철저히 해드렸습니다. 오래 거래하시는 고객 분들에게는 마케팅적으로 뭐라도 하나 더 진행해드리려고 노력합니다. 생각해보면 이런 것들 하나하나가 쌓여 지금의 〈리더의 마케팅〉을 있게 한 것이 아닌가 싶습니다.

장사의 고수들은 요식업의 핵심전략을 이야기할 때 처음 1년은 적자를 내서라도 퍼주어 단골을 조금씩 확보하여 다음 2년 차에 현상 유지를 하고 3년 차부터 흑자를 낸다고들 합니다. 제가 식당을 운영하는 건 아니지만 많은 맛집 사장님들의 매출을 상승시키며 그들의 이야기를 들어본 경험도 있고, 저도 사업가다 보니 그 말에 전적으로 공감하고 있습니다. 당장 월 대행비를 많이 받는 것도 좋겠지만, 대기업이 신경 쓰지 못하는 부분에서 최대한 서비스를 진행하여 고정 고객을 확보하는 것만이 장기적으로 살아남을 수 있는 길이라 생각합니다. 이 역시 리더가 알아야 할 덕목 가운데 하나가 아닐까요?

많은 소상공인 사장님 대표님들에게 마케팅 교육을 하면서 느낀 것이 있습니다. 리더라면 회사와 직원들의 운명을 책임지는, 말하자면 배의 선장과도 같은 역할인데, 다들 생산이나 서비스 등은 잘하시지만 실질적으로 회사에 현금을 순환하게 하는 마케팅이나 영업 등에 대해서는 모르는 것이 많다는 것입니다. 상황에 따라서는 인사관리와 경영에 대해서도 도움을 드릴 일이 많았고요. 언러닝 컴퍼니에서 〈리더의 마케팅〉으로 이름을 바꾸게 된 것도 마케팅 직원 세팅하기를 통해 마케팅을 넘어 인사, 경영, 영업까지 다루게 되면서부터였습니다. '대한민국 리더라면 반드시 알아야 하는 리더의 덕목 그리고 리더가 알아야 하는 마케팅에 대해 가르치자.' 더불어 아쉽게도 '이들이 잘 몰라서 빠지는 마케팅의 함정에 대해 확실하게 말해줄 수 있는 광고대행사 사장이 되겠다'는 생각에서 말입니다.

본문에서도 몇 번이나 말했다시피 리더는 제너럴리스트가 되어야 합니다. 회사의 모든 실무에 대해 매뉴얼과 타임테이블을 만들어 내야 하고, 마케팅도 세세한 기술 하나하나까지 일일이 알지는 못하더라도 대략적인 큰 흐름 정도는 알고 있어야 합니다. 그래야 일부 양심 없는 대행사의 바가지 씌우기에 당할 일도 없고, 적은 비용으로 최대의 효과를 올리는 광고를 할 수 있게 됩니다. 그리고 모든 회사에 마케팅 전담 부서와 마케팅 직원이 한 명 이상은 있어야 한다고 생각합니다.

영업과 마케팅을 주업으로 정신없이 달려온 지 어느덧 5년이 지났네요. 이 시기까지 저와 〈리더의 마케팅〉이 사업할 수 있었던 것은 전부 저를 믿어준 고객분들과 수강생분들 덕분입니다. '회사'라고 하면 재벌과 대기업을 먼저 생각하지만 사실 국가에 등록된 법인 가운데 90%는 직원 수가 얼마 되지 않는 소상공인이라고 합니다. 그 많은 리더들 가운데 반드시 알아야 하는 마케팅, 필수로 알아야 하는 경영, 전략, 기획, 영업, 인사 등 해드릴 수 있는 모든 선에서 도움을 드리는 것이 저의 사명입니다. 이 책을 통해서 말한 것에 대해서 느끼거나 배운 것이 하나라도 있으시길 기원합니다.